p. 637.

644.

649

685

740

741

754

ENCYCLOPÉDIE DU QUÉBEC VOL 2

- Maquette de la couverture:
  JACQUES DES ROSIERS

- Maquette et mise en pages:
  LÉO CÔTÉ

- Photo de la couverture:
  JEAN-LOUIS FRUND

DISTRIBUTEURS EXCLUSIFS:

- Pour le Canada
  AGENCE DE DISTRIBUTION POPULAIRE INC.,
  955, rue Amherst, Montréal 132, (514/523-1182)

- Pour l'Europe (Belgique, France, Portugal, Suisse, Yougoslavie
  et pays de l'Est)
  VANDER
  Muntstraat 10, 3000 Louvain, Belgique; tél.: 016/204.21 (3L)

- Pour tout autre pays
  DEPARTEMENT INTERNATIONAL HACHETTE
  79, boul. Saint-Germain, Paris 6e, France; tél.: 325.22.11

 2

LES ÉDITIONS DE L'HOMME LTÉE

TOUS DROITS RÉSERVÉS
Copyright, Ottawa, 1973

Bibliothèque Nationale du Québec
Dépôt légal — 2e trimestre 1973

ISBN-0-7759-0379-5

Louis Landry

ENCYCLOPÉDIE DU QUÉBEC VOL 2

LES ÉDITIONS DE L'HOMME

CANADA: 955, rue Amherst, Montréal 132
EUROPE: 321, avenue des Volontaires, Bruxelles, Belgique

Plan général

Les rubriques de cette encyclopédie ont été classées selon le système décimal, dit système de classification Dewey, en usage dans presque toutes les bibliothèques publiques. Voici les grandes lignes de cette classification :

000 **OUVRAGES GÉNÉRAUX**
010 Bibliographie
020 Bibliothéconomie
030 Encyclopédies générales
040
050 Revues et périodiques généraux
060 Sociétés et académies générales
070 Journaux, journalisme
080 Collections, polygraphies
090 Manuscrits, livres précieux

100 **PHILOSOPHIE, MORALE**
110 Métaphysique générale
120 Métaphysique spéciale
130 Pseudo — et parapsychologie
140 Systèmes philosophiques
150 Psychologie
160 Logique, dialectique
170 Morale
180 Philosophes anciens
190 Philosophes modernes

200 **RELIGION, THÉOLOGIE**
210 Religion naturelle
220 Bible, Ancien Testament, Nouveau Testament, Apocryphes
230 Théologie dogmatique

970	"	"	Amérique du Nord
980	"	"	Amérique du Sud
990	"	"	Océanie, Pôles

Ce mode de classification nous a semblé le plus pratique pour le chercheur. Celui qui est un habitué des bibliothèques s'y retrouvera facilement. Quant aux autres, ils n'ont qu'à passer par la table alphabétique des matières, à la fin de l'encyclopédie. Par la suite, s'ils ont à continuer leurs recherches dans une bibliothèque, ils pourront, en suivant la cote donnée ici, se rendre directement à la section où ils ont le plus de chances de trouver les livres propres à les documenter complètement.

Même si nous nous sommes tenus le plus près possible de la classification Dewey, nous avons dû, dans quelques cas, prendre une certaine liberté, surtout dans le but d'économiser l'espace.

Ainsi, sous la cote 312 — Démographie, nous donnons, comme il se doit, la population de toutes les municipalités du Québec. Mais, dans le même tableau, nous avons inclus la date de fondation de chacune de ces municipalités, renseignement qui devrait appartenir à la cote 971 — Histoire du Québec. De plus, nous ajoutons le nom de la circonscription électorale dans laquelle se trouve chacune des municipalités, ce que nous devrions placer sous la cote 352 — Unités locales de gouvernement. Cependant, une fidélité rigoureuse au système Dewey nous aurait obligé à répéter 3 fois, plus de 1500 noms de municipalités, énumérations fort coûteuses en espace qui n'auraient pas tellement ajouté à la clarté de la présentation, ni permis une beaucoup plus grande rapidité au chercheur. L'usage de l'index permettra au chercheur de se diriger directement à la cote utilisée ici.

Sommaire

561

562

SCIENCES·NATURELLES
7

chimie
biologie

SCIENCES·APPLIQUÉES
8

médecine
agronomie
industries

551
CLIMAT

Celui qui voyage d'un coin à l'autre du Québec n'est pas sans observer des variations appréciables dans le climat et dans la végétation. Aussi, les climatologistes qui ont entrepris de classifier les climats, ont-ils utilisé, comme bases, les éléments climatiques les plus influents dans la distribution des plantes. Ils ont ainsi divisé le territoire québécois en trois types climatiques: la toundra, la taïga ou type subarctique et le type tempéré ou humide.

Le type toundra

Le mot toundra vient du mot **Tunturi** qui signifie «plateau stérile». Il désigne le climat typique des régions nordiques où il ne pousse qu'une végétation de mousses, de lichens et d'arbustes. La toundra comprend dans le Québec les péninsules de l'Ungava et du Labrador au nord d'une ligne partant du golfe Richmond dans la baie d'Hudson à Hopes Advance dans la baie de l'Ungava et de là, à l'embouchure du fleuve Hamilton sur la côte du Labrador. La température moyenne varie entre 50 °F et —25 °F et en général les maxima et les minima atteignent respectivement 80 °F et —50 °F. La durée d'insolation varie beaucoup. Durant l'hiver, le soleil ne brille que durant quelques heures chaque jour. Cependant, durant l'été qui est court, les jours sont longs et ensoleillés. La précipitation varie entre 10 et 20 pouces annuellement. Elle atteint même 30 pouces sur les côtes du Labrador.

Les marécages abondent du fait que le sol demeure gelé d'une manière permanente, sauf dans une couche supérieure de deux ou trois pieds durant l'été. Les mousses y croissent abondamment. Les marais favorisent le développement d'une multitude d'insectes et constituent oasis pour plusieurs familles d'oiseaux. Dans les endroits secs, les lichens couvrent le sol et poussent même sur les surfaces rocheuses. On trouve aussi dans les endroits bien drainés et à l'abri du vent, une végétation composée d'herbes et d'arbustes d'au plus deux pieds de hauteur qu'on désigne sous le nom de «prairie arctique». Le caribou et le bœuf musqué forment les principales espèces animales de la région.

Le type taïga

Le mot taïga est un mot russe qui désignait originalement l'immense région marécageuse des forêts de conifères de la Sibérie. Dans le Québec, la taïga est bornée au nord par la toundra et au sud par la région tempérée. Elle est limitée au sud par une ligne qui part de l'embouchure de la Grande Rivière, descend vers le sud-ouest jusqu'au lac Mistassini et, de là, passe au sud de la ligne de hauteurs des terres entre le bassin du fleuve Saint-Laurent et celui du fleuve Hamilton.

La température moyenne se maintient entre 60 °F et —15 °F, tandis que les maxima et les minima se rendent à 85 °F et —45 °F. La région est sujette aux invasions des masses d'air froid venant de l'Arctique et des gelées peuvent s'y produire durant les mois les plus chauds. La précipitation varie entre 10 et 30 pouces annuellement.

Les forêts couvrent la plus grande partie de la région. L'épinette, le sapin, le mélèze et le peuplier croissent bien dans la partie la plus au sud, de même que dans certains endroits à l'abri des froids rigoureux et du vent ou à l'embouchure des rivières. Dans la partie la plus au nord seuls les lichens, les mousses et quelques arbustes peuvent survivre. Les animaux à fourrures y vivent en grand nombre et alimentent le commerce des pelleteries.

Le type tempéré

Le type tempéré constitue la région la plus chaude et la plus humide du Québec. Il couvre toute la partie sud de la Province, des limites de la taïga aux frontières des Etats-Unis. La température et la précipitation sont propices à la croissance d'une flore forestière dense et variée. L'agriculture se pratique sur les sols qui lui sont favorables.

La zone tempérée est caractérisée par une température moyenne au-dessus de 50 °F durant une période d'au moins quatre mois. La saison de croissance (période sans gelée) varie entre 60 et 160 jours. La température moyenne se maintient entre 0 et 20 °F en janvier et entre 50 °F et 70 °F en juillet. Les températures les plus élevées se rencontrent dans la partie sud du Québec, soit dans la région de Montréal. Elles sont aussi relativement élevées dans les bassins du fleuve Saint-Laurent, de la rivière Outaouais et du lac Saint-Jean, à cause de l'humidité qui se dégage de ces nappes d'eau et qui absorbe les rayons solaires. Dans le Plateau des Laurentides et dans certaines parties de la Chaîne des Appalaches qui ne subissent pas l'influence de la mer, l'air est moins humide et plus libre des poussières. Il absorbe donc moins de radiation et la température varie énormément. L'insolation y est intense durant le jour et le refroidissement par radiation plus rapide durant la nuit. L'estuaire du Saint-Laurent, région qui part de l'Ile-d'Orléans et s'étend jusqu'au golfe, subit l'influence maritime. En conséquence, les variations annuelles et journalières de température sont relativement faibles.

La précipitation annuelle varie de 30 à 50 pouces. Elle est généralement plus abondante dans le sud du Québec et en pays de montagnes. Elle décroît du Sud au Nord et de la mer vers l'intérieur. L'évapotranspiration (évaporation à la surface du sol et par les plantes) est aussi plus forte dans le Sud que dans le Nord du Québec et les pluies sont généralement moins bien réparties. Il en résulte que cette partie de la Province souffre périodiquement de sécheresses, malgré une précipitation abondante.

A cause de l'influence du climat sur la végétation, l'agriculture a un intérêt particulier à étudier les données climatiques actuellement à sa disposition et, à partir de celles-ci, à mettre au point des programmes de productions agricoles et de prévention d'épidémies. L'étude des données climatiques et de leur utilisation en agriculture fait l'objet d'une science appelée agrométéorologie. Les réalisations dans ce domaine ne sont qu'à leur début et les possibilités demeureront très vastes.

Source: *Annuaire du Québec, 1972.*

MÉTÉOROLOGIE

Températures moyennes enregistrées dans les principales stations météorologiques du Québec (en degrés Fahrenheit) [1]

Station / *Station*	Janvier/*January*		Juillet/*July*		Moyenne annuelle *Mean annual*	Maximum absolue annuelle *Absolute annual maximum*	Minimum absolue annuelle *Absolute annual minimum*
	Maximum moyenne	Minimum moyenne	*Mean maximum*	*Mean minimum*			
Albanel	11.3	−6.6	75.4	53.0	35.4	96	−48
Amos	13.2	−13.1	75.5	49.3	33.6	99	−63
Armagh	19.2	1.3	74.3	54.4	38.3	96	−35
Baie-Comeau (A)*	17.5	−1.6	70.9	50.0	35.1	91	−53
Barrage Cabonga	15.6	−4.1	74.5	51.6	36.0	99	−47
Barrage Gouin (86-2)	11.9	−7.9	72.1	50.3	33.6	96	−50
Barrage Mattawin	19.3	−3.2	75.1	52.4	37.2	96	−49
Barrage Témiscamingue	19.3	−1.0	77.3	54.2	39.3	104	−47
Beauceville	21.1	2.5	76.9	55.5	40.2	97	−42
Bersimis (89-2)	18.4	−1.8	69.7	50.9	35.5	93	−42
Berthierville	18.8	−0.8	78.8	57.6	40.1	98	−46
Bic	19.0	2.5	73.2	53.8	38.1	95	−35
Bonaventure	22.0	4.5	73.6	54.2	38.6	99	−29
Brome	24.1	4.2	78.3	54.2	41.1	98	−46
Cap-Chat	20.9	7.1	68.5	55.0	38.0	90	−25
Cape Hope's Advance	−1.8	−13.0	49.4	36.1	19.4	81	−42
Causapscal	18.0	−3.7	75.2	51.4	36.1	96	−45
Chicoutimi	15.1	−4.2	76.2	55.8	37.8	104	−47
Coaticook	23.5	1.3	77.4	53.7	40.4	95	−43
Dégelis	18.7	−0.6	75.9	52.2	37.9	97	−41
Donnacona (272)	20.5	1.3	77.6	57.3	40.0	98	−38
Drummondville	21.8	4.1	78.9	56.9	41.6	98	−45
East Angus	24.7	2.5	79.3	54.1	40.8	96	−44
Farnham (129)	24.0	4.5	78.8	58.6	43.0	103	−45
Fort-Chimo (A)	−3.0	−18.9	63.3	43.2	22.6	90	−51
Fort George	1.8	−18.6	64.0	44.3	26.3	94	−55
Fort McKenzie	−2.7	−23.6	66.5	41.6	22.8	91	−60
Gaspé	21.1	4.4	75.0	55.2	38.2	95	−38
Harrington	19.9	4.2	59.6	49.0	34.3	83	−37
Huberdeau	22.7	2.5	78.0	54.5	40.4	100	−51
Ile-aux-Meules	26.1	15.2	67.5	56.0	40.0	88	−17
Joliette	21.0	1.0	80.3	58.4	41.4	99	−46
Lac-Mégantic	20.2	4.7	73.8	55.7	39.0	96	−47
La Malbaie	22.1	0.7	74.9	51.9	38.3	102	−40
La Pocatière	20.4	3.1	79.1	55.5	39.5	95	−34
L'Assomption (CDA)	21.1	1.3	80.3	57.0	41.5	99	−46
La Tuque (47-2)	17.2	−3.5	78.4	54.4	38.5	100	−45
Magog	23.4	4.6	76.9	58.0	42.0	84	−35
Manicouagan (A)*	8.7	−22.1	69.9	47.4	29.7	91	−60
Maniwaki	20.1	−2.5	79.9	55.5	40.0	99	−46
Mistassini	8.8	−15.7	70.5	50.2	30.0	95	−56
Mont-Joli (A)	18.7	5.4	72.0	54.2	38.1	94	−28
Montréal (McGill)	23.0	9.6	78.8	62.8	44.5	97	−29
Natashquan (136-2)	19.9	0.5	65.3	50.8	34.4	83	−35
Nicolet	22.0	2.3	78.9	58.6	41.6	98	−35
Normandin (C.D.A.)	9.5	−9.8	74.0	51.8	34.1	94	−53
Oka (La Trappe)	20.4	5.9	79.2	59.4	42.9	97	−31
Pointe-Sud-Ouest (Anticosti)	22.1	9.9	63.5	52.9	36.7	85	−40
Port Harrison (Inoucdjouac)	−5.8	−20.1	55.4	40.5	19.5	86	−57
Poste-de-la-Baleine	−1.2	−16.7	60.1	41.9	24.2	93	−57
Québec	20.1	5.8	77.3	58.5	41.2	97	−34
Saint-Féréol	19.2	−1.5	75.4	51.0	37.2	97	−47
Schefferville	−1.2	−17.5	63.3	46.4	24.2	88	−59
Sept-Iles	16.5	−2.4	68.3	50.9	34.0	90	−46
Shawinigan	18.4	0.2	78.9	57.7	40.0	99	−44
Sherbrooke	23.9	6.5	78.1	58.2	42.5	98	−42
Tadoussac	20.0	2.6	72.4	53.5	38.1	94	−34
Thetford Mines	18.5	2.2	75.5	53.0	38.5	98	−42
Val d'Or	12.0	−7.5	74.1	52.6	34.6	94	−47
Ville-Marie	17.0	7.8	76.2	52.5	36.5	104	−50

Source: Annuaire du Québec 1972.

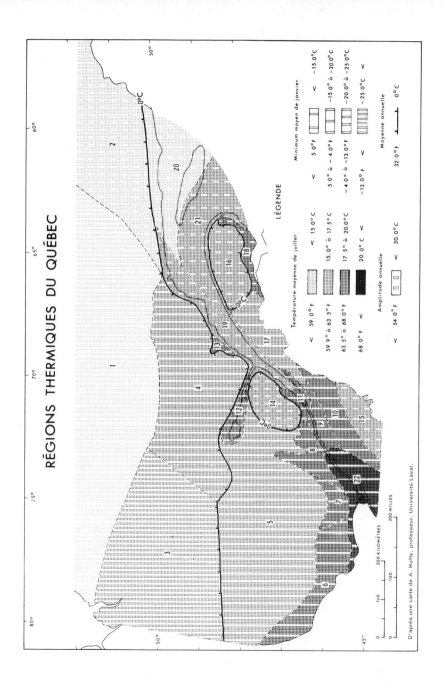

RÉGIONS THERMIQUES DU QUÉBEC

LÉGENDE

Température moyenne de juillet

59.0° F	∨ 15.0°C
59.9° à 63.5°F	15.0° à 17.5°C
63.5° à 68.0°F	17.5 à 20.0°C
68.0° F	∨ 20.0° C

Amplitude annuelle

54.0° F	∨ 30.0°C

Minimum moyen de janvier

5.0° F	∨ 15.0°C
5.0° à 4.0°F	−15.0° à −20.0°C
−4.0° à −13.0°F	−20.0° à −25.0°C
−13.0° F	∨ −25.0°C

Moyenne annuelle

32.0° F	0° C

0 100 200 KILOMÈTRES
0 100 200 MILLES

D'après une carte de A. Hufty, professeur, Université Laval.

Précipitations moyennes enregistrées dans les principales stations météorologiques du Québec

Station	Précipitations totales annuelles moyennes (en pouces)	Précipitations annuelles de neige moyennes (en pouces)	Précipitations maximales en 24 heures (période de 20 ans minimum) (en pouces)	Date d'observation
Station	*Average total annual precipitation (in inches)*	*Average annual snowfall (in inches)*	*Maximum precipitations in 24 hours (min. period 20 years) (in inches)*	*Date recorded*
Albanel	30.89	69.9	3.08	août 1925
Amos	32.99	101.9	2.91	août 1940
Armagh	39.72	105.2	4.57	juin 1922
Baie-Comeau	36.90	127.4	—	
Barrage Cabonga	37.00	104.2	3.84	juil. 1950
Barrage Gouin	39.83	123.8	2.95	août 1947
Barrage Mattawin	33.55	98.1	3.40	juil. 1944
Barrage Témiscamingue	32.70	75.3	4.04	juil. 1927
Beauceville	39.18	101.6	5.42	juil. 1917
Bersimis	33.82	114.4	—	
Berthierville	37.44	84.1	3.53	sept. 1924
Bic	33.88	115.8	3.60	sept. 1954
Bonaventure	31.07	87.8	—	
Brome	42.72	106.8	3.40	sept. 1920
Cap-Chat	39.59	134.2	4.50	sept. 1931
Cape Hope's Advance	13.59	62.6		
Causapscal	34.52	108.4	3.93	sept. 1954
Chicoutimi	35.05	89.5	2.80	juin 1949
Coaticook	39.27	110.4	—	
Dégelis	35.26	93.8	4.21	sept. 1938
Donnacona	41.15	104.9	4.80	août 1935
Drummondville	39.49	93.2	6.35	juil. 1917
East Angus	42.41	94.4	4.45	juin 1942
Farnham	39.02	89.5	—	
Fort-Chimo	16.47	69.5	—	
Fort George	23.90	90.2	—	
Fort McKenzie	20.39	74.3	—	
Gaspé	35.74	130.7	4.50	sept. 1954
Harrington	47.81	198.8	—	
Huberdeau	36.71	85.2	2.90	juil. 1933
Ile-aux-Meules	35.88	90.4	—	
Joliette	33.85	75.4	3.70	sept. 1924
Lac-Mégantic	40.08	113.1	3.90	juil. 1917
La Malbaie	31.75	91.7	6.51	sept. 1924
La Pocatière	40.11	122.2	4.90	sept. 1946
L'Assomption	38.12	85.6	—	
La Tuque	36.04	96.1	3.10	août 1932
Magog	40.32	109.2	—	
Manicouagan	39.35	145.3	—	
Maniwaki	32.77	77.5	2.85	juin 1936
Mistassini	31.68	105.3	—	
Mont-Joli	35.36	135.4	2.73	août 1949
Montréal (McGill)	41.19	98.6	3.56	juil. 1958
Natashquan	42.60	133.1	—	
Nicolet	39.48	101.5	5.45	août 1955
Normandin	31.47	88.3	—	
Oka (La Trappe)	36.38	81.5	—	
Pointe-Sud-Ouest (Anticosti)	33.39	106.1	—	
Port Harrison (Inoucdjouac)	15.51	64.5	—	
Poste-de-la-Baleine	26.74	105.8	—	
Québec	45.58	122.0	5.17	août 1937
Saint-Féréol	47.72	139.4	4.84	sept. 1924
Schefferville	29.40	134.5	—	
Sept-Iles	42.39	164.3	—	
Shawinigan	38.01	96.8	4.10	sept. 1924
Sherbrooke	39.15	95.0	4.29	juin 1942
Tadoussac	32.48	101.3	3.50	juin 1957
Thetford Mines	44.57	117.4	3.95	juin 1942
Val d'Or	34.55	111.0	—	
Ville-Marie	29.59	78.1	3.64	juil. 1955

Source: Annuaire du Québec 1971.

Dates des neiges, gelées et fréquences des températures dans les principales stations météorologiques du Québec, 1968

Station	Date de la dernière chute de neige — Date of last snowfall	Date de la première chute de neige — Date of first snowfall	Date de la dernière gelée meurtrière — Date of last killing frost	Date de la première gelée meurtrière — Date of first killing frost	Nombre de jrs avec une temp. de 80°F ou plus — Number of days with temp. of 80°F. or over	Nombre de jrs avec une temp. de 32°F ou moins — Number of days with temp. of 32°F. or less
Albanel	5 avril	9 nov.	27 mai	5 oct.	13	188
Amos	25 avril	27 oct.	13 juin	5 oct.	8	193
Armagh	24 mars	7 nov.	10 juin	5 oct.	12	175
Baie-Comeau	4 avril	3 nov.	27 mai	23 oct.	3	178
Barrage Cabonga	9 avril	4 oct.	28 mai	6 oct.	5	187
Barrage Gouin	4 mai	5 oct.	10 juin	6 oct.	5	200
Barrage Mattawin	24 mars	7 nov.	28 mai	6 oct.	9	185
Barrage Témiscamingue	—	—	23 mai	—	21	147
Beauceville	23 mars	7 nov.	27 mai	5 oct.	21	173
Bersimis	—	—	—	—	—	—
Berthierville	23 mars	12 nov.	11 mai	6 oct.	21	167
Bic	9 avril	—	10 juin	—	2	101
Bonaventure	—	—	—	—	—	—
Brôme	—	31 oct.	27 mai	6 oct.	19	65
Cap-Chat	19 avril	7 nov.	8 mai	3 nov.	2	168
Cape Hope's Advance	17 juin	25 sept.	—	—	—	246
Causapscal	10 avril	3 nov.	27 juin	30 sept.	15	196
Chicoutimi	26 mars	12 nov.	13 mai	9 oct.	23	166
Coaticook	23 mars	7 nov.	27 mai	6 oct.	2	163
Donnacona	23 mars	8 nov.	11 mai	6 oct.	5	167
Drummondville	23 mars	7 nov.	7 mai	6 oct.	26	156
East Angus	9 avril	7 nov.	27 mai	6 oct.	19	165
Farnham	24 mars	7 nov.	27 mai	6 oct.	24	159
Fort-Chimo	13 juin	18 oct.	25 juin	11 sept.	4	250
Fort George	9 mai	14 nov.	13 juin	8 oct.	—	195
Fort McKenzie	—	—	—	—	—	—
Gaspé	4 avril	8 nov.	20 mai	6 oct.	5	149
Harrington	—	—	—	—	—	—
Huberdeau	23 mars	9 nov.	24 mai	6 oct.	14	175
Ile-aux-Meules	2 mai	11 nov.	9 mai	9 nov.	—	154
Joliette	24 mars	7 nov.	8 mai	6 oct.	28	161
Lac-Mégantic	24 mars	7 nov.	—	22 oct.	1	177
La Malbaie	23 mars	10 nov.	13 mai	5 oct.	17	180
La Pocatière	24 mars	8 nov.	27 mai	6 oct.	13	170
L'Assomption	23 mars	10 nov.	11 mai	6 oct.	26	163
La Tuque	4 avril	4 nov.	25 mai	5 oct.	29	180
Magog	24 mars	7 nov.	27 mai	6 oct.	21	155
Manicouagan	3 mai	26 oct.	—	—	4	225
Maniwaki	23 mars	8 nov.	23 mai	oct.	20	117
Mistassini	4 avril	27 oct.	10 juin	5 oct.	12	187
Mont-Joli	20 avril	11 nov.	27 mai	7 oct.	8	169
Montréal (McGill)	23 mars	7 nov.	—	31 oct.	28	128
Natashquan	2 mai	—	1 juin	—	1	128
Nicolet	23 mars	7 nov.	7 mai	6 oct.	24	153
Normandin	9 avril	6 nov.	10 juin	5 oct.	11	201
Oka (La Trappe)	23 mars	7 nov.	7 mai	6 oct.	21	159
Pointe-sud-ouest (Anticosti)	—	—	—	—	—	—
Port Harrison (Inoucdjouac)	12 mai	18 oct.	16 juin	28 sept.	—	234
Poste-de-la-Baleine	14 juin	3 nov.	15 juin	8 oct.	7	211
Québec	—	—	—	—	—	—
Saint-Féréol	23 mars	8 nov.	10 juin	5 oct.	10	161
Sainte-Rose-du-Dégelé	9 avril	8 nov.	10 juin	30 sept.	6	188
Schefferville	8 juin	4 août	27 juin	3 sept.	—	245
Sept-Iles	26 mai	3 nov.	10 juin	10 oct.	2	184
Shawinigan	24 mars	7 nov.	8 mai	6 oct.	19	158
Sherbrooke	24 mars	8 nov.	8 mai	6 oct.	19	151
Tadoussac	24 mars	10 nov.	11 mai	7 oct.	3	165
Thetford Mines	30 mars	7 nov.	8 mai	6 oct.	9	166
Val-d'Or	20 juin	4 oct.	25 mai	5 oct.	10	198
Ville-Marie	4 avril	7 nov.	13 juin	5 oct.	3	174

Source: Annuaire du Québec 1972.

MONTRÉAL, Qué. [1]

45°30'N, 73°34'O, 187 PIEDS AU-DESSUS DU N.M.M.

Données climatiques moyennes et extrêmes à long terme à des stations représentatives canadiennes.

	TEMPÉRATURE DE L'AIR						FACTEUR CALORIFIQUE	HUMIDITÉ RELATIVE			
Moyenne journalière	Moyenne du		Moyenne du		Extrême absolu		Degrés-jours au-desscus de 65° F.	0100 H.N.E.	0700 H.N.E.	1300 H.N.E.	1900 H.N.E.
	Maximum journalier	Minimum journalier	Maximum mensuel	Minimum mensuel	Haut marqué	Bas marqué					
°F.	°F.	°F.	°F.	°F.	°F.	°F.	Nombre	%	%	%	%
Janv....	15.4	22.7	8.2	43	−12	55	−27	1,540	80	80	74	76
Fév.....	16.4	23.6	9.3	40	−8	57	−29	1,370	78	80	66	71
Mars...	28.0	34.6	21.3	52	1	77	−20	1,150	77	79	60	68
Avril...	41.6	49.5	33.8	72	20	86	2	700	78	75	64	64
Mai....	55.6	64.3	46.9	82	34	94	23	300	78	74	52	60
Juin....	65.6	74.2	56.9	88	45	94	34	50	80	75	54	62
Juillet..	70.4	78.7	62.1	89	53	97	46	10	80	77	53	62
Août...	68.2	76.3	60.1	88	50	96	43	40	80	78	53	64
Sept...	59.6	67.1	52.0	83	39	91	32	180	83	83	56	71
Oct.....	48.0	54.9	41.2	73	28	84	19	530	82	85	59	72
Nov....	35.2	40.6	29.7	60	12	72	−18	890	81	83	69	79
Déc.....	20.7	26.7	14.7	45	−7	59	−29	1,370	81	82	74	79
Année..	**43.7**	**51.1**	**36.3**	**91**	**−16**	**97**	**−29**	**8,130**	...	...	...	...

	PRÉCIPITATIONS						VENT			INSO-LATION	TON-NERRE	GELÉE[2]
	Pluie		Neige		Total (eau)		Prédominant		Vitesse moyenne (milles par heure)	Moyenne d'heures	Moyenne de jours	Moyenne de jours
	Hauteur moyenne	Jours	Hauteur moyenne	Jours	Hauteur moyenne	Maximum en 24 heures	Direction	%				
	po.	nomb.	po.	nomb.	po.	po.						
Janv....	1.16	5	23.8	14	3.54	1.75	SO	25	12.6	79	0	30
Fév.....	0.57	3	21.5	14	2.72	1.20	O	26	12.7	102	0	28
Mars...	1.46	6	18.0	11	3.26	1.67	SO	27	12.5	145	1	25
Avril...	2.72	11	6.5	3	3.37	1.62	SO	25	12.3	167	1	10
Mai....	3.30	13	T	3	3.30	2.04	SO	26	11.2	203	2	1
Juin....	3.76	13	0	0	3.76	2.68	SO	33	9.9	222	4	0
Juillet..	3.97	13	0	0	3.97	2.71	SO	37	9.3	244	5	0
Août...	3.48	10	0	0	3.48	2.98	SO	35	9.1	223	4	0
Sept....	3.72	12	T	3	3.72	1.94	SO	29	9.7	170	2	0
Oct.....	3.33	16	0.7	1	3.40	3.39	SO	26	10.5	126	1	3
Nov....	3.00	10	9.2	6	3.92	2.08	SO	21	11.5	69	0	17
Déc.....	1.25	6	21.1	13	3.36	1.96	O	29	11.9	61	3	29
Année..	**31.72**	**118**	**100.8**	**62**	**41.80**	**3.39**	**SO**	**28**	**11.1**	**1,811**	**20**	**143**

[1] Données de l'Observatoire McGill, sauf pour l'humidité et le vent (aéroport de Dorval). [2] Date moyenne de la dernière gelée du printemps, 28 avril; de la première gelée de l'automne, 17 octobre. [3] Moins de 0.5 jour en moyenne.

QUÉBEC, Qué. [1]

46°48′N, 71°13′O, 296 PIEDS AU-DESSUS DU N.M.M.

Données climatiques moyennes et extrêmes à long terme à des stations représentatives canadiennes.

	TEMPÉRATURE DE L'AIR								FACTEUR CALORIFIQUE	HUMIDITÉ RELATIVE			
	Moyenne journalière	Moyenne du		Moyenne du		Extrême absolu			Degrés-jours au-dessous de 65° F.	0100 H.N.E.	0700 H.N.E.	1500 H.N.E.	1900 H.N.E.
		Maximum journalier	Minimum journalier	Maximum mensuel	Minimum mensuel	Haut marqué	Bas marqué						
	°F.	°F.	°F.	°F.	°F.	°F.	°F.	Nombre		%	%	%	%
Janv....	12.0	19.1	4.8	39	−16	52	−34	1,640		86	89	81	84
Fév.....	13.4	20.8	6.1	38	−13	53	−32	1,460		90	88	77	83
Mars...	24.8	31.8	17.9	47	−4	64	−23	1,250		83	85	67	77
Avril...	37.9	45.1	30.7	66	16	80	−2	810		81	80	66	73
Mai....	52.0	61.1	42.8	80	30	91	18	400		81	75	55	67
Juin....	62.4	71.7	53.1	86	41	94	31	100		84	78	56	68
Juillet..	67.6	76.6	58.7	87	48	97	39	20		87	81	60	69
Août...	65.3	73.7	56.9	85	46	96	37	70		87	81	57	72
Sept....	56.8	64.7	49.0	80	35	88	22	250		86	85	60	77
Oct.....	45.4	52.0	38.8	69	26	82	14	610		83	85	63	76
Nov....	32.0	37.2	26.9	57	8	71	−14	990		87	86	76	84
Déc.....	17.5	23.5	11.5	41	−11	59	−32	1,470		87	89	91	87
Année..	**40.6**	**48.1**	**33.1**	**90**	**−19**	**97**	**−34**	**9,070**		...	...	...	...

	PRÉCIPITATIONS						VENT			INSOLATION	TONNERRE	GELÉE[2]
	Pluie		Neige		Total (eau)		Prédominant		Vitesse moyenne (milles par heure)		Moyenne d'heures	Moyenne de jours	Moyenne de jours
	Hauteur moyenne	Jours	Hauteur moyenne	Jours	Hauteur moyenne	Maximum en 24 heures	Direction	%					
	po.	nomb.	po.	nomb.	po.	po.							
Janv....	0.74	3	28.9	16	3.63	2.64	O	29	10.0		82	0	31
Fév.....	0.23	1	25.7	14	2.80	1.69	O	29	10.3		104	0	28
Mars...	0.91	5	20.4	12	2.95	1.30	NE	27	10.8		142	[3]	28
Avril...	2.19	10	11.0	6	3.29	1.81	NE	32	10.0		161	1	18
Mai....	3.52	13	0.3	[3]	3.55	1.36	NE	33	10.3		191	2	2
Juin....	4.50	14	T	[3]	4.50	4.11	SO	26	8.3		200	4	0
Juillet..	4.40	14	0	0	4.40	2.95	SO	31	7.2		221	5	0
Août...	4.41	12	0	0	4.41	5.17	SO	26	7.1		206	3	0
Sept....	4.21	12	0	0	4.21	2.86	O	26	7.5		155	1	[3]
Oct.....	3.60	12	1.2	1	3.72	1.76	O	28	8.3		119	[3]	4
Nov....	2.70	9	13.0	9	4.00	2.07	O	28	9.7		67	0	20
Déc.....	0.98	4	23.2	15	3.30	1.76	O	30	9.6		66	0	31
Année..	**32.39**	**109**	**123.7**	**73**	**44.76**	**5.17**	**O,SO[4]**	**24**	**9.1**		**1,714**	**16**	**162**

[1] Données de l'Observatoire, sauf pour l'humidité (aéroport de l'Ancienne-Lorette). la dernière gelée du printemps, 11 mai; de la première gelée de l'automne, 5 octobre. moyenne. [4] Deux directions d'équiprédominance.

[2] Date moyenne de [3] Moins de 0.5 jour en

SEPT-ÎLES, Qué. [1]

50°13'N, 66°16,O, 190 PIEDS AU-DESSUS DU N.M.M.

Données climatiques moyennes et extrêmes à long terme à des stations représentatives canadiennes.

		Température de l'air						Facteur calori-fique	Humidité relative			
	Moyenne journalière	Moyenne du Maximum journalier	Moyenne du Minimum journalier	Moyenne du Maximum mensuel	Moyenne du Minimum mensuel	Extrême absolu Haut marqué	Extrême absolu Bas marqué	Degrés-jours au-dessous de 65° F.	0200 H.N.A.	0800 H.N.A.	1400 H.N.A.	2000 H.N.A.
	°F.	°F.	°F.	°F.	°F.	°F.	°F.	Nombre	%	%	%	%
Janv....	3.2	13.5	−7.1	36	−31	41	−46	1,860	88	89	82	89
Fév.....	6.9	18.0	−4.2	38	−26	51	−37	1,610	88	88	79	87
Mars...	17.8	28.1	7.5	43	−16	49	−25	1,420	84	82	74	84
Avril...	30.9	38.7	23.1	50	6	56	−12	1,010	80	78	73	80
Mai....	41.5	49.6	33.4	66	26	75	11	710	84	71	66	76
Juin....	51.8	60.9	42.7	77	32	90	27	380	82	73	65	71
Juillet..	59.2	67.6	50.8	80	41	90	35	170	88	78	68	76
Août...	57.8	67.1	48.5	79	37	87	31	230	89	79	66	81
Sept...	49.1	57.8	40.4	74	27	85	23	460	89	83	69	83
Oct.....	38.6	46.5	30.7	61	16	72	9	810	86	83	68	83
Nov....	26.5	33.5	19.5	49	−3	59	−20	1,110	83	85	75	86
Déc.....	12.0	20.9	3.1	39	−19	49	−33	1,600	89	89	83	88
Année..	**33.0**	**41.9**	**24.0**	**83**	**−33**	**90**	**−46**	**11,370**	...	...	...	...

	Précipitations						Vent			Inso-lation	Tonnerre	Gelée [2]
	Pluie Hauteur moyenne	Pluie Jours	Neige Hauteur moyenne	Neige Jours	Total (eau) Hauteur moyenne	Total (eau) Maximum en 24 heures	Prédominant Direction	Prédominant %	Vitesse moyenne (milles par heure)	Moyenne d'heures	Moyenne de jours	Moyenne de jours
	po.	nomb.	po.	nomb.	po.	po.						
Janv....	0.35	2	37.8	15	4.13	2.60	N	30	11.9		0	31
Fév.....	0.16	1	35.8	12	3.74	1.55	N	22	12.2		0	28
Mars...	0.29	2	28.0	9	3.09	2.00	N	22	12.6		0	31
Avril...	1.29	6	9.0	5	2.19	1.90	N	18	11.0		³	27
Mai....	3.07	10	0.8	1	3.15	1.93	E	21	11.0		³	13
Juin....	2.95	12	T	³	2.95	1.83	E	22	9.3		1	2
Juillet..	4.47	14	0	0	4.47	3.34	E	18	8.9		2	0
Août...	3.34	11	0	0	3.34	3.01	NO	13	9.2		2	0
Sept...	3.73	12	T	³	3.73	3.79	NO	18	10.2		0	4
Oct.....	2.77	9	3.0	2	3.07	2.09	NO	20	9.7		0	18
Nov....	2.14	5	18.5	8	3.99	2.24	NO	21	11.3		0	26
Déc.....	0.83	2	32.6	11	4.09	1.90	NO	25	12.1		0	30
Année..	**25.39**	**86**	**165.5**	**63**	**41.94**	**3.79**	**NO**	**17**	**10.8**		**5**	**210**

[1] Données de l'aéroport. [2] Date moyenne de la dernière gelée du printemps, 4 juin; de la première gelée de l'automne, 10 septembre. ³ Moins de 0.5 jour en moyenne.

MINÉRAUX

Régions: E = Est du Québec
M = Mont Saint-Hilaire
O = Oka
H = Hull
L = Lac Saint-Jean
U = Ungava

Minéral	E	M	O	H	L	U
Acmite	x					
Actinolithe	x					
Albite	x					
Almandine	x					
Amazonite			x			
Amiante	x				x	
Apatite		x	x			
Argent	x				x	
Augite		x	x			
Béryl				x		
Biotite	x	x				
Brookite	x					
Brucite	x		x			
Calcite		x	x	x		
Cancrinite	x	x				
Chalcopyrite	x	x			x	
Chlorite		x	x			
Chrysolithe			x			
Clevelandite				x		
Crocidolithe	x					
Cuivre	x				x	
Datolithe	x					
Diopside	x	x	x			
Dolomie	x	x	x			
Epididymite	x					
Eudialite	x					
Fer						x
Forsterite		x	x			
Galène	x	x			x	
Grenat				x	x	
Graphite				x	x	
Gypse	x					
Haüyne		x				
Hématite	x	x	x			x
Hercynite	x					
Hornblende	x	x	x			
Ilménite	x	x		x		
Jaspe					x	x
Kaolin	x					
Labradorite			x		x	
Latrappite			x			
Magnésite	x		x			
Magnétite	x	x	x	x	x	
Marcassite	x					
Mellilite		x				
Mispickel	x					
Molybdénite	x		x			
Monazite		x				
Monticellite	x					
Moscovite		x	x	x		
Microcline	x					

Minéral	E	M	O	H	L	U
Natrolithe	x	x				
Néphéline	x	x				
Neptunite	x					
Or	x					
Orthose	x	x				
Parisite		x				
Pectolite	x					
Périclase			x			
Phlogopite	x	x	x			
Pierre à chaux	x					
Plomb	x					
Pyrite	x	x	x	x	x	x
Pyrochlore	x	x				
Pyrolusite						
Quartz	x	x		x	x	x
Rhodochrosite	x					
Rutile	x	x	x			
Sanidine	x					
Scapolite			x			
Séricite			x			
Serpentine			x	x		
Sidérite	x					
Silice	x					
Sodalite	x					
Sphène	x	x				
Spinelle			x			
Stéatite						x
Strontianite		x				
Talc			x			
Titanite			x			
Topaze				x		
Tourbe	x					
Tourmaline			x			
Trémolite	x	x				
Triphyline	x					
Vermiculite	x					
Willémite		x				
Wollastonite		x				
Zinc	x					

Source: The Illustrated Natural History of Canada. Natural Science of Canada Limited, 1970.

PALÉONTOLOGIE - FOSSILES

Fossiles de la période ordovicienne, ère paléozoïque:

Coraux: Billingsaria parva
Eofletcheria incerta

Brachiopodes: Lingula s. l.
Platystrophia
Dalmanella

Trilobites: Calymene
Calyplaulax

Bryozoaires: Zygospira

Ostracodes: Isochilina cyclindrica

Fossiles du pléistocène, période quaternaire, ère cénozoïque, dans l'île de Montréal.

Peignes à coquille molle: Mya truncata

Peignes à long col: Mya arenaria

Saxicaves de l'Arctique. Hiatella arctica

Moules bleues: Mytilus edulis

Anatifes: Balanus hameri
Balanus crenatus

Astartidés: Astarte borealis

Peignes d'eau douce: Lampsilis siliquoides

LES AMÉRINDIENS - INTRODUCTION

a) Les Indiens

Les Affaires indiennes au Canada ont été prises en charge par le gouvernement fédéral depuis qu'un article de l'Acte de l'Amérique du Nord britannique, de 1867, a attribué au parlement du Canada l'autorité exclusive en matière législative à l'endroit des Indiens et des terres réservées aux Indiens. Au cours des ans, le Service responsable des Affaires indiennes a relevé successivement de plusieurs organismes ou ministères du gouvernement canadien. En 1967, on rattachait la Direction des Affaires indiennes au ministère des Affaires indiennes et du Nord canadien. La Direction des Affaires indiennes s'intéresse particulièrement au problème de l'intégration de la communauté indienne à une civilisation industrielle. La promotion de l'enseignement contribue à cette fin et le gouvernement fédéral participe largement au financement de l'éducation; il accorde des subventions défrayant les fournitures de classe et les manuels autorisés ainsi que le coût des constructions nouvelles et additionnelles. Les finissants qui manifestent des aptitudes particulières, bénéficient de bourses lorsqu'ils accèdent à l'université ou à un niveau équivalent. Les talents artistiques prometteurs font aussi l'objet d'une aide gouvernementale.

Encore aujourd'hui, nombre d'Indiens, surtout dans les régions éloignées, tirent une large part de leurs revenus d'activités traditionnelles, comme la chasse, la pêche et le piégeage. Cette dernière activité cependant perd de son importance, alors que l'industrie forestière et, à un moindre degré, l'industrie minière emploient plus d'Indiens. Dans les régions urbanisées, les occupations des Indiens se diversifient; en effet, l'industrie de transformation, le commerce, l'artisanat et quelque peu les professions libérales y attirent un nombre croissant d'Indiens.

Il est à prévoir que la scolarisation universelle des enfants indiens d'une part et la pénétration de l'industrie dans des territoires indiens reculés d'autre part vont forcer et accélérer l'adaptation des Indiens au monde socio-économique

Indiens jouant à la balle.
Source: Initiation à la Nouvelle-France.

moderne, avec ses caractéristiques de travail rémunéré et de marché de consommation, ce qui n'ira sans doute pas sans provoquer des transformations profondes dans plusieurs communautés indiennes; d'autant plus que les allocations de subsistance constituent souvent une part appréciable du revenu de bien des familles indiennes, tout comme des familles esquimaudes.

Les Indiens et les Esquimaux du Québec bénéficient des mêmes mesures de sécurité sociale que les autres citoyens québécois, sauf pour les allocations de subsistance qui leur sont versées par le ministère des Affaires indiennes et du Nord canadien et non par le ministère québécois de la Famille et du Bien-Etre social. Le ministère fédéral offre en outre aux Indiens et Esquimaux des programmes de réadaptation physique et de réhabilitation ainsi que de construction de maisons.

b) Les Esquimaux

Contrairement aux Indiens dont les communautés, au développement très variable de l'une à l'autre, sont dispersées à travers tout le territoire québécois, les quelque 3 300 Esquimaux du Québec habitent tous le Nouveau-Québec, se répartissant en onze petits villages de la région littorale, de la baie d'Hudson à la baie d'Ungava. Il est à noter que la sédentarisation de certaines de ces communautés ne remonte guère à plus d'une dizaine d'années. La population esquimaude par sa langue, son mode de vie et son isolement est beaucoup plus homogène que la population indienne.

Sans oublier l'apport important des allocations de sécurité sociale, l'économie esquimaude repose encore sur la chasse et la pêche. Toutefois, une partie non négligeable de la population tire un revenu du travail rémunéré fourni par les administrations publiques, les coopératives esquimaudes, les magasins, le tourisme, quelques entreprises privées, dont des sociétés minières faisant de l'exploration et des travaux de mise en valeur au Nouveau-Québec.

A long terme, l'instruction publique et l'éducation sous diverses formes (cours de métiers, éducation permanente, etc.) auront des répercussions très importantes dans la po-

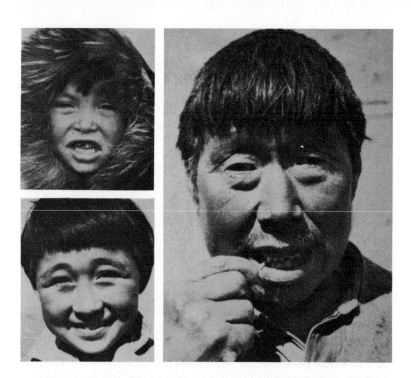

pulation esquimaude, mais le plus grand facteur de changement socio-économique a probablement été l'organisation
dans huit villages esquimaux de coopératives qui, avec la
coopérative indienne de Wemindji, à la baie de James, forment la Fédération des Coopératives du Nouveau-Québec
dont le siège social est à Lévis. Ces coopératives de consommation (magasins généraux) et de production (sculptures, gravures, vêtements, peaux et fourrures, poisson) sont
de grands agents d'organisation, de cohésion et de dynamisme chez les Esquimaux qui s'initient ainsi à prendre en
main la direction de leurs propres affaires, gage d'une évolution saine de leur société.

Les gouvernements du Québec et du Canada ont largement
contribué financièrement à la mise sur pied et au fonctionnement des coopératives esquimaudes et de leur Fédération,
mais celles-ci sont entièrement la propriété des Esquimaux
qui les administrent et les gèrent, même si le personnel du
siège social de Lévis est composé de blancs, mais à l'emploi de la Fédération. Cette dernière coordonne les activités,
s'occupe de la commercialisation des produits et fait l'éducation coopérative des coopératives membres.

La Direction générale du Nouveau-Québec, créée en 1963 au
sein du ministère des Richesses naturelles, a reçu le mandat
d'assurer l'administration gouvernementale québécoise au
Nouveau-Québec dans tous les domaines, sauf ceux relevant
de la compétence des deux ministères de la Justice et des
Terres et Forêts. La Direction générale a établi des agents
d'administration dans tous les villages du Nouveau-Québec,
dix Esquimaux, un Esquimau-indien et deux Indiens. Elle a,
en outre, installé un centre régional à Fort-Chimo et six stations de santé dans la baie d'Ungava et le détroit d'Hudson,
et elle a achevé à Fort-George la construction d'un hôpital
qui est entré en service en janvier 1971. Le Service de l'Education de la Direction générale du Nouveau-Québec dirige des
écoles maternelles et élémentaires dans tous les villages
esquimaux, et une école de métiers pour garçons et filles à
Poste-de-la-Baleine. Fait digne de mention, l'esquimau est la
langue d'enseignement dans les maternelles et les premières années de ces écoles élémentaires.

Le gouvernement fédéral avait déjà instauré des services administratifs, médicaux et scolaires auprès des Esquimaux avant l'arrivée de l'administration québécoise, et il les a maintenus. Ce dédoublement des services fait l'objet de pourparlers entre les deux gouvernements et les Esquimaux depuis quelques années. L'état actuel des pourparlers laisse entrevoir des perspectives de solution à ce problème.

Texte préparé par la Direction générale du Nouveau-Québec, Ministère des Richesses naturelles, Gouvernement du Québec.

Source: Annuaire du Québec, 1972.

572
ETHNOLOGIE - LES AMÉRINDIENS - BIBLIOGRAPHIE

(**Voir** aussi 700 Arts - Bibliographie)

Barbeau, Marius. Indiens d'Amérique. Montréal, Beauchemin 1966, 3 vol.

Barriault, Yvette. Mythes et rites chez les Indiens montagnais. Québec, Impr. Laflamme 1971, 165 pp.

Eggan, F. ed. Social anthropology of North American Tribes. Chicago, Univ. of Chicago Press 1955.

Fried, Jacob ed. A survey of the aboriginal population of Quebec and Labrador. (Eastern Canadian Anthropological Serie, 1) Montréal, Univ. McGill 1955.

Klein, B. and Daniel Icolari ed. Reference Encyclopedia of the American Indian. New York, B. Klein Co., 1967.

Marriott, A. and C.K. Rachlin. American Indian Mythology. Thomas Y. Crowell. New York 1968.

Melançon, Claude. Légendes indiennes du Canada. Collection «Album», Editions du Jour 1967, 160 pp.

Ministère des Affaires indiennes et du Nord canadien. Etude sur les Indiens contemporains du Canada: Besoins et mesures d'ordre économique, politique et éducatif. Volume 1, octobre 1966. 471 pp. Imprimerie de la Reine, Ottawa 1968.

Morin, Léopold. Le problème indien à la Baie James. Montréal. Rayonnement 1972, 84 pp.

Musée du Québec. Esquimaux, peuple du Québec. Ministère des Affaires culturelles, Imprimeur de la Reine, Québec 1966.

Oswalt, W.H. This land was theirs. New York, John Wiley & Sons, Inc., 1966.

Peret, B. Anthologie des mythes, légendes et contes populaires d'Amérique. Paris, Albin Michel 1960.

Recherches amérindiennes au Québec; Bulletin d'information vol. 1, jan. 1971, (Société des Recherches amérindiennes au Québec, C.P. 123, Succursale G, Mtl 130.)

572
ETHNOLOGIE - LES ESQUIMAUX

Les Amérindiens sont d'origine mongolique. Ils sont venus de Sibérie par le détroit de Béring depuis plus de 15,000 ans. Ils sont de grande taille (de 5 pieds à 5 pieds et demi; [1,68 m. à 1,75 m.]; ils ont le crâne allongé (dolichocéphale) ou moyen, les cheveux noirs, longs et droits, la face allongée avec un nez droit ou aquilin.

Connaissant l'usage du feu, des outils de pierre, l'arc, la lance, la vannerie, la poterie, l'élevage du chien, ils savaient peu de chose sur le travail des métaux et la domestication des animaux. Ils ignoraient la roue. Grands chasseurs, pour la plupart agriculteurs, ils développèrent la culture du haricot, du maïs, de la pomme de terre, de la tomate, et surtout du tabac et ils furent les premiers à pratiquer l'art de fumer. Les Esquimaux, les premiers à arriver sur le continent, ont perdu presque tous leurs caractères mongoliques. Ils ont dû s'adapter à un milieu très difficile. Malgré des ressources extrêmement réduites, ils surent tirer parti du moindre produit naturel (voir le tableau: Ressources des Esquimaux, ci-après).

A l'arrivée de Champlain (voir tableau: Répartition des Indiens et des Esquimaux à l'arrivée des Blancs), il y avait près d'une cinquantaine de tribus, qui parlaient 5 langues et de nombreux dialectes, dont la grande majorité appartenait à la famille algonquine.

FLORE ET FAUNE - INTRODUCTION

Plus que la présence des Indiens, ou du moins autant, ce sont les différences de faune et de flore d'avec l'Europe qui intriguèrent les premiers arrivants en Nouvelle-France. On connaît l'attrait qu'ils ont eu immédiatement pour le castor, pas tellement à cause de son fascinant talent d'ingénieur qu'à cause de sa fourrure unique qui fut bientôt du plus grand chic dans les pays colonisateurs. Cette traite fort lucrative mit cependant en danger la colonie parce qu'on avait peine à attacher les colons à leur terre et que l'on guerroyait beaucoup trop autour des ballots de peaux.

L'orignal, le caribou, l'écureuil volant, le raton laveur, le ouaouaron, la ouananiche éveillèrent la curiosité car on ne leur connaissait pas d'équivalent ailleurs, mais ils n'eurent jamais la dangereuse popularité du castor, quoique la queue du raton laveur fût en grande demande pour orner la coiffure des coureurs des bois.

Mais ce qui surprit le plus les Blancs en Amérique, c'est l'absence totale de chevaux et de vaches. Pour eux, qui en faisaient un usage quotidien, c'était aussi malcommode que le serait pour nous la disparition du jour au lendemain de nos automobiles et de notre électricité. Ce n'est pourtant qu'une quarantaine d'années après la fondation de Québec, qu'arrivèrent ici les premiers chevaux et les premières vaches.

Certains s'attendront de trouver le maïs dans la flore naturelle du Québec. Pour ma part, je n'ai trouvé aucune source qui le donnait comme tel, même pas *La Flore laurentienne* du frère Marie-Victorin qui ne se serait sûrement pas permis un oubli de cette importance. D'autre part, nous savons que le maïs a été mis au point et cultivé par les Iroquois qui occupaient un territoire correspondant plutôt à l'actuel Etat de New York. Sans doute, alors, faut-il considérer le maïs, communément appelé le blé d'Inde, comme une plante importée au Québec, comme le dindon, originaire de la région de Boston, est un oiseau d'importation.

Le tabac non plus n'a pu être retracé dans mes sources, sauf sous le nom de lobélie ou «indian tobacco» qui est parfois utilisé comme un succédané du vrai tabac.

L'article le plus original de notre flore est sûrement l'érable à sucre qui est encore trop peu connu à l'extérieur, si ce n'est par sa feuille qui est devenue l'emblème floral de tout le Canada et une partie des armoiries du Québec.

581
RÉGIONS BIOLOGIQUES:

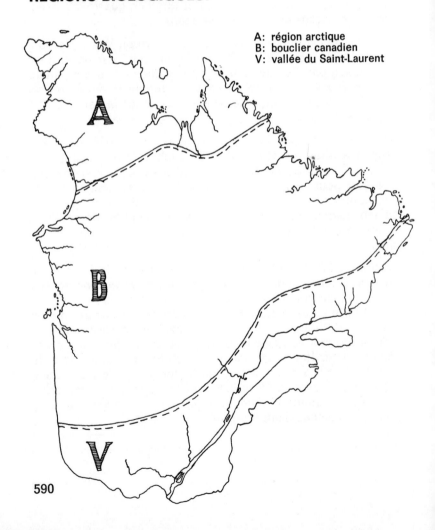

A: région arctique
B: bouclier canadien
V: vallée du Saint-Laurent

581
FLORE - SAUF LES MOUSSES (588)
ET LES LICHENS (589)

Nom officiel	Autres noms	A	B	V
Achillée (Achillea millefolium),	herbe à dinde, yarrow.			x
Acorus (— calamus),	belle Angélique, sweet flag.			x
Actée (Actaea rubra),	poison de couleuvre, pain de couleuvre, baneberry.		x	x
Adiante (— antum pedatum),	capillaire du Canada, maiden hairfern.		x	x
Agrostis (— scabra),	foin fou, hair-grass.			x
Airelle (Vaccinium angustifolium),	bleuets, low-bush blueberry.			x
Airelle (Vaccinium oyoccos),	atocas, mocôques, small cranberry		x	x
Airelle (Vaccinium vitis-idaea),	pomme de terre, pommes, berris, graines rouges, cowberry, mountain cranberry.		x	x
Alisma (— gramineum),	plantain d'eau.			x
Amélanchier (— bartramiana),	petites pires, service-berry.			x
Anaphale (— phalis margaritacea),	immortelle, everlasting.		x	x
Ancolie (Aquilagia canadensis),	gants de Notre-Dame, Canada columbine.			x
Antennaire (— naria canadensis),	immortelle, pussy-toes.		x	x
Antennaire (— naria glabrata),	immortelle, everlasting.	x		
Apocyn (Apocynum androsaemifolium),	herbe à la puce, spreading dogbane.		x	x
Aralie (Aralia hispida),	salsepareille.			x
Aralie (Aralia racemosa),	grande salsepareille, anis sauvage, spikenard.			x
Arctostaphyle (— phylos uva-ursi),	raisin d'ours, bearberry.		x	x
Armoise (Artemisia borealis),	northern wormwood.	x		
Asaret (Asarum canadense),	gingembre sauvage.			x
Aster (— macrophyllus),	pétouane.		x	x
Aune (Alnus rugosa),	vergne verne, alder.			x
Benoîte (Geum aleppicum),	yellow avens.		x	x
Berce (Heracleum maximum),	cow-parsnip.			x
Berle (Sium suave),	parsnip.			x
Bermudienne (Sisyrinchium montanum),	blue-eyed grass.			x
Bouleau (Betula lutea),	bouleau jaune, merisier.			x

Nom officiel	Autres noms	A	B	V
Bouleau *(Betula papyrifera)*,	bouleau à papier, bouleau blanc, bouleau à canot.	x	x	
Calamagrostis *(— canadensis)*,	foin bleu, reed-grass	x	x	
Campanule *(— nula rotundifolia)*,	bluebell, bell-flower.	x		x
Camarine *(Empetrum nigrum)*,	graines noires, graines à corbigeaux, goules noires, crowberry, curlewberry.	x		x
Carex *(— leptalea)*,	laiche, sedge			x
Carex *(— trisperma)*,	laiche, sedge.	x	x	
Carotte *(Daucus carota)*,	carotte sauvage.			x
Caryer *(Carya cordiformis)*,	hicorier, noyer amer, bitternut hickory.			x
Caryer *(Carya ovata)*,	arbre à noix piquées, noyer tendre, shag-bark hickory.			x
Céraiste *(Cerastium alpinum)*,	mouse-ear chickweed.	x		
Cerisier *(Prunus pensylvanica)*	petit merisier, pin cherry.	x		
Cerisier *(Prunus serotina)*	cerisier d'automne, rhum cherry, black cherry.	x	x	
Cerisier *(Prunus virginiana)*,	cerisier à grappes, choke berry.	x		
Charme *(Carpinus caroliniana)*,	bois dur, bois de fer, hern beam, bluebeech.			x
Chêne *(Quercus alba)*,	chêne blanc.			x
Chêne *(Quercus macrocarpa)*,	chêne à gros fruits, bur oak.			x
Chêne *(Quercus rubra)*,	red oak.			x
Chèvrefeuille *(Lonicera canadensis)*,	fly honeysuckle.			x
Chèvrefeuille *(Lonicera involucrata)*,	honeysuckle.	x		
Chimaphile *(— phila umbellata)*,	herbe à peigne, prince's-pine.			x
Chrysanthème *(— themum leucanthemum)*,	marguerite, ox-eye daisy.			x
Coptide *(Coptis groenlandica)*,	savoyanne, sibouillane, gold-thread.	x	x	
Cornifle *(Ceratophyllum demersum)*,	hornwort.			y
Cornouiller *(Cornus canadensis)*,	quatre-temps, rougets, bunch berry, dwarf cornel.			x
Cornouiller *(Cornus stolonifera)*	hart rouge, red-osier dogwood.	x	x	
Cypripède *(— pedium acaule)*,	sabot de la Vierge, moccasin-flower.	x	x	
Dentelaire *(Armeria maritima)*,	leadwort.	x		
Deschampsia *(— pumila)*,	canche, hairgrass.	x		

Nom officiel	Autres noms	A	B	V
Dièreville *(Diervilla lonicera)*,	herbe bleue, bush honey-suckle.			x
Digitale *(— talis purpurea)*,	gants de Notre-Dame, foxglove.	x	x	
Dirca *(— palustris)*,	bois de plomb, leatherwood.	x		
Dorine *(Chrysosplenium americanum)*,	water-mat.	x	x	
Dorine *(Chrysosplenium tetrandum)*,	golden saxifrage.	x		
Drave *(Draba alpina)*,	whitlow grass.	x		
Dryoptéride *(Thelypteris noveboborencis)*,	New-York fern.	x	x	
Elyme *(Elymus arenarius)*,	seigle de mer, lymegrass.	x		
Epervière *(hieracium aurantiacum)*,	marguerite rouge, bouquets rouges, hawkweed.	x	x	
Epicéa *(Picea glauca)*,	épinette blanche.	x	x	
Epicéa *(Picea mariana)*,	épinette noire.	x	x	
Epicéa *(Picea rubens)*,	épinette rouge.	x		
Epigée *(Epigaea repens)*,	fleur de mai, trailing arbustus.			x
Epilobe *(— bium augustifolium)*,	bouquets rouges, fireweed.	x	x	
Epilobe *(— bium arcticum)*,	willow herb.	x		
Erable *(Acer saccharinum)*,	plaine blanche, de France.			x
Erable *(Acer saccharum)*,	érable à sucre, franc.			x
Erable *(Acer spicatum)*,	plainte bâtarde.	x		
Erable *(Acer rubrum)*	plaine rouge.			x
Erigéron *(— grandiflorus)*,	vergerette, fleabane.	x		
Erigéron *(— pulchellus)*	robin's plantain.	x		
Eupatoire *(— torium perfoliatum)*,	herbe à souder, thoroughwort, bone set.	x		
Fétuque *(Festuca baffinensis)*,	northern fesscue.	x		
Fraisier *(Fragaria virginiana)*,	fraisier des champs.	x	x	
Frêne *(Fraxinus americana)*,	Frêne blanc.			x
Frêne *(Fraxinus nigra)*,	Frêne noir, frêne gras.	x	x	
Gadellier *(Ribes cynobastii)*,	groseillier.			x
Gaillet *(Galium aparine)*,	gratte-cul, cleavers.	x		
Gaillet *(Galium boreale)*,	bedstraw.	x		
Gaulthérie *(— theria procumbens)*,	thé des bois, pommes de terre, wintergreen.	x	x	
Gaulthérie *(— theria lipisdula)*,	creeping snowberry.	x	x	
Génévrier *(Juniper communis)*,	genièvre, genève.	x		
Gentiane *(— ana amarella)*,	northern gentian.			x
Géranium *(— robertianum)*,	herbe à Robert, à l'esquinancie, red-robin.			x

Nom officiel	Autres noms	A	B	V
Gesse (Lathyrus ochroleucus),	creamy peavine.			x
Grassette (Pinguicula vulgaris),	butterwort.	x		
Hêtre (Fagus grandifolia),	beech.		x	x
Hiérochloé (— alpina),	sweetgrass.	x		
Hiérochloé (— odorata),	herbe sainte, foin d'odeur, holygrass, vanilla grass.	x		
Hippuride (— puris vulgaris),	queue de cheval, mare's-tail.	x		x
Houx (Ilex verticillata),	winterberry.			x
Iris (— versicolor),	clajeux, blue-flag.		x	x
Ivraie (Lobium perenne),	ray-grass anglais, rye-grass.		x	
Jonc (Juncus castaneus),	choin, bog rush.	x		
Jonc (Juncus tenuus),	slender rush.	x		
Kalmia (— angustifolia),	crevard de moutons, laurier.		x	x
Laitue (Lactuca canadensis),	lettuce.			x
Laportéa (— canadensis),	ortie du Canada, wood-nettle.			x
Lédon (Ledum groenlandicum),	thé du Labrador, velouté.			x
Lédon (Ledum decumbens),	Labrador tea.	x		
Lentille (Lemna minor),	merde de grenouille, duckweed.			x
Linaigrette (Eriophorum virginicum),	bog-cotton.	x	x	x
Liseron (Convolvulus sepium),	wild morning-glory, hedge bindweed.		x	
Lobélie (— lia cardinalis),	cardinal flower.		x	
Lobélie (— lia inflata),	indian tobacco.		x	
Lycopode (— dium clavatum),	courants-verts, club-moss.		x	x
Lysimaque (— machia nummularia),	monnayère, moneywort.		x	
Maïanthème (— themum canadense),	wild lilly-of-the-valley.		x	x
Mauve (Malva neglecta),	fromagère, mallow.		x	
Matricaire (— caria ambigua),	wild chamonile.	x		
Médéole (Medeola virginiana),	concombre sauvage, jarnotte.		x	x
Mélèze (Larix laricina),	épinette rouge, tamarak, larch.		x	
Menthe (Mentha arvensis),	wild mint.		x	x
Millepertuis (Hypericum perforatum),	St.-John's-wort.		x	
Mitchella (— repens),	pain de perdrix, partridge-berry.			x
Mitrelle (Mitella nuda),	naked miterwort.		x	x

Nom officiel	Autres noms	A	B	V
Molène (*Verbascum thapsus*),	bouillon blanc, tabac du diable, bonhomme, great mullein.	x		
Moutarde (*Brassica kaber*),	charlok.	x		
Myrique (*— rica Gale*),	bois-sent-bon.			x
Némopanthe (*— thus mucronata*),	faux houx, mountain holly.			x
Nénuphar (*Nuphar variegatum*),	grand nénuphar jaune, pied-de-cheval, cow-lilly, bullhead lilly.	x		
Nerprun (*Rhamnus alnifolia*),	alderleaf buckthorn.			x
Noisetier (*Corylus cornuta*),	coudrier, breaked hazelnut.			x
Noyer (*juglans cinerea*),	arbre à noix longues, butternut.			x
Nymphéa (*— odorata*),	nénuphar blanc, lis d'eau.	x		x
Nymphéa (*— tuberosa*),	nénuphar blanc, lis d'eau.			x
Orge (*Hordeum jubatum*)	queue d'écureuil, finette.	x		
Orme (*Ulmus americana*),	orme blanc.	x		x
Orme (*Ulmus rubra*),	orme rouge, orme gras.			x
Orpin (*Sedum acre*),	mossy stonecrop, wall pepper.	x		
Ortie (*Urtica procera*),	stinging nettle.			x
Osmonde (*Osmunda regalis*),	royal fern.	x		x
Oxalide (*Oxalis europaea*),	pain d'oiseau, surette, lady's sorrel.	x		
Pâturin (*Poa alpigea*),	blue grass	x		
Pâturin (*Poa compressa*),	pâturin du Canada, spear grass.			x
Pavot (*Papaver radicatum*),	pavot arctique, arctic poppy	x		
Pédiculaire (*— laris canadensis*),				x
Pédiculaire (*— laris labradorica*),	lousewort.	x		
Petit-daphné (*Chamaedaphne cacyculata*),	faux bleuets, leather-leaf.	x		x
Peuplier (*Populus balsamifera*),	liard, Canada, cottonwood.	x		x
Peuplier (*Populus tremuloïdes*),	tremble, aspen.			x
Pigamon (*Thalictrum dioicum*),	early meadow-rue.			x
Pigamon (*Thalictrum dioicum*),	tall meadow-rue.	x		
Pin (*Pinus banksiana*),	pin gris, cyprès, Jack.	x		x
Pin (*Pinus resinosa*),	pin rouge, norway pine.	x		x
Pin (*Pinus strobus*),	pin blanc.	x		x
Pissenlit (*Taraxacum laevigatum*),	dandelion.	x		x
Plantain (*Plantago major*),	grand plantain.			x
Polygala (*— senega*),	sénéca, snake root.			x
Polypode (*— dium virginianum*),	tripe de roche.	x		x
Populage (*Caltha palustris*),	souci d'eau, marigold.	x		x
Potamot (*Potamogeton foliosus*),	pondweed.	x		x

Nom français	Nom commun	1	2	3
Potentille (— tilla hypartica),	arctic cinquefoil.	x		
Potentille (— tilla palustris),	Argentine rouge, comaret, marsh cinquefoil.		x	x
Prêle (Equisetum arvense),	prêle des champs, common horsetail.	x	x	x
Prêle (Equisetum sylvaticum),	prêle des bois, wood horsetail.		x	x
Prêle (Equisetum variegatum),	prêle panachée.	x	x	
Primevère (Primula stricta),	primrose.	x		
Prunelle (— nella vulgaris),	brunelle, herbe au charpentier, heal-all.		x	x
Puccinellie (— nellia angustata),	goosegrass.	x		
Pyrole (Pyrola secunda),	pyrole unilatérale, nodding wintergreen	x	x	x
Renoncule (Ranunculus abortivus),	smooth-leaved crowfoot.		x	x
Renoncule (Ranunculus aquatilis),	water-crowfoot.			x
Renoncule (Ranunculus nivalis),	snow buttercup.	x		
Renoncule (Ranunculus repens),	creeping-buttercup.		x	
Renouée (Polygonum aviculare),	traînasse, herbe à cochons, herbe des Saints-Innocents, centinode, knotweed, doorweed.		x	
Renouée (Polygonum alaskanum),	Eskimo rhubarb.	x		
Renouée (Polygonum sagittatum),	gratte-cul, arrow-leaved tearthumb.		x	
Rhododendron (Rhodora canadensis),				x
Ronce (Rubus acaulis),	stemless raspberry, stemless arctic bramble.			x
Ronce (Rubus alleghenniensis),	mûrier, blackberry.			x
Ronce (Rubus chamaemorus),	mûres blanches, blackbières, plaquebières, chicoutés, cloudberry, baked apples.	x		x
Ronce (Rubus idaeus),	framboisier, raspberry.	x		
Ronce (Rubus ororatus),	framboisier sauvage, calottes, raspberry.			x
Rosier (Rosa acicularis),	églantier, prickly rose.			x
Rosier (Rosa blanda),	rosier sauvage, églantier.			x
Rossolis (Drosera rotundifolia),	roundleaf sundew.		x	x
Rubanier (Sparganium angustifolium),	narrow-leaved burreed.		x	x
Rudbeckie (— kia serotina),	marguerite jaune, black-eyed susan.		x	
Rumex (— acetosella),	oseille, surette, vignette, field sorrel.		x	

Nom officiel	Autres noms	A	B	V
Sabline (Arenaria peploides),	faux péplus, pourpier, seabeach sandwort.	x		
Sagittaire (— taria cuneata),	arrow-leaf.			x
Sainfoin (Hedysarum alpinum),	sainfoin alpin.	x		x
Sanguinaire (Sanguinaria canadensis),	sang-dragon, blood-root.			x
Sapin (Abies balsamea),	sapin baumier, balsam fir.	x	x	
Sarracénie (— cenia purpurea),	herbe-crapaud, petits cochons, pitcher plant.		x	x
Saule (Salix discolor),	chaton, pussy willow.	x		
Saule (Salix herbacea),	wideleaf dwarf willow.	x		
Saxifrage (— fraga nivalis),		x		
Saxifrage (— fraga virginiensis),			x	
Sceau-de-Salomon (Polygonatum pubescens),			x	x
Silène (— cucubalus),	pétards, péteux, bladder campion.		x	
Smilacine (— cina stellata),	false salomon's seal.	x	x	
Sorbier (Sorbus americana),	cormier, maska, maskouabina, mountain ash.	x		
Spirée (Spiraea latifolia),	thé du Canada.			x
Spirodelle (—dela polyrhiza),	lentille d'eau, duckweed.	x	x	
Stellaire (—laria longipes),	long-stalked starwort.	x		
Stellaire (— laria media),	mouron des oiseaux, common chickweed.		x	
Streptope (— topus roseus),	rognons de coq, rose twisted-stalk.	x	x	
Sumac (Rhus radicans),	sumac vénéneux, herbe-à-la-puce, bois de chien, poison ivy.			x
Sureau (Sambucus canadensis),	sureau blanc, sirop blanc, elderberry.			x
Sureau (Sambucus pubens),	sureau rouge.			x
Thuya (Thuja occidentalis),	Thuïa, thuier, cèdre, balai, eastern white cedar.	x	x	
Tilleul (Tilia americana),	bois blanc, basswood, american Linden.			x
Trille (Trillium undulatum),		x	x	
Troscart (Trigochin maritima),	arrow-grass.			x
Tsuga (— canadensis),	pruche, hemlock.	x	x	
Typha (— latifolia),	massette, quenouille, cat-tail.	x	x	
Vallisnérie (— neria americana),	eel-grass.			x
Vélar (Erysemum pallasii),	wallflowwer.	x		

Nom officiel — Autres noms — A B V

Nom officiel	Autres noms	A	B	V
Verge d'or *(Solidago canadensis)*,	solidage, bouquets jaunes, golden-rod.		x	x
Vesce *(Vicia americana)*,	american vetch.			x
Violette *(Viola pallens)*,			x	x
Viorne *(Viburnum alnifolium)*,	bois d'orignal, mooseberry, hobble-bush.		x	x
Viorne *(Viburnum cassinoides)*,	bourdaine, alisier, bleuets sains.		x	x
Viorne *(Viburnum edule)*,	pimbina, squasberry.		x	x
Viperine *(Echium vulgare)*,	blue-weed, viper's bugloss.	x		
Zannichellie *(— chellia palustris)*,	alguette, chenillée, horned pondweed.			x
Zostère *(Zostera marina)*,	mousse de mer, herbe à bernaches, herbe à outardes, arboutarde, blé de mer, crin végétal, algue de mer, paille de mer, foin de mer, chiendent marin, vrak, verdière, sea wrack, eel-grass.			x

FLORE - LES MOUSSES

	A	B	V
Abietinella abietina.	x		
Amblystegium irrigum.			x
Amphidium lapponicum.	x		
Andreae rupestris.	x	x	
Atrichum undulatum.		x	
Aulaccommium palustre.		x	
Aulacommium acuminatum.	x		
Bartramia ichthyphylla.	x		
Bryum calophyllum, obtusifolium, pendulum.	x		
Calliergon cordifolium.		x	
Calliergon turgescens.	x		
Campylium stellatum.	x	x	
Ceratodon purpureus.	x		
Cinclidium subrotundum.	x		
Conostomum boreale.	x		
Dicranum bergeri, muhlenbergii.		x	
Dicranum elongatum, fuscens, groenlandicum.	x	x	

Nom officiel

Nom officiel	A	B	V
Didymodon recurvirostris.	x		
Distichium capillaceum.	x		
Ditrichum flexicaule.	x		
Drepanocladus aduncus, fluitans, uncinatus,	x		
Eucalypta rhabdocarpa.	x		
Fissidens exiguus.	x		
Fontilatis nitida.		x	
Fontilatis antipyritica, norvae-angliae.			x
Grimmia affinis, alpicola.		x	
Grimmia apocarpa.	x		
Hapladon wormskjoldii.	x		
Hedwigia ciliata.		x	
Hygrohypnum alpestre.		x	
Hygrohypnum dilatatum.			x
Hylocomium splendens.	x	x	
Hypnum lindbergii.		x	
Hypnum revolutum.	x		
Leptorbryum pyriforma.	x	x	
Meesea uliginosa.	x		
Mnium andrewsianum.		x	
Myurella apiculata, julacae.	x		
Orthotricum speciosum.	x		
Paludella squarrosa.		x	
Philonotis tomentella.	x		
Plagiothecium denticulatum.		x	
Pleurosium schreberi.		x	
Pohlia cruda, nutans.	x	x	
Polytrichum alpinum.	x		
Polytrichum commune, juniperium.		x	
Pottia leimii.	x		
Ptilium crista-castrensis.		x	
Rhacomotrium lanuginosum.	x		
Sphagnum balticum, cuspidatum, fuscum, girgensohnii, linbergii, recurvum, riparium, robustum, teres.		x	
Sphagnum capillaceum, songstronii.	x		
Sphagnum subsecundum.			x
Tetraplodon mnioides.	x		
Timmia austriaca.	x		
Tomenthypnum nitens.	x		
Tortella fragilis.	x		
Tortula ruralis.	x		

FLORE - LES LICHENS

Nom officiel	Autres noms	A	B	V
Actinogyra muhlenbergii.				x
Alectoria altaica, jubata.				x
Cetraria ciliaris, crispa, nigricascens, pinastri.				x
Cetraria cucullata.		x		
Cetraria islandica.	mousse d'Islande	x		
Cetraria nivalis.		x	x	
Cladonia alpestris, rangiferina.		x	x	
Cladonia bellidiflora, mitis, unicialis.		x		
Cladonia cholrophaea, coccifera, cornuta, digitata, pleurota, polydactyla, subrangiformis.				x
Cladonia pyxidata,	lichen des rennes	x	x	
Cornicularia divergens.		x		
Dactylina arctica, ramulosa.		x		
Gyrophora arctica, hyperborea, proboscidea.		x		
Haemotomma ventosum.		x		
Icmadophila ericetorum.				x
Lecanora arctica, polytropa.				x
Lecanora epibryon, verrucosa.		x		
Lecidea cinereoatra, flavocaerulescens, subsorediza.				x
Lecidea dicksonii.		x	x	
Lecidea melinodes, tesselata.		x		
Mycoblastus sanguinarius.				x
Nephroma arcticum.		x	x	
Nephroma bellum.				x
Omphalodiscus virginis.		x		
Parmelia saxatilis.		x		
Parmeliopsis ambigua, centrifuga, hyperopta, incurva, sulcata.				x
Peltigera aphthosa.		x	x	
Peltigera scabrosa.		x		
Peltigera pulverulenta.				x
Pertusaria coriabea, oculata.		x		
Physcia musigena.		x		
Placynthium asparellum.		x		
Polyblastia hyperborea.		x		
Psoroma hypnorum.		x		
Rhizocarpon chionophilium.		x		
Rhizocarpon geographicum.				x

Nom officiel	Autres noms	A B V
Rhizocarpon jemtlandicum.		x x
Rinodina annulata.		x
Rinodina roscida,	tripe de roche	x
Solacrina crocea.		x
Sphaerophorus globosus.		x
Sporostatia testudinea.		x
Stereocaulon alpinum, arcticum.		x
Stereocaulon paschale.		x
Umbilicaria hyperborea.		x

Principales sources: The Illustrated Natural History of Canada.
La Flore laurentienne, Frère Marie-Victorin, 1947.

590
FAUNE - JARDINS ZOOLOGIQUES

Granby	Orsainville
Hemmingford	Saint-Edouard
Montréal	Saint-Félicien

594
FAUNE - MOLLUSQUES - CRUSTACÉS

Nom officiel	Autres noms	A B V
Astérie *(Leptasterias polaris)*,	Polar starfish, étoile de mer	x
Bernacle *(Balanus crenatus)*,	notched acorn barnacle.	x
Bernacle *(Balanus hameri)*,	turban barnacle, anatife.	x
Bucarde *(Clinocardium ciliatum)*,	Iceland cockle, palourde, coque	x
Buccin *(Buccinum undatum)*,	common northern whelk, strombe, bourgot, bigorneau.	x
Lépas *(Acmaea Testudinalis)*,	tortoise, shell limpet, anatife, patelle.	x
Littorine *(Littorina littorea)*,	common periwinkle, vignot, bigorneau.	x x

FAUNE - PISTES DES PRINCIPAUX
ANIMAUX SAUVAGES

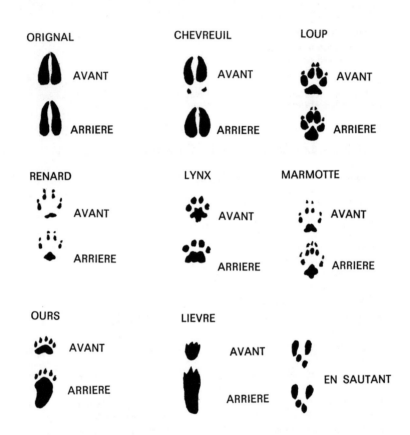

ORIGNAL
AVANT
ARRIERE

CHEVREUIL
AVANT
ARRIERE

LOUP
AVANT
ARRIERE

RENARD
AVANT
ARRIERE

LYNX
AVANT
ARRIERE

MARMOTTE
AVANT
ARRIERE

OURS
AVANT
ARRIERE

LIEVRE
AVANT
ARRIERE

EN SAUTANT

Source: Almanach Moderne Eclair 1969.

Nom officiel	Autres noms	A	B	V
Moule *(Mytilus edilus)*,	blue mussel.		x	x
Pandore *(Pandora glacialis)*,	large pandora.		x	
Peigne *(Mesodesma arctatum)*,	Arctic wedge clam.			x
Pétoncle *(Chlamys islandicus)*,	Iceland scallop.		x	
Taret *(Teredo navalis)*,	common shipworm.		x	

Source: The Illustrated Natural History of Canada. N.S.L. Natural Science of Canada Limited 1970.

595
FAUNE - INSECTES

Nom officiel	Autres noms	A	B	V
Blatte de Pennsylvanie *(Parcoblatta pennsylvanica)*,	woodland cockroach.			x
Bourdon *(Bombus polaris)*,	bumble bee.	x		
Carabe *(Carabus maeander)*,	ground beetle.		x	
Chenille épineuse de l'orme *(Nymphalis ethiopa)*,	mourning cloak.			x
Chrysomèle du navet *(Entomoscelis americana)*,	red turnip beetle.		x	
Chrysops *(Chrysops excitans)*,	deer fly.		x	
Cochenille *(Pseudococcus (trionymus sp.)*,	mealy bug.	x		
Coliade de la luzerne *(Colias eurytheme)*,	orange sulphur.		x	x
Collemboles *(Collembola)*,	springtail.	x		
Cousins *(Ceratopogonidae)*,	blood sucking midge.	x		
Fritillaire panachée *(Euptoleta claudia)*,	variegated fritillary.	x		
Gyrin *(Gyrinus analis)*,	water-flea, patineurs.	x	x	
Hespérie européenne *(Thymelicus lineola)*,	european skipper.	x	x	
Hypoderme du caribou *(Oedemagena tarandi)*,	warble fly.	x		
Libellule *(Somatochlora franklini)*,	dragon fly, demoiselle.	x		
Livrée d'Amérique *(Malacosoma americanum)*,	eastern tent caterpillar.			x
Longicarne noir *(Monochamus scutellatus)*,	longhorned beetle.	x		
Lycanide du pin gris *(Incisalia niphon)*	pine elfin, jackpine hairstreak.		x	x

Nom officiel	Autres noms	A	B	V
Maringouin *(Aedes communis)*,	mosquito.		x	
Monarque *(Danaus plexippus)*,	monarch.		x	x
Mouche à Hesse *(Phytophaga destructor)*,	hessian fly.			x
Mouche à viande *(lucilia. illustris)*,	blowfly.		x	
Mouche du chou *(Anthomyiinae)*,	cabbage magot.	x		
Mouche noire *(Cnephia eremites)*,	black fly.		x	x
Mouche noire *(Prosimulum fuscum)*,	black fly.		x	
Mouche noire *(Prosimulum ursinum)*,	black fly.	x		
Oestre du caribou *(Cephenemyia trompi)*,	bot fly.		x	
Papillon glauque *(Papilio glaucus)*,	tiger swallowtail.		x	x
Piéride du chou *Pieris rapae)*,	cabbage white.			x
Piéride du trèfle *(Colias ohilodice)*,	common sulphur.		x	x
Simulie à pattes blanches *(Simulu venustrum)*.			x	
Sphinx de la tomate *(Phlegethontius quinquemaculatus)*,	tomato hornworm.			x
Sylvain royal *(Limenitis archippus)*,	viceroy.		x	x
Taon du cheval *(Tabanus affinis)*,	horsefly.		x	
Tipule *(Tipula arctica)*,	crane fly.	x	x	
Tordeuse des bourgeons de l'épinette *(Choristoneura fumiferana)*,	spruce budworm.			x
Vanesse de l'artichaut *(Vanessa cardui)*,	painted lady, red admiral		x	x

597
FAUNE - AMPHIBIES

Nom officiel	Autres noms	A	B	V
Crapaud *(Bufo americanus)*,	Common toad.		x	x
Grenouille-taureau *(Rana catesbeiana)*,	bullfrog, grenouille mugissante, wawaron, ouaouaron.			x

		A	B	V
Grenouille *(Rana clamitans)*,	green frog.			x
Grenouille *(Rana sylvatica)*,	woodfrog.		x	x
Salamandre *(Ambystoma maculatum)*,	spotted salamander.			x
Tortue *(Clemmys guttata)*,	spottes turtle.			x

597
FAUNE - POISSONS

Nom officiel	Autres noms	A	B	V
Achigan à grande bouche *(Micropterus salmoïdes salmoïdes)*,				x
Achigan à petite bouche *(Micropterus dolomieui dolomieui)*,	smallmouth bass.		x	x
Alose *(Alosa sapidissima)*,	american shad.			x
Anguille *(Anguilla rostrata)*,	american eel.			x
Bar d'Amérique *(Morone saxatilis)*,				x
Barbotte brune du Nord *(Ameiurus nebulosus nebulosus)*.		x		
Barbotte de l'Arctique *(Lycopes reticularis)*,	lotte.	x		
Barbotte des rapides *(Noturus flavus)*,	stonecat.			x
Barbue du Nord *(Ictalurus punctatus)*,	channel catfish.		x	x
Brème *(Carpiodes cyprinus)*,	vernaculaire de Buffalo, brume, poisson à couette, quillback carpsucker.		x	x
Brochet *(Esox lucius)*,	northern pike.	x	x	x
Brochet maillé *(Esox niger)*,	chain pickerel.			x
Brochet vermiculé *(Esox americanus vermiculatus)*,	little pickerel, grass pickerel.			x
Carpe *(Catostomus catostomus)*,	white sucker, longnose sucker.	x	x	x
Carpe de France *(Moxostoma lubbi)*,	copper redhorse.			x
Carpe miroir *(Cyprinus carpio)*,	carp.			x
Carrelet *(Liopsetta putnami)*,	smooth flounder, plie franche.	x		x
Catostome noir commun *(Catostomus commersoni commersoni)*,	carpe noire, carpe à cochons, white sucker.		x	x
Chat-fou *(Schillbeodes mollis)*,	mad Tom.			x
Chatte *(Notemigonus crysoleucas)*,	méné.		x	x

Nom officiel	Autres noms	A	B	V
Coregone *(Coregonus clupeaformis)*,	white fish, poisson blanc.	x		
Crapet-calicot *(Pomoxis nigromaculatus)*,	black crappie.			x
Crapet de roche du Nord *(Amblopites rupestris rupestris)*,	northern rock bass.			x
Crapet-soleil *(Lepomis gibbosus)*,	pumpkin seed sunfish.			x
Doré jaune *(Stizostedion vitreum vitreum)*,	yellow wall eye.		x	
Doré noir *(Stizostedion canadense)*,	sauger.		x	x
Eperlan *(Osmerus mordax)*,	american smelt.			x
Epinoche *(Apeltes quadracus)*,	fourspine stickleback.			x
Epinoche *(Culaea inconstans)*,	brook stickleback.		x	
Epinoche *(Gasterosteus aculeatus)*,	three spine stickleback.	x		x
Esturgeon *(Acipenser fulvescens)*,	lake sturgeon.	x	x	x
Flétan *(Reinhardtius hippoglossoides)*,	Greenland halibut.	x		
Gasparot *(Alosa pseudoharengus)*,	alewife.			x
Hareng *(Clupea harengus)*,	atlantic herring.			x
Hareng *(Coregonus loyi)*,	bloater.		x	
Lamproie argentée *(Ichthyomyzon unicuspis)*,	silver lamprey.			x
Lamproie marbrée *(Petromyzon marinus)*,	sea lamprey.			x
Lançon *(Ammodytes hexapterus)*,	arctic sand lance.	x		
Lépisostée osseux du Nord *(Lepisosteus osseus oxyurus)*,	longnose gar.			x
Lotte *(Lota lota)*,	burbot, merlu, queue d'anguille.	x	x	x
Malachigan *(Aplodinotus grunniens)*,	tambour, freshwater drum			x
Maskinongé *(Esox masquinongy)*,	muskellunge.		x	x

Nom officiel	Autres noms	A	B	V
Merluche *(Sebastes marinus)*,	rosefish.	x		
Merluche *(Urophycis chuss)*,	squirrel lake.			x
Morue *(Boreogadus saida)*,	Arctic cod.	x		x
Morue *(Gadus morrhua)*.		x		x
Morue *(Gadus calaria)*.			x	
Morue *(Gadus ogac)*,	Greenland cod.	x		
Omble *(Salvelinus namaycush)*,	Lake trout, touladi.	x		
Omble *(Salvelinus spectabilis)*,	truite Dolly Varden.			x
Omble de fontaine *(Salvelinus fontinalis)*,	brook trout, truite mouchetée.	x	x	
Omble grise *(Cristivomer namaycush)*,	greytrout, laketrout, truite de lac.	x	x	

Nom officiel	Autres noms	A	B	V
Omble rouge *(Salvenilus marstoni)*,	Quebec red trout, truite trout.			x
Ombre de l'Arctique *(Salvenilus arcticus)*,	arctic char, truite de l'Arctique, omble de l'Arctique.	x		
Ombre de l'Arctique *(Thymallus arcticus)*,	arctic grayling.	x		
Ombre de l'Arctique *(Thymallus signifer)*,		x		
Ouananiche *(Salmo salar ouananiche).*			x	x
Perche blanche *(Morone americana).*				x
Perche blanche *(Roccus americana)*,	white perch.			x
Perche jaune *(Perca flavescens)*,	yellow perch, perchaude.	x		x
Plie *(Hypoglossoides platessoides)*,	american plaice.			x
Poulamon *(Microgadus tomcod)*,	poisson des chenaux, loche, petite morue, poisson de Noël, atlantic tomcod.			x
Raie *(Raja radiata)*,	Atlantic prickly skate.	x		
Requin *(Squalis acanthias)*,	spiny dogfish.	x		
Saumon de l'Atlantique *(Salmo salar)*,	Atlantic salmon.	x		x

598
FAUNE - OISEAUX

Nom officiel	Autres noms	A	B	V
Aigle à tête blanche *(Haliaetus leucocephalus)*,	bald eagle.		x	x
Aigle doré *(Aquila chrysaëtos)*,	golden eagle.			x
Aigle pêcheur *(Pandion haliaetus)*,	osprey.		x	x
Grande Aigrette *(Casmerodius albus)*,	common Egret, american egret.		x	x
Alouette cornue *(Eremophila alpestris)*,	horned lark.	x	x	x

Nom officiel	Autres noms	A	B	V
Autour *(Accipiter gentilis)*,	goshawk.		x	x
Bécasse américaine *(Philohela minor)*,	american woodcock.			x
Bécasseau minuscule *(Erolia minutilla)*,	least sandpiper.		x	

Nom officiel	Autres noms	A	B	V
Bécasseau roux (Limnodromus griseus),	short-billed dowitcher.	x		
Bécasseau semi-palmé (Ereunetes pusillus),	semipalmated sandpiper.	x		
Bécassine ordinaire (Capella gallinago),	common snipe, Wilson's snipe, bécassine de Wilson	x	x	
Bec-croisé rouge (Loxia curvirostra),	red crossbill.			x
Bec-croisé à ailes blanches (Loxia leucoptera),	white-winged crossbill.		x	x
Bec-scie commun (Mergus merganser),	common merganser, american merganser.		x	x
Bec-scie à poitrine rousse (Mergus serrator),	reb-breasted merganser.	x	x	x
Bernache canadienne (Branta canadensis),	Canada goose, outarde.	x	x	x
Bihoreau à couronne noire (Nycticorax nycticorax),	black-crowned night heron			x
Bruant indigo (Passerina cyanea),	indigo bunting.			x
Bruant lapon (Calcarius lapponicus),	Lapland longspur.	x		
Busard des marais (Circus cyaneus),	marsh kawk.		x	x
Buse à épaules rousses (Buteo lineatus),	red-shouldered hawk.			x
Buse à queue rousse (Buteo jamaicensis),	red-tailed hawk, buse de Harlan.		x	x
Buse pattue (Buteo lagopus),	rough-legged hawk.	x		
Petite Buse (Buteo platypterus),	broad-winged hawk.		x	x
Petit Butor (Ixobrychus exilis),	least bittern.			x
Butor américain (Botaurus lentiginosus),	american bittern.		x	x
Canard arlequin (Histrionicus histrionicus),	Harlequin duck.	x		x
Canard huppé (Aix sponsa),	wood duck.			x
Canard kakawi (Clangula hyemalis),	olsquaw.	x		
Canard malard (Anas platyrhynchos),	mallard.		x	x
Canard noir (Anas rubripes),	black duck.		x	x
Canard pilet (Anas acuta),	pintail.	x	x	x
Canard siffleur d'Amérique (Mareca americana),	american widgeon, baldpate		x	x
Canard souchet (Spatula clypeata),	shoveler.			x
Canard roux (Oxyura jamaicensis),	ruddy duck.			x

Achigan à petite bouche

Mickey Finn – Hellgramite

Brochet d'herbe

Crazy-Crawler – Daredevil

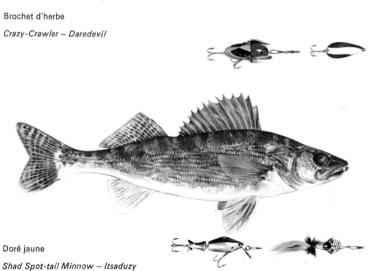

Doré jaune

Shad Spot-tail Minnow – Itsaduzy

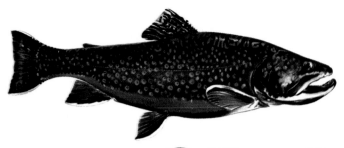

Truite mouchetée

Dark Montréal – Silver Doctor
Pharmachene – Belle McGinty

Truite rouge du Québec

Ruby Set Spoon – Roche's May Fly

Truite de mer

Jack Scott – Grasshopper

Omble de l'Arctique

Royal Coachman – Trout Fin

Truite arc-en-ciel

Woodcock Quill – Red Ibis

Ouananiche

Van Luven – Hula Dancer

Truite grise

Tee Spoon – Supervisor

Truite franche

Royal Coachman – Black Beauty

Saumon de l'Atlantique

Durham Ranger – Dusty Miller
Silver Wilkinson – Silver Doctor

Brochet du nord

Daredevil – Hula Popper

Maskinongé

RH River-Runt – Flatfish

Brochet maillé

Crazy-Crawler – Daredevil

Canard chipeau,
a) mâle adulte en plumage nuptial
b) femelle
c) mâle adulte en plumage nuptial

Canard siffleur d'Europe,
mâle adulte en plumage nuptial

Canard siffleur d'Amérique,
a) mâle en plumage nuptial

b) femelle

**Canard siffleur
d'Amérique,**
mâle en plumage nuptial

femelle

Sarcelle cannelle,
a) mâle adulte en plumage nuptial
b) femelle

Sarcelle à ailes bleues,
a) mâle adulte en plumage nuptial
b) mâle adulte en plumage nuptial
c) femelle

Canard souchet,
mâle adulte en plumage nuptial

Canard huppé,
a) femelle
b) mâle adulte en plumage nuptial

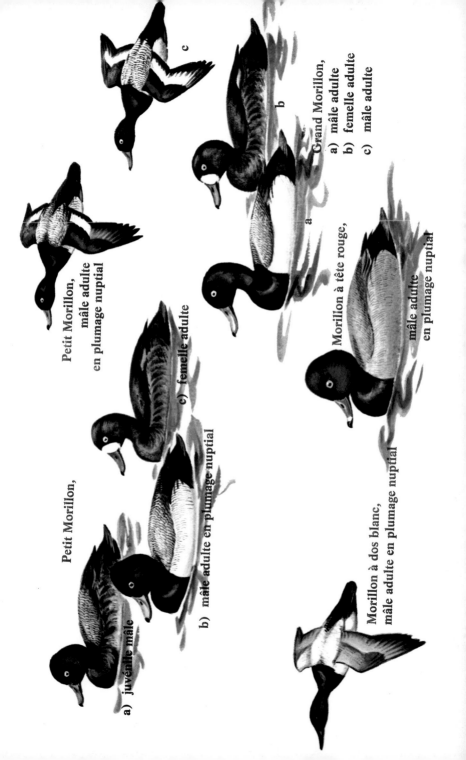

Petit Morillon,

a) juvénile mâle

b) mâle adulte en plumage nuptial

c) femelle adulte

Petit Morillon, mâle adulte
en plumage nuptial

Grand Morillon,
a) mâle adulte
b) femelle adulte
c) mâle adulte

Morillon à tête rouge,

mâle adulte
en plumage nuptial

Morillon à dos blanc,
mâle adulte en plumage nuptial

Morillon à collier,
a) femelle   b) mâle adulte en plumage nuptial

Canard roux,
a) femelle   b) mâle en plumage d'hiver
c) mâle adulte en plumage nuptial

Nom officiel	Autres noms	A	B	V
Carouges à épaulettes *(Agelaius phoenicus)*,	red-winged blackbird.		x	x
Chardonneret des pins *(Spinus pinus)*,	pine siskin.		x	x
Chardonneret jaune *(Spinus tristis)*,	american goldfish.		x	x
Grand Chevalier à pattes jaunes *(Totanus melanoleucus)*,	greater yellowlegs.		x	
Petit Chevalier à pattes jaunes *(Totanus flavipes)*,	lesser yellowlegs.		x	
Chevalier solitaire *(Tringa solitaria)*,	solitary sandpiper.		x	
Chouette épervière *(Surnia ulula*	hawk owl.		x	x
Chouette rayée *(Strix varia)*,	barred owl.		x	x
Colibri à gorge rubis *(Archilocus colubris)*,	ruby-throated hummingbird oiseau-mouche.		x	x
Grand Corbeau *(Corvus corax)*,	common raven.	x	x	x
Grand Cormoran *(Phalacrocorax carbo)*,	great cormorant, european cormorant.			x
Cormoran à aigrettes *(Phalacrocorax auritus)*,	double-crested cormorant.		x	x
Corneille américaine *(Corvus brachyrhynchos)*	common crow.		x	x
Coulicou à bec noir *(Coccyzus erythropthalmus)*,	black-billed cuckoo.			x
Courlis corlieu *(Numenius phaeopus)*,	whimbrel, hudsonian curlew, courlis hudsonien.		x	x
Courlis esquimau *(Numenius borealis)*	Eskimo curlew.		x	x
Crécerelle américaine *(Falco sparverius)*,	sparrow hawk.			x
Petit Duc *(Otus asio)*,	sreech owl.			x
Grand Duc *(Bubo virginianus)*,	great horned owl.		x	x
Eider commun *(Somateria mollissima)*,	common eider, american eider.	x		x
Eider remarquable *(Somateria spectabilis)*	king eider.	x	x	x
Engoulevent bois-pourri *(Caprimulgus vociferus)*,	whip-poor-will.			x
Engoulevent commun *(Chordeiles minor)*,	common nighthawk.		x	x
Epervier brun *(Accipiter striatus)*,	sharp shinned hawk.		x	x
Epervier de Cooper *(Accipiter cooperii)*,	Cooper's hawk.			x
Etourneau sansonnet *(Strurnus vulgaris)*,	common starling.		x	x

Nom officiel	Autres noms	A	B	V
Faisan à collier *(Phasianus colchicus)*.	ring-necked pheasant.			x
Faucon pèlerin *(Falco peregrinus)*,	peregrine falcon, duch hawk.	x	x	x
Faucon émerillon *(Falco columbarius)*,	pigeon hawk.	x	x	
Fauvette à calotte noire *(Wilsonia pusilla)*,	Wilson's warbler.	x	x	
Fauvette à couronne rousse *(Dendroica palmarum)*,	palm warbler.	x	x	
Fauvette à croupion jaune *(Dendroica coronata)*,	wyrtle warbler.	x	x	
Fauvette à flancs marrons *(Dendroica pensylvanica)*,	chestnut-sided warbler.	x		
Fauvette à gorge orangée *(Dendroica fusca)*,	blackburnian warbler.	x		
Fauvette à joues grises *(Vermivora ruficapilla)*,	Nashville warbler.	x	x	
Fauvette à poitrine baie *(Dendroica castanea)*,	bay-breasted warbler.	x	x	
Fauvette à tête cendrée *(Dendroica magnolia)*,	magnolia warbler.	x	x	
Fauvette à gorge noire *(Dendroica caerulescens)*,	black-throated blue warbler.			x
Fauvette couronnée *(Seiurus aurocapillus)*,	ovenbird.	x	x	
Fauvette des pins *(Dendroica pinus)*,	pine warbler.			x
Fauvette des ruisseaux *(Seiurus noveboracensis)*,	northern waterthrush.	x	x	
Fauvette du Canada *(Wilsonia canadensis)*,	Canada warbler.	x	x	
Fauvette flamboyante *(Setophaga ruticilla)*,	american redstart.	x	x	
Fauvette jaune *(Dendroica petechia)*,	yellow warbler.	x	x	
Fauvette masquée *(Geothlypis trichas)*,	common yellowthroat, Maryland yellowthroat, fauvette trichas.	x	x	
Fauvette noire et blanche *(Mniotilta varia)*,	black-and-white warbler.	x	x	
Fauvette obscure *(Vermivora peregrina)*,	Tenessee warbler.	x	x	
Fauvette parula *(Parula americana)*,	parula warbler.			x
Fauvette rayée *(Dendroica striata)*,	blackpoll warbler.	x	x	

Nom officiel	Autres noms	A	B	V
Fauvette tigrée *(Dendroica tigrina)*,	Cape May warbler.		x	x
Fauvette triste *(Dendroica philadelphia)*,	mourning warbler.		x	x
Fauvette verdâtre *(Vermivora celata)*,	orange-crowned warbler.		x	
Fauvette verte à gorge noire *(Dendroica virens)*,	black-throated green warbler.		x	x
Fou de Bassan *(Morus bassanus)*,	Gannet.			x
Foulque américain *(Fulica americana)*,	american coot.			x
Garrot commun *(Bucephala clangula)*,	common goldeneye, american goudeneye.		x	x
Garrot de Barrow *(Bucephala islandica)*,	Barrow's goldeneye.	x		
Geai bleu *(Cyanocitta cristata)*,	blue jay.			x
Geai gris *(Perisoreus canadensis)*,	gray jay, geai du Canada.		x	x
Gelinotte à queue fine *(Pediocetes phasianellus)*,	sharp tailed grouse.		x	
Gelinotte huppée *(Bonasa umbellus)*,	ruffed grouse.		x	x
Gerfaut *(Falco rusticolus)*,	gyrfalcon.	x		
Gode *(Alca torda)*,	razorbill, razor-billed auk.			x
Goéland à bec cerclé *(Larus delawarensis)*,	ring-billed gull.		x	x
Goéland à manteau noir *(Larus marinus)*	great black-backed gull.			x
Goéland arctique *(Larus galucoides)*,	Iceland gull, goéland de Kumlien.	x		
Goéland argenté *(Larus argentatus)*,	herring gull, goéland, goéland de mer.	x	x	x
Goéland bourgmestre *(Larus hyperboreus)*,	glaucus gull.	x		
Goglu *(Dolochonyx oryzivorus)*,	bobolink.			x
Grèbe à bec bigarré *(Podilymbus podiceps)*	pied-billed grèbe.			x
Grèbe cornu *(Podiceps auritus)*,	horned grebe.			x
Grimpereau brun *(Certhia familiaris)*,	brown creeper.		x	x
Grive à dos olive *(Hylocichla ustulata)*,	Swaison's trush, olive-backed thrush.		x	x
Grive à joues grises *(Hylocichla minima)*,	gray-cheeked thrush.	x	x	x

Nom officiel	Autres noms	A	B	V
Grive des bois *(Hylocichla mustelina),*	wood thrush.			x
Grive fauve *(Hylocichla fulvescens),*	veery.			x
Grive solitaire *(Hylocichla guttata),*	hermit thrush.		x	x
Gros-bec à poitrine rose *(Pheuctictus ludovicianus),*	rose-breasted grosbeak.			x
Gros-bec des pins *(Pinicola enucleator),*	pine grosbeak.		x	x
Guillemor noir *(Cepphus grylle),*	blanck guillemot.	x		x
Harfang des neiges *(Nyctea scandiaca),*	snowy owl.	x		
Héron garde-boeuf *(Bubulcus ibis),*	cattle egret.			x
Grand Héron *(Ardea herodias),*	great blue heron, grue.			x
Héron vert *(Butorides virescens),*	green heron.			x
Hibou à aigrettes longues *(Asio otus),*	long-eared owl.		x	x
Hibou des marais *(Asio flammeus),*	short-eared owl.		x	x
Hirondelle à ailes hérissées *(Stelgidopteryx ruficollis),*	rough-winged swallow.			x
Hirondelle à front blanc *(Petrochelidon pyrrhonota),*	cliff swallow.		x	x
Hirondelle bicolore *(Iridoprocne bicolor),*	tree swallow.		x	x
Hirondelle des granges *(Hirundo rustica),*	barn swallow.		x	x
Hirondelle des sables *(Riparia riparia),*	bank swallow.		x	x
Hirondelle pourprée *(Progne subis),*	purple martin.			x
Huart à collier *(Gavia immer),*	common loon.	x	x	x
Huart à gorge rousse *(Gavia stellata),*	red-throated loon.	x		x
Huart arctique *(Gavia arctica),*	arctic loon.	x		
Jaseur de Bohême *(Bombycilla garrulus),*	bohemian waxwing.			x
Jaseur des cèdres *(Bombycilla cedrorum),*	cedar waxwing.		x	x
Junco ardoisé *(Junco hyemalis),*	slate-colored junco.		x	x
Labbe à longue queue *(Stercorarius longicaudus),*	long-tailed jaeger.	x		
Labbe parasite *(Stercorarius parasiticus),*	parasite jaeger.	x		
Labbe pomarin *(Stercorarius pomarinus),*	pomarine jaeger.	x		

Nom officiel	Autres noms	A	B	V
Lagopède des rochers *(Lagopus mutus)*,	rock ptarmigan.	x		
Lagopède des saules *(Lagopus lagopus)*,	willow ptarmigan.	x	x	
Macareux arctique *(Fratercula arctica)*,	common puffin, atlantic puffin, macareux de l'Atlantique.			x
Macreuse à ailes blanches *(Melanitta deglandi)*,	white-winged scoter.	x		x
Macreuse à bec jaune *(Oidemia nigra)*,	common scoter, american scoter.	x		x
Macreuse à front blanc *(Melanitta perspicillata)*,	surf scoter.	x	x	x
Mainate bronzé *(Quiscalus quiscula)*,	common grackle, bronzed grackle.		x	x
Mainate rouilleux *(Euphagus carolinus)*,	rusty blackbird.		x	x
Marmette commune *(Uria aalge)*,	common murre, Atlantic murre, marmette de l'Atlantique.			x
Marmette de Brünnich *(Uria lomvia)*,	thick-billed murre, Brünnich's murre.	x		
Martinet ramoneur *(Chaetura pelagica)*,	chimney swift.		x	x
Martin-pêcheur *(Megaceryle alcyon)*,	belted kingfisher.		x	x
Maubèche branle-queue *(Actitis macularia)*,	spotted sandpiper.		x	x
Maubèche des champs *(Bartramia longicauda)*,	upland plover.			x
Mergule nain *(Plautus alle)*,	dovekie.	x		x
Merle américain *(Turdus migratorius)*,	american robin.		x	x
Merle bleu à poitrine rouge *(Sialia sialis)*,	eastern bluebird.			x
Mésange à tête brune *(Parus hudsonicus)*,	boreal chickadee, hudsonian chickadee, brown–headed chickadee.		x	x
Mésange à tête noire *(Parus atricapillus)*,	black-capped chichadee.		x	x
Moineau domestique *(Passer domesticus)*,	house sparrow, english sparrow.		x	x
Moqueur-chat *(Dumetella carolinensis)*,	catbird.			x

Nom officiel	Autres noms	A	B	V
Moqueur polyglotte *(Mimus polyglottos),*	northern mockingbird.			x
Moqueur roux *(Toxostoma rufum),*	brown thrasher.			x
Morillon à collier *(Aythya collaris),*	ring-necked duck.		x	x
Morillon à tête rouge *(Aythya americana),*	red head.			x
Grand Morillon *(Aythya marila),*	greater scaup.	x	x	x
Petit Morillon *(Aythya affinis),*	lesser scaup.			x
Moucherolle à côtés olive *(Nuttallornis borealis),*	olive-sided flycatcher.		x	x
Moucherolle à ventre jaune *(Empidonax flaviventris),*	yellow-bellied flycatcher.		x	x
Moucherolles des aulnes *(Empidonax traillii),*	traill's flycatcher, alder flycatcher.		x	x
Moucherolle huppé *(Myiarchus crinitus),*	great crested flycatcher.			x
Moucherolle phébi *(Sayornis phoebe),*	eastern phoebe.			x
Moucherolle tchébec *(Empidonax minimus),*	least flycatcher.		x	x
Mouette blanche *(Pagophila eburnea),*	ivory gull.		x	
Mouette de Bonaparte *(Larus philadelphia),*	Bonaparte's gull.		x	
Mouette tridactyle *(Rissa tridactyla),*	black-legged kittiwake, Atlantic kittiwake.	x		x
Nyctale boréale *(Aegolius funereus),*	boreal owl, Richardson's owl.		x	
Petite Nyctale *(Aegolius acadicus),*	saw whet owl.		x	x
Oie blanche *(Chen cearulescens),*	snow goose, blue goose, oie bleue.		x	
Oriole de Baltimore *(Icterus galbula),*	Baltimore oriole.			x
Perdrix européenne *(Perdix perdix),*	gray partridge, european partridge, hungarian partridge, perdrix de Hongrie.			x
Pétrel cul-blanc *(Oceanodroma leucorhoa),*	leach's petrel.			x
Phalarope hyperboréen *(Lobipes lobatus),*	northern phalarope.	x	x	
Pic à dos noir *(Picoïdes arcticus),*	black-backed woodpecker three-toed woodpecker.		x	x
Pic à dos rayé *(Picoïdes tridactylis),*	northern three-toed woodpecker, american three-toed woodpecker.			x

Nom officiel	Autres noms	A	B	V
Pic à tête rouge *(Melanerpes erythrocephalus)*,	red-headed woodpecker.			x
Pic chevelu *(Dendrocopos villosus)*,	hairy woodpecker.	x	x	
Pic doré *(Colaptes auratus)*,	yellow-shafted flicker.	x	x	
Grand Pic *(Dryocopus pileatus)*,	pileated woodpecker.	x	x	
Pic maculé *(Sphyrapicus varius)*,	yellow-bellied sapsucker.	x	x	
Pic mineur *(Dendrocopos pubescens)*,	downy woodpecker.	x	x	
Pie-grièche boréale *(Lanius excurbitor)*,	northern shrike.	x	x	
Pigeon biset *(Columbia livia)*,	rock dove, domestic dove, pigeon domestique.	x	x	
Pinson à couronne blanche *(Zonotrichia leucophrys)*,	white-crowned sparrow.	x	x	
Pinson à gorge blanche *(Zonotrichia albicollis)*,	white-throated sparrow.	x	x	
Pinson à queue aiguë *(Ammospiza caudacuta)*,	sharp-tailed sparrow.	x	x	
Pinson chanteur *(Melospiza melodia)*,	song sparrow.	x	x	
Pinson de Le Conte *(Passerherbulus caudacutus)*,	Le Conte's sparrow.	x		
Pinson de Lincoln *(Melospiza lincolnii)*,	Lincoln's sparrow.	x	x	
Pinson des champs *(Spizella pusilla)*,	field sparrow.			x
Pinson des marais *(Melospiza georgiana)*,	swamp sparrow.	x	x	
Pinson des prés *(Passerculus sandwichensis)*,	savannah sparrow, pinson des savannes.	x	x	x
Pinson familier *(Spizella passerina)*,	chipping sparrow.	x	x	
Pinson fauve *(Passerella iliaca)*,	fox sparrow.	x		
Pinson hudsonien *(Spizella arborea)*,	tree sparrow.	x	x	
Pinson sauterelle *(Ammodramus savannarum)*,	grasshopper sparrow.			x
Pinson vespéral *(Pooecetes gramineus)*,	vesper sparrow.	x	x	
Pioui de l'Est *(Contopus virents)*,	eastern wood peewee.			x
Pipit commun *(Anthus spinoletta)*,	water pipit, american pipit.	x	x	
Plectrophane des neiges *(Plectrophenax nivalis)*,	snow bunting.	x		
Pluvier à collier *(Charadrius semipalmatus)*,	semipalmated plover.	x	x	

Nom officiel	Autres noms	A	B	V
Pluvier à ventre noir *(Squatarola squatarola)*,	black-bellied plover.		x	x
Pluvier kildir *(Charadrius vociferus)*,	killdeer.			x
Pluvier siffleur *(Charadrius melodus)*,	piping plover.			x
Râle de Caroline *(Porzana Carolina)*,	sora.		x	x
Râle de Virginie *(Rallus limicola)*,	Virginia rail.			x
Râle jaune *(Coturnicops noveboracensis)*,	wellow rail.		x	x
Roitelet à couronne dorée *(Regulus satrapa)*,	golden-crowned kinglet.		x	x
Roitelet à couronne rubis *(Regulus calendula)*,	ruby-crowned kinglet.		x	x
Roselin pourpré *(Carpodacus purpureus)*,	purple finch.		x	x
Sarcelle à ailes bleues *(Anas discors)*,	blue-winged teal.		x	x
Sarcelle à ailes vertes *(Anas carolinensis)*,	green-winged teal.	x	x	x
Sittelle à poitrine blanche *(Sitta carolinensis)*,	white-breasted nuthatch.			x
Sittelle à poitrine rousse *(Sitta	red-breasted nuthatch.		x	x
Sizerin à tête rousse *(Acanthis fiammea)*,	common redpoll.	x		
Sizerin blanchâtre *(Acanthis hornemanni)*,	hoary redpoll.	x		
Sterne arctique *(Sterna paradisaea)*,	arctic tern.	x	x	
Sterne caspienne *(Hydroprogne caspia)*,	caspian tern.			x
Sterne commune *(Sterna hirundo)*,	common tern.		x	x
Sterne noire *(Chlidonias niger)*,	black tern.			x
Sturnelle des prés *(Sturnella magna)*,	eastern meadowlark.			x
Tangara écarlate *(Piranga olivacea)*,	scarlet tanager.			x
Tétras des savannes *(Canachites canadensis)*,	spruce grouse, Franklin's grouse, tétras de Franklin.		x	x
Tohi commun *(Pipilo erythrophthalmus)*,	rufous-sided towhee, eastern, red-eyed et spotted towhee, tohi de l'Est, tohi tacheté.			x
Tourterelle triste *(Zenaidura macroura)*,	mourning dove.			x

Nom officiel	Autres noms	A B V
Traquet motteux *(Oenanthe oenanthe)*,	wheatear.	x
Troglodyte à bec court *(Cistothorus platensis)*,	short-billed marsh wren.	x
Troglodyte des forêts *(Troglodytes troglodytes)*,	winter wren.	x x
Troglodyte des marais *(Telmatodytes palustris)*,	long-billed marsh wren.	x
Troglodyte familier *(Troglodytes aedon)*,	house wren.	x
Tyran tritri *(Tyrannus tyrannus)*,	eastern kingbird.	x x
Vacher à tête brune *(Molothrus ater)*,	brown-headed, cowbird, eastern cowbird, Nevada cowbird.	x x
Viréo à gorge jaune *(Vireo flavifrons)*,	yellow-throated vireo.	x
Viréo à tête bleue *(Vireo solitarius)*,	Solitary vireo, blue-headed vireo.	x x
Viréo aux yeux rouges *(Vireo olivaceus)*,	red-eyed vireo.	x x
Viréo de Philadelphie *(Vireo philadelphicus)*,	Philadelphia Vireo.	x x
Viréo mélodieux *(Vireo gilvus)*,	warbling vireo.	x

599
FAUNE - MAMMIFÈRES

Nom officiel	Autres noms	A	B	V
Baleine *(Balaena mystecicus)*,	Greenland bowhead whale	x		
Baleine *(Globicephala malaena)*,	pilot whale.			x
Baleine bleue *(Sibbaldus musculus)*,	blue whale.	x		
Campagnol *(Microtus pennsylvanicus)*,	meadow vole.		x	x
Carcajou *(Gulo gulo)*,	wolverine.	x		
Carcajou *(Gujo luscus)*,	wolvwrine.		x	
Caribou *(Rangifer tarandus)*,	Peary's caribou.	x	x	x
Caribou de la toundra *(Rangifer arcticus)*,	barren-ground caribou.	x		

Migration des oiseaux.

Nom officiel	Autres noms	A	B	V
Castor (Castor canadensis),	beaver.	x	x	
Cerf de Virginie (Odocoilus virginianus),	white-tailed deer, chevreuil.	x	x	
Chauve-souris (Lasiurus cinereus),	hoary bat.	x	x	
Chauve-souris (Myotis lucifugus),	little brown bat.	x	x	
Ecureuil (Citellus parryi),	arctic ground squirrel.	x		
Ecureuil (Sciurus carolinensis),	eastern squirrel.		x	x
Ecureuil (Tamias striatus),	eastern chipmunk, suisse, tamia rayé.		x	x
Ecureuil volant (Glaucomys sabrinus),	northern flying squirrel.		x	x
Hermine (Mustela erminia),	Ermine.	x	x	x
Hermine (Mustela frenata),	long-tailed weasel, belette.			x
Hermine (Mustela rixosa),	least weasel.	x	x	
Lemming (Discrotonyx groenlandicus),	collared lemming.	x		
Lemming (Discrotonyx hudsonii),	Ungava varied lemming.		x	x
Lièvre arctique (Lepus arcticus),	arctic hare.	x	x	
Lièvre des bois (Lepus americanus),	snowshoe hare.		x	x
Loup (Canis lupus),	timber wolf.	x	x	x
Loup-marin (Anarrhicas denticulatus),	sea wolf, sea elephant.	x		
Loutre (Lutra canadensis),	Otter.			x
Lynx (Lynx canadensis),	Canada Lynx.	x		
Lynx (Lynx rifus),	bobcat.	x	x	
Marmotte (Marmota monax),	woodchuck, siffleux.	x	x	
Marsouin (Phocoena phocoena),	harbour porpoise.	x		
Marsouin blanc (Delphinapterus leuceas),	white whale, béluga.	x		x
Martre (Martes americana),	marten.		x	x
Morse (Odobenus rosmarus),	atlantic walrus.	x		
Mouffette (Mephitis mephitis),	striped skunk, bête puante.	x	x	
Musaraigne (Sorex arcticus),	arctic shrew.	x		
Musaraigne (Sorex cinereus),	common shrew.		x	x
Narval (Monodon monoceros),	narwhal .	x		
Opossum (Didelphis marsupialis),	common opossum, sarigue.			x
Orignal (Alces alces),	moose, élan d'Amérique.	x		
Ours blanc (Thalarctos maritimus),	polar bear.	x		
Ours noir (Euarctos americanus),	black bear.	x	x	
Ours noir (Ursus americanus),	black bear.		x	x
Pécan (Martes pennanti),	fisher.	x		
Phoque (Pagophilus groenlandica),	harp seal.	x		

Nom officiel	Autres noms	A	B	V
Phoque barbu *(Erignathus barbatus)*,	bearded seal, square-flip-per.			x
Phoque commun *(Phoca vitulina)*,	harbour seal.			x
Porc-épic *(Erethizon dorsatum)*,	porcupine.		x	x
Rat-Musqué *(Ondata zibethicus)*,	common muskrat.		x	x
Raton laveur *(Procyon lotor)*,	raccoon, chat sauvage.		x	x
Renard argenté *(Urocyon cinereoar-gentinus)*,				x
Renard blanc *(Alopex lagopus)*,	arctic fox.	x	x	
Renard roux *(Vulpes vulpes)*,	red fox.		x	x
Rorqual *(Balaneoptera physalus)*,	lesser rorqual.	x		
Souris *(Clethrionomys gapperi)*,	red-backed mouse.		x	x
Souris *(Mus musculus)*,	house mouse, souris do-mestique.			x
Taupe *(Condylura cristata)*,	star-nosed mole.		x	x
Vison *(Mustela vison)*,	mink, fouine, martre des hêtres.			

Principales sources:

The Illustrated Natural History of Canada. N.S.L. Natural Science of Canada Limited 1970.

Encyclopédie des oiseaux du Québec. W. Earl Godfrey. Les Editions de l'Homme.

Noms français des insectes du Canada. Ministère de l'Agriculture et de la Colonisation du Québec. 1964.

Les Poissons du Québec. Les Editions de l'Homme. 1964.

SCIENCES APPLIQUÉES - TECHNOLOGIE
HISTORIQUE

1670 Les intendants Raudot et Hocquart développent la fabrication du goudron.

1685 En faisant bouillir de l'eau d'érable pour l'analyser, le médecin et naturaliste Michel Sarrazin découvrit le sirop d'érable.

1720 Rapide croissance de l'industrie forestière grâce à la multiplication des moulins à scie, ou scieries.

1737 Ouverture, en octobre, des Forges du Saint-Maurice à Radnor, près de Trois-Rivières. Première industrie de l'Amérique, elle fut une initiative de François Poulin de Francheville qui fonda, en 1729, une compagnie dans le but de réaliser ce projet. Malgré la mort du fondateur en 1733, les Forges virent le jour et ne cessèrent leurs activités qu'en 1883.

1803 Construction de la première pulperie du Canada à Saint-André d'Argenteuil.

1833 Le 5 août, départ de Québec du «Royal William», premier bateau à vapeur à traverser l'Atlantique sans l'aide de voiles, ce qu'il réussit en 37 jours. Par la suite, mis au service de l'Espagne, il devint le premier vapeur de guerre sous le nom de «Isabel Segunda».

1877 Premières expériences de navigation d'hiver sur le Saint-Laurent, grâce au brise-glace «Northern Light».

1881 Débuts de l'exploitation des gisements d'amiante.

1927 Arthur Sicard vend à la ville d'Outremont la souffleuse à neige qu'il vient d'inventer.

1935 Invention du «snow-mobile», ancêtre du «Ski-Doo», par Joseph-Armand Bombardier, de Valcourt.

1962 Débuts du coulage du barrage Daniel-Johnson.

1965 En octobre, mise en service par l'Hydro-Québec de la première ligne de transmission de 735,000 volts au monde.

1966 Inauguration du métro de Montréal.

1968 Le 28 juin, le docteur Pierre Grondin transplante le cœur d'Yvon Bastien dans le corps de Gaétan Paris qui survivra plusieurs mois à cette opération, la 22e au monde.

609
SCIENCES APPLIQUÉES - TECHNOLOGIE
BIOGRAPHIES

Archambault (Louis), (1829-1906), né à L'Assomption, fondateur (1876) de la Société des Artisans.

Barré (Laurent), (1886-1964), né à l'Ange-Gardien (Rouville) agriculteur et homme politique, premier président de l'Union catholique des Cultivateurs (U.C.C.) (1924).

Beauchemin (Charles-Odilon), (1850-1931), né à Nicolet, fondateur (1842) de la Librairie Beauchemin.

Bombardier (Joseph-Armand), (1907-1964), né à Valcourt, inventeur de l'auto-neige (1935).

De Blois (Charles-Grégoire), (1867-1950), né à Québec, médecin, inventa (1908) un appareil pour le traitement de l'anémie par l'ozone.

Dubeau (Eudore), (1873-1953), né à Québec, chirurgien, fondateur (1902) de l'Ecole de chirurgie dentaire de l'Université de Montréal, de la Bibliothèque de la Ville de Montréal (1917) et du Cercle Universitaire (1918).

Dupuis (Nazaire), (1844-1876), né à Saint-Jacques-de-l'Achigan, fondateur (1868) de la Maison Dupuis Frères.

Eaton (Timothy), (1834-1904), originaire d'Irlande, fondateur de la Maison Eaton.

Garand (Jean), (1880- ?), né à Saint-Rémi, émigra aux Etats-Unis (1888), inventeur (vers 1923) de la carabine qui porte son nom.

Gauthier (Jean-François), (1708-1756), originaire d'Avranches (France), médecin et naturaliste, étudia le thé du Canada, qui, par la suite, reçut le nom de Gaultheria.

Hingston (William Hales), (1829-1907), né à Hinchinbrooke, chirurgien, auteur de «Le Climat du Canada en fonction de la vie et de la santé» (1884).

Joncas (Louis-Zéphirin), (1846-1903), né à Grande-Rivière, auteur de «Pêcheries du Canada» (1885).

Joubert (Janvier-Jacques), (1869-1943), né au Sault-au-Récollet, industriel, fondateur de la maison J.-J. Joubert.

Larkin (Peter Charles), (1856-1930), industriel, fondateur de la maison Salada, surnommé «roi du thé de l'Amérique».

Larochelle (Simon), (1808-1859), né à Saint-Vallier, industriel, inventeur d'un canon.

Léry (Gaspard Chaussegros de), (1682-1756), né à Toulon (France), ingénieur, fortifia Québec, Trois-Rivières, Niagara et Pointe-à-la-Chevelure.

Léry (Joseph Chaussegros de), (1721-1797), ingénieur, fortifia Saint-Frédéric, Montréal, Chambly et Saint-Jean-sur-Richelieu, fils du précédent.

Léry (François-Joseph de), (1754-1824), fils du précédent, né à Québec, ingénieur général de la Grande Armée de Napoléon.

Macdonald (William Christopher), (1831-1917), originaire de l'Ile-du-Prince-Edouard, fondateur de la maison de tabac Macdonald.

Masson (Joseph), (1791-1847), né à Saint-Eustache, négociant, seigneur et homme politique, premier Canadien français à devenir millionnaire.

Molson (John), (1764-1836), né à Lincoln (Angleterre), venu au Canada en 1782, fondateur (1853) de la Banque Molson.

Ogilvie (Alexander Walker), (1829-1902), né à Montréal, industriel, fondateur (1854) d'une meunerie qui porte son nom.

Raymond (Alphonse), (1884-1958), né à Sainte-Anne-de-Beaupré, industriel, fondateur (1905) d'un établissement de conserves alimentaires.

Rolland (Jean-Baptiste), (1816-1888), né à Verchères, industriel, fondateur de la papeterie Rolland.

Saint-Martin (Alexis), (1803-1880), à la suite d'un accident (1822) qui lui perfora l'estomac, son médecin, le docteur Wilfrid Beaumont, de Fort Mackinac (E.U.), pratiqua sur le blessé une fenêtre par laquelle il put étudier pendant près de trente ans les phénomènes de la digestion, mort à Saint-Thomas de Joliette.

Sicard (Arthur), (-1946) originaire de Saint-Léonard-de-Port-Maurice, inventeur de la souffleuse à neige (1927).

Amyot (Georges-Elie), (1856-1930); **Aubert de La Chesnaye** (Charles), (1630-1702); **Barbeau** (Antoine), (1901-1947); **Daubigny** (Victor-Théodule), (1840-1900); **Dubé** (Edmond), (1868-1933); **Duval** (Salluste), (1852-1917); **Fortin** (Sigfroy), (1867-1937); **Fyen** (Alfred), (1865-1934); **Osler** (Sir William), (1849-1919); **Pratt** (Jean Prat, dit John), (1812-1876); **Price** (David Edward), (1826-1883).

610
MÉDECINE - BIBLIOGRAPHIE

Abbot, Maud E. History of Medecine in the Province of Quebec. Montreal, McGill University, 1931. 97 pp.

Collaboration. Les greffes du coeur. Editions de l'Homme, coédition Ici Radio-Canada Montréal 1968, 184 pp.

Faculté de médecine, Laval. La vie médicale au Canada français, vol. 1 janv. 1972. Faculté de médecine, Université Laval, Québec 10.

Gauvreau, Joseph. Les médecins au Canada français. Montréal, s. éd., 1933. 116 pp.

Gouvernement du Québec. Loi de la Régie de l'assurance-maladie du Québec. Assurance-maladie: Lois et règlements. Québec, Editeur officiel du Québec 1971, 74 pp.

Gouvernement du Québec. Régie de l'assurance-maladie. Régime d'assurance-maladie; renseignements généraux. Nouv. éd. Québec, 1972. (La Régie, 200 chemin Sainte-Foy, Québec 6, Qué.)

Gouvernement du Québec. Ministère des Affaires sociales. L'assurance hospitalisation du Québec, Québec 1972. 11 f. Gratuit. Liste des hôpitaux membres de l'A.H.P.Q. Québec 1972. 24 f. Gratuit. Liste des services et des établissements, services sociaux et services de santé: Québec 1972. 71 f. Gratuit. Ministère des Affaires sociales. Direction des communications.

Lauzon, Maurice. Guide médical par mon médecin de famille. Montréal, Editions de l'Homme 1972. 165 pp.

Migué, Jean-Luc et **Bélanger,** Gérard. Le prix de la santé. Montréal, Hurtubise/HMH 1972, 238 pp. (Analyse socio-économique de «l'industrie» des services de santé.)

Québec médical. Revue. 10 numéros par an. Montréal.

Société historique du Québec. Trois siècles de médecine québécoise. Québec, Société canadienne d'histoire de la médecine. Collection: Société historique du Québec, Cahiers d'histoire, no 22.

L'Hôtel-Dieu de Montréal, au xviiie siècle

SANTÉ PUBLIQUE

Les 25 diagnostics [1] les plus fréquents au Québec (Assurance hospitalisation), 1968

Diagnostics / *Diagnosis*	Départs / *Separations*				Jours d'hospitalisation / *Patient-days*		
	Séjour moyen / *Over-stay*	Nombre de départs / *Separations*	% du total des départs / *% of total separations*	Taux par 1,000 assurés / *Rate per 1,000 insured*	Nombre de jours d'hosp. / *Patient-days*	% du total des jours d'hosp. / *% of total patient-days*	Taux par 1,000 assurés / *Rate per 1,000 insured*
	jours/*days*						
Accouchement sans complication/*Delivery without complications*	5.4	90,603	11.03	14.6	487,316	4.54	78.4
Hypertrophie des amygdales et des végétations adénoïdes/*Hypertrophy of tonsils and adenoids*	2.0	46,622	5.67	7.5	94,498	0.88	15.2
Fractures	12.5	31,193	3.80	5.0	389,153	3.63	62.6
Artériosclérose des coronaires et myocardite dégénérative/*Arteriosclerotic and degenerative heart disease*	27.8	30,487	3.71	4.9	846,607	7.89	136.2
Maladie de la vésicule, des voies biliaires et du pancréas/*Diseases of liver, gallbladder, pancreas*	14.2	29,309	3.57	4.7	417,028	3.88	67.1
Symptômes, sénilite et états mal définis/*Symptoms, senility and ill-defined conditions*	10.0	25,757	3.13	4.1	256,637	2.39	41.3
Autres effets non spécifiés des accidents, des empoisonnements et des traumatismes/*Other non-specified effects of accidents, poisonings and violence*	6.7	20,930	2.55	3.4	139,405	1.30	22.4
Psychonévroses/*Psychoneurotic disorders*	16.9	18,892	2.30	3.0	318,418	2.97	51.2
Autres maladies de l'appareil respiratoire/*Other diseases of respiratory system*	10.8	18,783	2.29	3.0	203,408	1.89	32.7
Hernie abdominale/*Hernia of abdominal cavity*	9.4	17,845	2.17	2.9	168,184	1.57	27.1
Pneumonie/*Pneumonia*	13.8	16,688	2.03	2.7	230,447	2.15	37.1
Complication de la grossesse/*Complications of pregnancy*	4.3	16,263	1.98	2.6	69,668	0.65	11.2
Bronchite/*Bronchitis*	15.6	15,916	1.94	2.6	247,496	2.31	39.8
Ostéomyélite et autres maladies des os, des articulations et du système ostéo-musculaire/*Osteomyelitis and other diseases of bone and joint*	13.9	14,946	1.82	2.4	208,004	1.94	33.5
Tumeurs bénignes (excepté celles des ovaires et de l'utérus) et tumeurs de nature indéterminée/*Design neoplasms (except ovaries and uterus) and unspecified*	9.5	13,831	1.68	2.2	131,936	1.23	21.2
Diabète sucré /*Diabetes mellitus*	24.3	13,259	1.61	2.1	322,560	3.00	51.9
Avortement/*Abortion*	3.8	12,893	1.57	2.1	49,563	0.46	8.0
Maladies inflammatoires et autres maladies de l'oeil/*Inflammatory diseases and other conditions of eye*	8.6	12,840	1.56	2.1	110,193	1.03	17.7
Gastrite, duodénite, troubles fonctionnels et autres maladies de l'estomac et du duodenum/*Gastritis, duodenitis, functional disorders of stomach and duodenum*	9.5	11,756	1.43	1.9	112,211	1.05	18.1
Appendicite/*Appendicitis*	7.8	11,752	1.43	1.9	91,358	0.85	14.7
Ulcère de l'estomac, du duodenum et du jejunum/*Stomach, duodenum and jejunum ulcers*	14.8	11,527	1.40	1.8	170,988	1.59	27.5
Gastro-entérite et colite, sauf les colites ulcéreuses chez les sujets de 4 semaines et plus/*Gastro-enteritis and colitis, except ulcerative, age 4 weeks and over*	9.5	11,452	1.39	1.8	109,183	1.02	17.6
Maladies des oreilles et de l'apophyse mastoïde/*Diseases of ear and mastoid process*	7.9	11,315	1.38	1.8	89,879	0.84	14.5
Infections aigues des voies respiratoires supérieures/*Acute upper respiratory infections*	5.5	11,189	1.36	1.8	61,002	0.47	9.8
Autres maladies des organes génitaux/*Other diseases of male genital organs*	7.6	11,172	1.36	1.8	85,316	0.79	13.7

Source: Annuaire du Québec 1971.

État de la fluoration au Québec en 1971

Municipalités possédant un appareil de fluoration actuellement en opération	Municipalités desservies par la fluoration	Population desservie	Mise en opération
Acton Vale	Acton Vale	5,000	1960
Beauharnois	Beauharnois	9,000	1967
	Maple Grove	1,000	
Beauport	Beauport	15,500	1970
Berthierville	Berthierville	4,200	1960
	Berthier, par.	1,000	
Brownsburg	Brownsburg	3,450	1968
Châteauguay	Châteauguay	31,000	1970
Contrecoeur, Village	Contrecoeur village	3,500	1968
Crabtree	Crabtree, vil.	1,555	1967
	campagne	100	
Charny	Charny	4,950	
	St-Nicolas	600	
	Bernières	60	
Danville	Danville	2,575	1967
	Canton Shipton	300	
Derby Line U.S.A.	Rock-Island	1,420	1958
	Stanstead Plain	1,180	
Dorval	Dorval	21,000	1957
	Aéroport	5,000	
Farnham	Farnham	6,700	1968
Ile Perrot	Ile Perrot	3,700	1963
	Notre-Dame-de-l'Ile Perrot	1,300	
Joliette	Joliette	20,722	1957
	Notre-Dame-des-Prairies	4,000	
	St-Charles-Borromée	4,000	
	St-Paul, mun.	1,000	
Kénogami	Kénogami	12,000	1969
	Jonquières, par.	500	
Lachute	Lachute	10,000	1966
	St-Jérusalem	2,000	
L'Assomption	L'Assomption, v.	5,200	1966
	L'Assomption, par.	1,800	
	St-Sulpice	500	
Laval	Laval	200,000	1957
Lavaltrie	Lavaltrie	1,800	1968
Louiseville	Louiseville	2,300	1969
	St-Antoine-de-la-Riv.-du-Loup	1,700	
Maskinongé	Maskinongé	1,250	1968
	Maskinongé, par.	250	
Mont-Joli	Mont-Joli	7,500	1968
Montmagny	Montmagny	9,000	1966
Nicolet	Nicolet	5,000	1970
	St-Jean-Baptiste	600	

Municipalities operating fluoridation equipment	Municipalities served by fluoridation	Population served	Put into operation
Pierrefonds	Pierrefonds	30,000	1964
	Roxboro	8,000	
	Dollard des Ormeaux	13,500	
	Ste-Geneviève	2,800	
	St-Raphaël-de-l'Ile-Bizard	1,000	
Pointe-Claire	Pointe-Claire	30,000	1955
	Beaconsfield	18,200	
	Baie d'Urfé	3,200	
	Kirkland	1,700	
	Dollard des Ormeaux	4,000	
Rosemère	Rosemère	6,700	1963
	Lorraine	2,500	
	Bois-des-Filion	3,300	
Sainte-Adèle	Sainte-Adèle	3,000	1969
Sainte-Anne-de-Bellevue	Sainte-Anne-de-Bellevue	5,000	
	Senneville	1,800	1962
Saint-Joseph-de-St-Hyacinthe	Saint-Joseph	5,600	1961
	Sainte-Rosalie	3,000	
	Sainte-Hyacinthe-le-Confesseur	1,000	
Saint-Eustache	Saint-Eustache	7,500	1969
	Saint-Eustache, par.	2,500	
Saint-Lambert	Saint-Lambert	20,000	1966
	Ville Lemoyne	5,000	
	Greenfield Park	6,500	
Schefferville	Schefferville	3,500	1970
Sept-Iles	Sept-Iles	20,000	1966
Sorel	Sorel	20,100	1965
	Sainte-Anne de Sorel	1,730	
	Saint-Pierre de Sorel	1,630	
	Saint-Robert	1,000	
	Yamaska-Est	500	
	Yamaska	800	
Terrebonne	Terrebonne	8,000	1970
	Mascouche	6,000	
	La Chenaie	2,000	
Trois-Rivières	Trois-Rivières	65,000	1962
Total (en excluant Derby Line, U.S.A.)	67	695,072	

Source: Annuaire du Québec 1972.

AMÉNAGEMENT HYDRO-ÉLECTRIQUE

Le Québec est un pays aux vastes espaces. Encore aujourd'hui, il compte à peine dix habitants au mille carré. C'est donc une proposition de sérieuse envergure que d'aménager un territoire de si faible densité.

Au début du XVIIe siècle, les premiers colonisateurs français découvraient du gibier aux fourrures rares et des forêts sans limites connues. Pendant 200 ans la vie économique est demeurée liée de très près à l'agriculture et à la traite des pelleteries. On devait se rendre compte au XIXe siècle que l'avenir du Québec résidait surtout dans l'exploitation de ses ressources naturelles, celles qui proviennent de l'aménagement de la forêt, du sous-sol et des cours d'eau aussi bien que de la culture et de l'élevage. Au XXe siècle, la découverte des trésors du Nouveau-Québec et leur mise en valeur confirment cette vocation économique.

L'étendue du territoire — sans commune mesure avec celle des pays d'Europe — a longtemps freiné son aménagement: les moyens de communications étant à peu près inexistants, l'isolement était la règle et avec lui la pauvreté. D'autre part, les pouvoirs publics ont quelque peu tardé à jouer leur rôle de levier de l'activité économique.

Aujourd'hui, afin d'accélérer l'exploitation des ressources et surtout d'en faire profiter tous ses citoyens, le gouvernement du Québec intervient de meilleur gré. Il use de correctifs provisoires ou de planification à long terme. C'est ainsi qu'il a créé une société d'Etat d'exploration minière (SOQUEM), qu'il a nationalisé les compagnies privées d'électricité, qu'il consent des investissements massifs dans l'exploitation du potentiel hydro-électrique, qu'il se développe des services d'expansion industrielle, qu'il construit des routes d'accès aux ressources, qu'il aménage même des villages miniers.

L'intervention de l'Etat, quand elle s'impose, n'amoindrit cependant pas le rôle de l'entreprise privée dans la vie économique. Les secteurs public et privé se complètent.

L'Hydro-Québec

Une entreprise de premier plan dans l'aménagement du territoire, en particulier dans la mise en valeur du potentiel énergétique, a célébré en 1969 ses 25 ans: l'Hydro-Québec. Elle fut créée en 1944 afin de prendre la direction de la Montreal Light Heat and Power et de deux autres sociétés que le gouvernement du Québec décidait d'acquérir. Avec la nationalisation, en mai 1963, de ce qui restait de compagnies privées à la fois productrices et distributrices d'électricité, l'Hydro-Québec a pris une ampleur remarquable.

Désormais, toute l'électricité relève de l'Hydro-Québec, à l'exception de celle que produisent pour leur propre consommation quelques municipalités et quelques entreprises importantes. Nantie des pouvoirs d'une compagnie ordinaire, l'Hydro jouit de plus des mêmes prérogatives que le gouvernement à l'égard du pouvoir judiciaire: tous ses biens appartiennent au Québec. Elle investit environ $350 millions chaque année dans l'amélioration de son équipement en vue de répondre aux besoins croissants de tous les secteurs économiques. Elle est le plus grand producteur d'électricité du Canada.

Par la puissance installée, le Québec tient le premier rang au pays. A la fin de 1968, ses usines génératrices totalisaient 11 818 000 kw contre 11 300 000 en Ontario et 35 978 000 pour l'ensemble du Canada. Le potentiel hydraulique inexploité du Québec, en supposant des débits régularisés, est d'autre part évalué à plus de 36 millions de kw sur un total canadien de plus de 89 millions.

En plus de l'hydro-électricité — l'Hydro-Québec exploite 53 centrales — il y a deux autres façons de produire de l'énergie électrique sur le plan industriel. Lorsqu'on utilise la chaleur comme force primaire, on a des centrales thermiques: l'Hydro-Québec en compte 17. Si l'on a recours à la force atomique, ce sont des centrales nucléaires: l'Hydro a mis en chantier, en 1966, à Gentilly, sa première installation du genre (250 000 kw) construite au coût de plus de $100 millions.

Outre cette centrale nucléaire, l'Hydro-Québec avait au stade de la construction, à la fin de 1969, une centrale de 1 322 400 kw mise en service de 1970 à 1972 à Manic V. En décembre 1969, sa puissance installée dépassait 9 800 000 kw.

Sur le plan des lignes électriques, elle a réalisé en 1965 une première mondiale: le transport d'énergie sous tension de 735 000 volts. Deux de ces lignes sont déjà en service entre la Manicouagan et Montréal, soit une distance de 365 milles, une troisième est en construction.

D'autres lignes à 735 000 volts sont nécessaires pour assurer le transport de l'énergie que l'Hydro-Québec a commencé de recevoir des chutes Churchill depuis 1972. La centrale de 5 225 000 kw en construction aux chutes Churchill sera terminée en 1976, et l'Hydro-Québec en recevra presque toute la production pendant plus de 65 ans, soit environ 31,5 milliards de kw par année. (Mentionnons que l'Hydro-Québec possède 34,2 p. 100 des actions de la Churchill Falls [Labrador] Corporation Limited, société concessionnaire des chutes.)

Manicouagan-Les Outardes

L'acquisition de cette énorme quantité d'énergie permettra de différer la mise en chantier de la centrale d'Outardes II. D'autre part, depuis le printemps 1970, l'Hydro-Québec construit de nouvelles installations sur la Manicouagan: Manic III. Les travaux dureront 7 ans et exigeront des investissements de l'ordre de $300 millions.

Ces deux rivières se jettent dans le Saint-Laurent à 250 milles en aval de Québec et elles fourniront éventuellement un total de 5 500 000 kw. Les quatre centrales terminées depuis 1965, Manic II, Manic I, Outardes IV et Outardes III, ont ensemble une puissance de 2 575 000 kw.

Des ingénieurs du monde entier ont admiré les installations gigantesques de la Manicouagan, qui, au plus fort des travaux, ont embauché jusqu'à 8 500 ouvriers. Avec ses 703 pieds de hauteur, la voûte centrale du barrage Daniel-Johnson (Manic V) abriterait aisément le dôme de Saint-Pierre de Rome (617 pieds).

Le réservoir de 800 milles^2, dont le niveau s'élève en ce moment derrière l'ouvrage, sera le quatrième du monde par sa superficie.

L'Institut de recherche

En février 1967, l'Hydro-Québec créait un institut de recherche unique au monde, dont les travaux auront une portée internationale. Il emploie plus de 200 chercheurs et techni-
ciens et est outillé pour répondre aux besoins non seulement de l'industrie québécoise, mais aussi de nombreux
organismes canadiens et américains. L'Institut se trouve à
Boucherville, près de Montréal, et a commencé à fonction-
ner en 1970.

L'Hydro-Québec a agrandi sa centrale thermique de Tracy.
En 1965, celle-ci a augmenté sa capacité de génération d'une
unité de 150 000 kw. Deux autres unités égales ont commencé à produire en juillet 1968, portant la capacité de cette
installation à 600 000 kw.

Source: Gouvernement du Québec. Office d'information et de publicité.

621
ÉLECTRICITÉ - INSTALLATIONS ACTUELLES

Installations hydro-électriques en 1957.

(Source: Pierre Dagenais. L'Amérique. CPP, 1957)

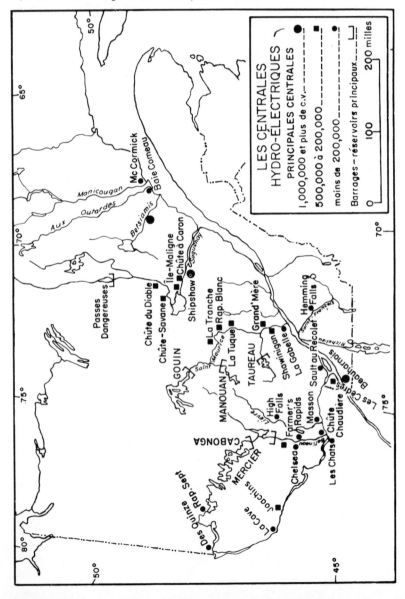

Centrales exploitées par l'Hydro-Québec, décembre 1966

Hydroélectriques	Puissance (kW)
Beauharnois	1 574 260
Manic 2	1 015 200
Bersimis I	912 000
Bersimis II	655 000
Carillon	654 500
La Trenche	286 200
Beaumont	243 000
La Tuque	216 000
Paugan	201 975
Manic 1	185 000
Rapide-Blanc	183 600
Shawinigan no 2	163 000
Les Cèdres	162 000
Shawinigan no 3	150 000
Grand'Mère	148 075
Chelsea	144 000
La Gabelle	123 750
Rapide-des-Iles	112 500*
Farmers Rapids	98 250
Les Quinze	89 600
Rapide VII	57 000
Bryson	56 000
Rapide II	48 000
Rivière-des-Prairies	45 000
Hemmings Falls	28 800
Sept-Chutes	18 720
Hull 2	17 280
Kipawa	17 120
Saint-Narcisse	15 000
Drummondville	14 600
Métis 1	6 400
Pont-Arnault	5 450
Bell Falls	4 800
Métis 2	4 250
Chaudière	3500
Saint-Aban	3 000
Saint-Raphaël	2 550

Sherbrooke	2 256
Chutes Garneau	2 240
Corbeau	2 000
Magpie	1 800
Rawdon	1 720
Burroughs Falls	1 600
Sainte-Adèle	1 280
Bergeronnes 2	1 000
Chute Wilson	840
Bergeronnes 1	800
Parent	800
Saint-Elzéar	700
Belle-Rivière	600
Anse-St-Jean	500
High Falls	340
Thurso	275

Thermo-électriques

Tracy	300 000**
Les Boules	36 000
Cap-aux-Meules	5 265
Poste-de-la-Baleine	1 000
Blanc-Sablon	580
Parent	390
Natashquan	355
Lac Edouard	350
Iles-aux-Grues	225
Saint-Augustin	150
Harrington Harbour	150
Ile-d'Entrée	148
La Tabatière	120
Johan-Beetz	50

  * Puissance totale prévue: 150 000 kW.
 ** La puissance totale sera de 600 000 kW en 1967.

Puissance	**Kilowatts**
Hydroélectrique (53 centrales)	7 694 131
Thermo-électrique (14 centrales)	344 783
Total	**8 038 974**

N.B. Centrale nucléaire de Gentilly (250,000 kw) en opération depuis 1971.

AMÉNAGEMENT MANICOUAGAN - AUX OUTARDES

AMÉNAGEMENT / DEVELOPMENT	HAUTEUR DE CHUTE (pieds) / HEAD (feet)	NOMBRE DE GROUPES / NO. OF UNITS	PUISSANCE DES TURBINES TURBINE CAPACITY (horsepower)		PUISSANCE DES GÉNÉRATRICES GENERATOR CAPACITY (kilowatts)		PREMIER GROUPE INSTALLÉ / FIRST UNIT	DERNIER GROUPE INSTALLÉ / LAST UNIT	PRODUCTIBILITÉ (millions de kWh) / PRODUCTION CAPABILITY (million kWh)
			GROUPE UNIT	TOTAL	GROUPE UNIT	TOTAL			
Manic 5	505	8	225 000	1 800 000	168 000	1 344 000	1970	1972	7 358
Manic 3	312	6	250 000	1 500 000	186 500	1 120 000	1973	1974	5 406
Manic 2	235	8	170 000	1 360 000	126 900	1 015 200	1965	1967	5 660
Manic 1	120	3	80 000	240 000	61 660	185 000	1966	1967	2 850*
Outardes 4	405	4	216 000	864 000	158 000	632 000	1969	1969	3 380
Outardes 3	480	4	258 500	1 034 000	190 000	760 000	1968	1969	4 150
Outardes 2	277	3	204 000	612 000	149 000	447 000	1970	1970	2 570
TOTAL		36		7 410 000		5 503 000			31 374

*Ce chiffre comprend en plus de la productibilité de Manic 1 celle de la Centrale McCormick déjà existante.

*This figure includes also the production capability of the existent McCormick plant at this site.

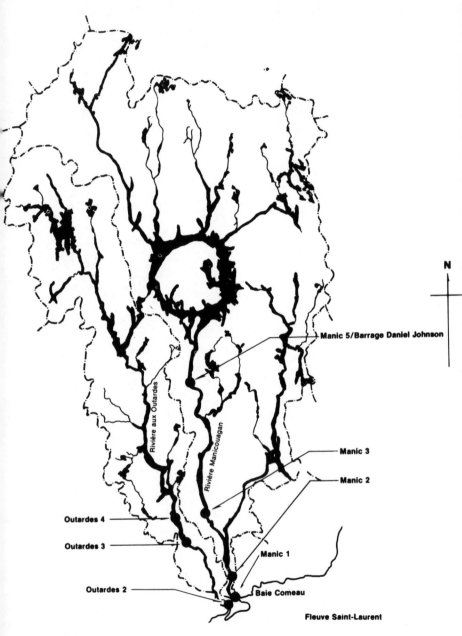

N

Manic 5/Barrage Daniel Johnson

Rivière aux Outardes

Rivière Manicouagan

Manic 3

Manic 2

Outardes 4

Outardes 3

Manic 1

Outardes 2

Baie Comeau

Fleuve Saint-Laurent

Barrage Daniel-Johnson

621
ÉLECTRICITÉ - LIGNE DE 735,000 VOLTS

Pour transporter l'électricité de la Manicouagan à Montréal,
l'Hydro-Québec dut réaliser, pour la première fois au monde,
une ligne de transmission de 735,000 volts, réalisation qui
comportait un nombre impressionnant de difficultés et néces-
sitait plusieurs innovations. Par exemple, étant donné que
l'air est la principale matière isolante d'une ligne aérienne,
les lignes à 735,000 volts exigent entre phases une épaisseur
de 50 pieds d'air et, entre les conducteurs et le sol, une
hauteur libre d'au moins 40 pieds. On a donc érigé, seulement pour la première ligne, 1400 pylones tétrapodes rigides,
hauts de 132 pieds et 4 pouces, avec console ou envergure
de 140 pieds. A chacun des points d'attache des conducteurs,
il a fallu une chaîne de 35 isolateurs de porcelaine ayant un
minimum de 10 pouces de diamètre par 5¾ pouces d'épaisseur. Tout le long des lignes, chacun des trois faisceaux de
conducteurs est suspendu aux pylones par deux chaînes
doubles disposées en «V», soit 140 isolateurs par point de

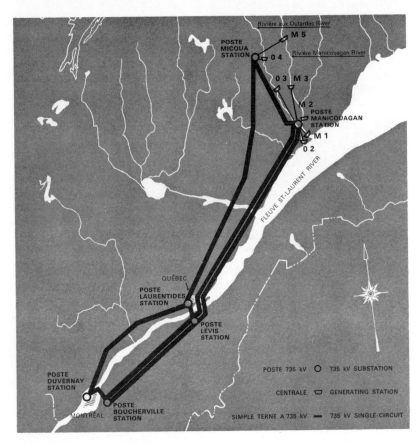

Ligne Manicouagan-Montréal de 735 kV.

suspension. Pour réduire les pertes par effet de couronne, chacune des phases est divisée en quatre conducteurs en aluminium de 1.38 pouces de diamètre, écartés de 18 pouces à l'aide d'entretoises-amortisseurs disposés à intervalles de 200 à 225 pieds. Les portées, c'est-à-dire les distances entre les pylônes, varient de 900 à 3000 pieds. La traversée du Saguenay et du Saint-Laurent a nécessité quatre portées variant de 3,600 à 5,875 pieds.

735 kV
MANICOUAGAN-MONTRÉAL

Un pylône et ses isolateurs.

La traversée du Saguenay.

Source: Hydro-Québec.

Projet de la rivière La Grande.

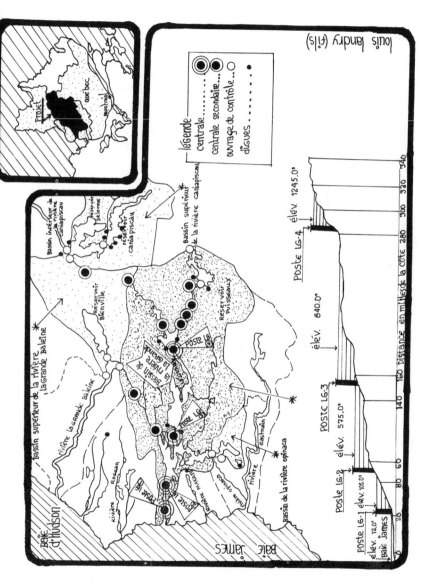

621
ÉLECTRICITÉ - BAIE JAMES - BIBLIOGRAPHIE

Parti québécois. L'affaire de la Baie James. Montréal, Editions du Parti Québécois, 1972, 69 pp.

Richardson, Boyce. Baie James: sans mobile légitime. Traduit par Jean-Pierre Fournier, Montréal, L'Etincelle 1972. 165 pp.

Québec (province). Office d'information et de publicité. La Baie James. Québec, ministère des Communications 1971-1972. 4 nos ill. Nouvelle et commentaires de la presse concernant le projet de la loi no 50 qui crée la «Société de développement de la Baie James.»

627
VOIE MARITIME DU SAINT-LAURENT

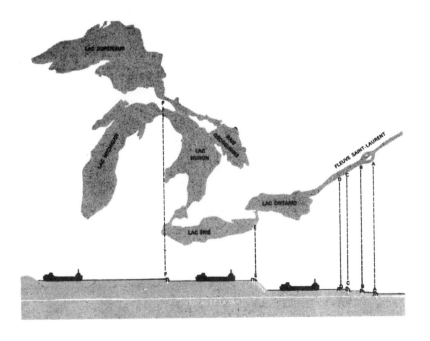

Ecluses de la Voie Maritime	Endroit	Hauteur de chute en pieds	Elévation au-dessus du niveau de la mer*
A Saint-Lambert	Montréal, Québec	18.0	38.0
Côte Sainte-Catherine	Montréal, Québec	30.0	68.0
B Beauharnois (aval)	Beauharnois, Québec	42.0	110.0
Beauharnois (amont)	Beauharnois, Québec	42.0	152.0
C Snelle	Massena, New York	47.0	200.0
Eisenhower	Massena, New York	42.0	242.0
D Iroquois	Iroquois, Ontario	3.0	245.0
E Welland - No 1	St. Catharines, Ont.	43.0	289.0
Welland - No 2	St. Catharines, Ont.	46.5	335.5
Welland - No 3	St. Catharines, Ont.	46.5	382.0
Welland - No 4, 5 et 6			
écluses jumelées	Thorold, Ontario	139.5	521.5
Welland - No 7	Thorold, Ontario	47.5	569.0
Welland - No 8	Port Colborne, Ont.	3.0	572.0
F Sault-Ste-Marie	Sault-Sainte-Marie, Ontario	19.5	602.0

* L'élévation varie selon les fluctuations des niveaux de l'eau des lacs et des rivières.

Source: Almanach Moderne Eclair 1972.

VÉHICULES - LA SOUFFLEUSE À NEIGE

La première souffleuse à neige inventée en 1927 par Arthur Sicard.

Un groupe de souffleuses en train de déblayer un aéroport.

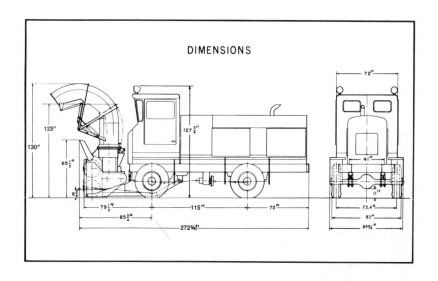

DIMENSIONS

Poids total approximatif: 17,500 lbs [7,938 kg.]

VITESSES MAXIMALES DU VÉHICULE
À 3000 TR/MN

	Rapport démultiplié		Direct	
	M/Hre	Km/Hre	M/Hre	Km/Hre
Première	6.73	10,8	12.6	20,3
Deuxième	10.4	16,7	19.4	31,2
Troisième	16.5	26,6	31.0	50,0
Quatrième	23.4	37,7	43.7	70,2
Marche arrière	4.73	7,6	8.7	14,0

Vitesse du véhicule à 70% d'efficacité du convertisseur en première vitesse; rapport démultiplié: 1.6 mille/heure [2,6 km/heure]; direct: 2.9 milles/heure [4,7 km/heure].

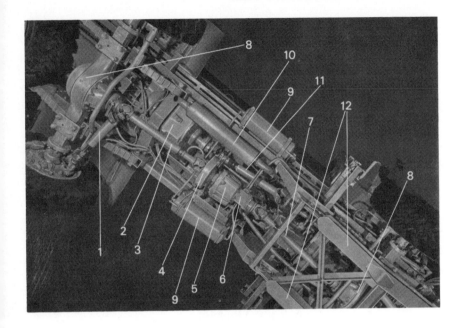

1. Servo-direction arrière.
2. Démultiplicateur ultra-robuste de la souffleuse
3. Arbre à cardan arrière Spicer 1600 à joints universels
4. Frein de secours ultra-robuste
5. Boîte de transfert Timken ultra-robuste
6. Débrayage de l'essieu avant
7. Arbre à cardan avant Spicer 1600 joints universels
8. Essieu directeur entraîné, Timken, ultra-robuste
9. Réservoirs jumelés pour les freins pneumatiques
10. Silencieux de longue durée
11. Ensemble de transmission pour la souffleuse Spicer, (série 1800)
12. Bâti de poussée surbaissé et ultra-robuste de la souffleuse.

Sources: Les Industries SMI Ltée Sicard Inc.

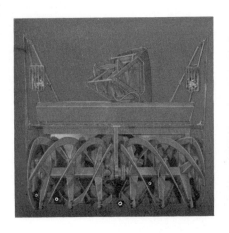

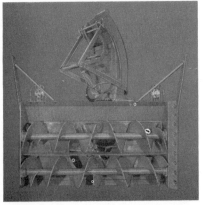

Source: Sicard

VÉHICULES - L'AUTO-NEIGE *Source: Bombardier Ltée.*

1922

1934

1935

1953

AGRICULTURE - BIBLIOGRAPHIE

Gouvernement du Québec. Atlas du Québec. Agriculture. Bureau de recherches économiques, ministère de l'Industrie et du Commerce, Québec 1966, 47 cartes.

Létourneau, Firmin. Histoire de l'Agriculture (Canada français). s.l.n.e., 1968. 398 pp.

Minville, Esdras. L'Agriculture. «Etudes sur notre milieux». Montréal, Fides, 1943. 555 pp.

Morrissette, Hugues. Les conditions du développement agricole au Québec. Québec, Presses de l'Université Laval 1972, 173 pp.

Perron, Marc-A. Un grand éducateur agricole, Edouard A. Barnard, 1835-1898. Essai historique sur l'agriculture de 1700 à 1900. s.l.n.e., 1955. 355 pp.

Perron, W.H. Encyclopédie du jardinier horticulteur. Ed. de l'Homme, Montréal, 1971. 416 pp.

Séguin, R.-L. L'équipement de la ferme canadienne aux dix-septième et dix-huitième siècles. Librairie Ducharme Ltée. Montréal 1959, 126 pp.

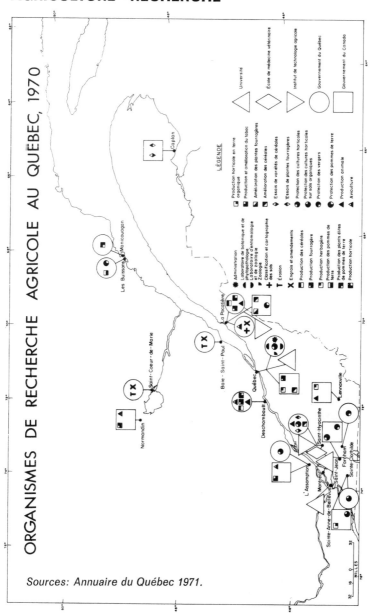

ORGANISMES DE RECHERCHE AGRICOLE AU QUÉBEC, 1970

Sources: Annuaire du Québec 1971.

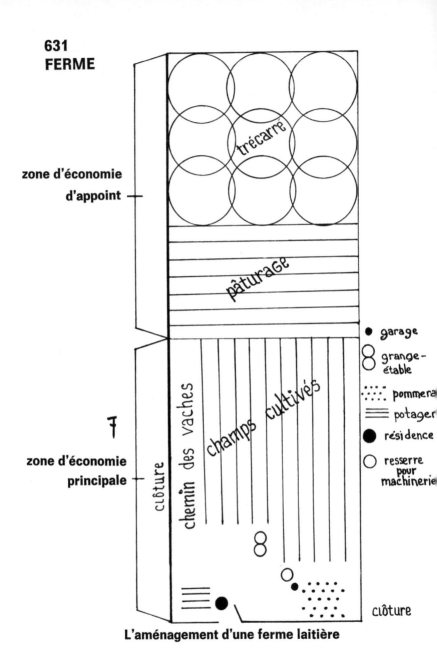

**631
FERME**

zone d'économie
d'appoint

zone d'économie
principale

trécarre

pâturage

chemin des vaches

champs cultivés

clôture

clôture

- ● garage
- ⑧ grange-étable
- ⦂⦂⦂ pommera
- ☰ potager
- ● résidence
- ○ resserre pour machinerie

L'aménagement d'une ferme laitière

652

Quelques modèles de granges (Illustration: Huguette Marquis).

Source: Antiquités du Québec, M. Lessard, H. Marquis

Source: Annuaire du Québec 1971.

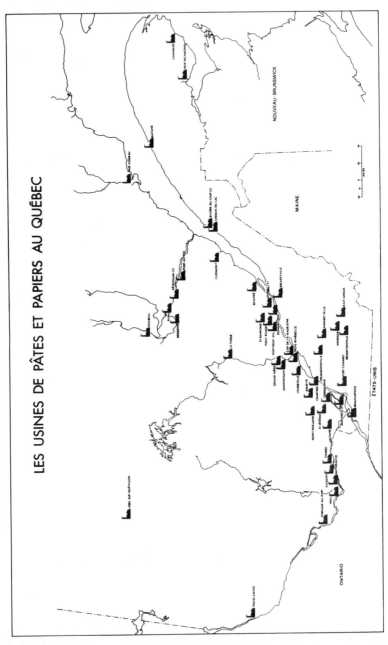

LES USINES DE PÂTES ET PAPIERS AU QUÉBEC

Bûcherons laurentiens vers 1900 (Encyclopédie des antiquités du Québec, Lessard et Marquis).

Source: Antiquités du Québec, M. Lessard, H. Marquis

Benoit, Jéhane. L'Encyclopédie de la cuisine canadienne. Messageries du Saint-Laurent, Montréal, 1963. 1056 pp.

Tremblay, Christiane et autres. Le Budget. Editions de l'Homme 1970, 203 pp. (Le budget familial, les ACEF, épargnes, etc.)

640
ÉCONOMIE DOMESTIQUE
BUDGET FAMILIAL

Source: Annuaire du Québec 1972.

Répartition per capita des dépenses des ménages québécois, 1959-70

Dépense/*Spending*	1959	1960	1961	1962	1963	1964	1965	1966	1967	1968	1969	1970
						en dollars/*in dollars*						
Alimentation et boissons non alcooliques	220.31	226.16	236.49	248.74	256.44	265.00	274.51	288.08	302.35	306.35	321.93	336.00
Boissons alcooliques	41.68	42.67	45.71	48.64	49.86	51.87	55.42	58.30	63.75	63.48	68.70	72.00
Produits du tabac et articles pour fumeurs	32.76	33.17	36.22	38.27	38.39	38.49	40.76	42.26	44.70	45.55	45.80	48.00
Vêtements d'hommes et de garçons	25.57	26.42	27.99	29.81	31.19	33.00	34.70	35.71	37.83	38.34	39.98	42.00
Vêtements de femmes et d'enfants	51.08	52.36	55.98	58.39	60.03	63.07	65.32	67.48	71.75	72.14	76.29	80.00
Chaussures	14.92	15.93	16.79	17.66	17.56	17.82	18.32	19.16	20.62	20.80	21.30	22.00
Autres habillements	9.31	9.64	10.03	10.00	10.32	10.50	10.27	10.40	11.55	11.88	13.37	14.00
Loyer et dépenses de logements	156.94	163.46	177.97	185.96	199.33	209.55	217.24	231.05	253.57	266.46	290.97	307.00
Combustible	20.77	19.94	20.06	22.34	22.12	21.18	21.33	21.15	22.42	22.56	22.60	23.00
Electricité	14.68	15.41	16.89	17.85	18.43	18.96	19.66	20.47	24.26	26.29	29.56	31.00
Gaz	4.41	5.06	5.94	6.78	7.34	8.08	8.74	9.13	9.57	9.74	10.08	11.00
Appareils électriques	35.93	33.60	35.88	38.10	38.44	40.71	42.56	45.24	45.78	44.52	46.77	49.00
Articles de maisons	20.24	20.27	22.34	24.10	26.15	30.21	32.15	34.71	37.02	37.91	41.45	44.00
Autres articles de maison	8.15	8.03	8.76	9.07	9.36	9.98	10.73	11.25	12.85	12.14	11.72	12.00
Service de médecins et pratiques connexes	25.52	26.32	28.19	28.98	29.37	31.35	33.72	35.16	36.84	37.01	39.64	42.00
Pharmacie	23.94	25.85	28.23	29.66	32.39	34.23	36.41	38.06	40.52	42.12	36.10	38.00
Autres services de santé	14.29	14.18	15.09	15.61	16.41	17.07	18.50	19.75	22.73	24.75	26.27	28.00
Achat net d'automobiles neuves et usagées	1.20	1.09	1.90	1.80	1.54	1.75	1.85	2.26	2.65	2.92	3.29	4.00
Autres équipements personnels de transport	58.61	57.56	59.73	68.10	76.68	84.72	95.02	94.69	97.18	102.29	103.40	109.00
Dépenses pour l'utilisation de véhicules	1.39	1.42	1.46	1.56	1.58	1.94	2.08	2.12	2.16	2.23	2.32	2.00
Achat de transport	45.86	47.07	51.02	55.42	57.01	58.67	60.69	63.05	67.08	69.48	72.49	77.00
Téléphone	28.16	28.92	30.43	32.00	32.05	34.32	38.95	41.72	49.51	49.71	53.56	57.00
Autres communications (postes et cablogram)	13.43	14.18	15.77	17.07	17.95	19.20	20.17	21.29	23.27	24.15	26.36	28.00
Equipement de récréation et services culturels	2.40	2.41	2.58	2.63	2.69	2.83	2.91	2.98	3.19	3.17	3.92	4.00
Livres, journaux et magazines	37.89	37.85	41.62	45.42	46.59	50.73	54.63	58.03	67.34	66.99	84.34	89.00
Education	12.81	13.28	14.70	15.37	15.64	16.83	17.76	18.53	20.26	20.89	22.10	23.00
Soins et effets personnels	8.44	9.55	12.27	14.98	17.13	20.33	23.27	26.49	30.86	34.61	43.56	48.00
Dépenses de restaurants et d'hôtels	25.95	28.26	30.62	32.73	33.59	36.69	39.00	41.49	47.35	47.86	52.00	55.00
Finances, avocats et autres services	56.79	58.12	61.73	65.95	69.00	72.29	74.06	77.01	85.36	77.59	78.65	83.00
Autres biens divers	53.67	57.13	63.92	66.88	70.73	76.54	81.74	86.69	94.62	101.26	111.25	119.00
	26.67	29.11	34.76	43.03	52.11	64.16	73.37	97.85	117.17	126.35	149.33	163.00
Total	**1,093.77**	**1,124.42**	**1,211.07**	**1,292.90**	**1,357.42**	**1,442.07**	**1,525.84**	**1,621.56**	**1,766.11**	**1,811.54**	**1,949.10**	**2,060.00**

CUISINE - QUELQUES RECETTES TYPIQUES

Bière d'épinette, ou sapinette, ou petite bière: contient généralement de la mélasse ou de la cassonade, du gingembre, du blé d'Inde fermenté, de la levure, et de l'essence d'épinette que l'on peut préparer en faisant bouillir une branche en sève de pruche, de sapin ou d'épinette.

Grands-pères: graisse végétale, sucre, farine, poudre à pâte, sel, lait, et sirop d'érable bouillant.

Pâté marin: viande de poulet, porc en cubes, bœuf en cubes, oignon, poivre, fines herbes et pâte composée de farine et de poudre à pâte.

Picoune: pommes de terre, lard salé, foie de lard, oignons, beurre, farine et eau froide.

Pouding au suif: Mélasse, soda à pâte, suif de rognon, œuf, muscade, lait, farine, raisins, dattes, noix, et sauce au rhum.

Sauce au rhum: cassonade, beurre, vinaigre ou jus de citron, muscade, fécule de maïs, rhum, eau bouillante.

Sirop d'érable: On recueille l'eau d'érable, ou la sève, en entaillant l'écorce de l'arbre et en y insérant une tige de bois ou de métal afin de faire tomber le goutte à goutte dans un seau. Il faut que le pied de l'arbre soit couvert de neige, que cette neige soit fondue par le soleil et qu'il y ait eu gelée la nuit précédente. Cette eau est réduite par évaporation jusqu'à former un sirop, ou, si l'évaporation est poursuivie, jusqu'à former du sucre. Ce sucre d'érable représente environ la vingtième partie du poids initial de la sève. Un érable de trois à quatre pieds de diamètre pourra fournir la sève suffisante pour obtenir 60 livres de sucre.

Soupe aux pois: Pois, eau bouillante, saindoux, oignon, épices.

Tarte à la ferlouche: farine, mélasse, eau, raisins secs, beurre, fond de tarte cuit.

Tarte au sucre: Sucre d'érable ou cassonade, crème à fouet-

Un restaurant français à Montréal (Canadien Pacifique).

Le restaurant «L'Escapade» au sommet du Château Champlain à Montréal (Canadien Pacifique).

ter, noix hachées, et pâte brisée composée de farine, sel, beurre, saindoux, sucre, œuf et poudre à pâte.

Tire Sainte-Catherine: mélasse, farine, sucre, beurre, vinaigre. On attribue cette recette à Marguerite Bourgeoys.

Tourtière: originellement à base de viande de tourtes. Les tourtes étant maintenant disparues, on les remplace entre autres par les canards. Ex.: Tourtière au canard: canard, lard salé en cubes, consommé de poulet, farine grillée, sariette, clou, cannelle, oignon, muscade, eau, et pâte composée de farine, poudre à pâte, soda à pâte, graisse végétale, lait sur.

Principales sources: Léon Trépanier. On veut savoir.
Almanach Moderne Eclair 1963.

641
CUISINE AMÉRINDIENNE

Pain: avec farine de maïs à laquelle on peut ajouter des haricots, des fruits (fraises, framboises, bleuets, mûres champêtres, raisins, prunes, citrouille, pommes), graisse, noix, poisson.

Sagamité: farine de maïs à laquelle on ajoute un ou plusieurs des ingrédients suivants: morceaux de viande, poisson, grenouilles entières, intestins de chevreuil, huile d'ours, glands bouillis, lichen tripe de roche, bourgeons d'arbre, gelinotte des bois, pieds d'ours, queue de castor rôtie, sirop d'érable.

LOGEMENT - STATISTIQUES

Logements occupés selon le nombre de pièces au Québec, par région, rurale agricole, rurale non agricole et urbaine par tranche de taille, 1961

Région *Region*	Total *Total*	Logements selon le nombre de pièces *Dwellings by number of rooms*					Moyenne par logement *Average per dwelling*
		1–2	3–4	5	6–7	8+	
Rurale /Rural	**254,628**	**6,435**	**44,256**	**42,406**	**87,886**	**73,645**	**6.4**
Agricole /*Farm*	92,906	549	6,726	8,722	36,476	40,433	7.3
Non agricole /*Non-farm*	161,722	5,886	37,530	33,684	51,410	33,212	5.8
Urbaine /Urban	**936,740**	**39,597**	**327,964**	**256,551**	**233,777**	**78,851**	**5.1**
100,000 et plus /*and over*	663,412	33,116	245,255	178,205	161,778	45,058	4.9
30,000 — 99,999	87,707	3,041	30,513	29,455	19,174	5,524	5.0
10,000 — 29,999	59,201	1,247	18,788	18,116	15,050	6,000	5.3
5,000 — 9,999	36,480	628	10,759	9,903	10,123	5,067	5.5
Moins de 5,000 — *Under 5,000*	89,940	1,565	22,649	20,872	27,652	17,202	5.8
Québec	**1,191,368**	**46,032**	**372,220**	**298,957**	**321,663**	**152,496**	**5.3**

Source: Annuaire du Québec 1972.

Source: Encyclopédie de la maison québécoise, M. Lessard, H. Marquis

MOBILIER - STYLES DES MEUBLES ANTIQUES

TABLEAU DES STYLES FRANÇAIS

STYLES	RÈGNES	PÉRIODE D'INFLUENCE AU QUÉBEC		CARACTÉRISTIQUES LOCALES DOMINANTES
RENAISSANCE	Louis XII Henri III Henri IV 1498-1610	....	faible influence	
LOUIS XIII	Louis XIII 1610-1643	C.1625 à C.1800	forte influence	Tournage en spirale, chapelet, balustre; motifs géométriques: losange, pointes de diamant.
LOUIS XIV	Louis XIV 1643-1715	C.1675 à C.1750	faible influence	Chantournement, surcharge du décor; entretoise en X; pied carré, en balustre, de bouc.
RÉGENCE	Régence de Philippe d'Orléans 1715-1723	C.1725 à C.1760	faible influence	Chantournement et galbe des surfaces; coquille, feuille d'acanthe, pied de bouc.
LOUIS XV	Louis XV 1723-1774	C.1730 à C.1815	forte influence	ligne cambrée, pied en spirale; formes en arbalète; chantournement, rinceaux, rocaille.
LOUIS XVI	Louis XVI 1774-1792	C.1775 à C.1815	faible influence	Cannelures, tournage en toupie; ornementation naturaliste.
DIRECTOIRE*	Directoire 1792-1799	Début xixe	faible influence	Ligne cambrée en sabre; palmettes, feuilles d'acanthe.
EMPIRE	Napoléon 1er 1799-1815	Première moitié du xixe	moyenne influence	Lignes droites, angles vifs.
RESTAURATION	Louis XVIII Charles X 1815-1830	Première moitié du xixe	faible influence	Pied en griffe; dossier gondole, patte sabre; palmette, lyre.
LOUIS-PHILIPPE	Louis-Philippe 1830-1848	C.1840 à C.1870	?	Tout est possible.
SECOND EMPIRE	Napoléon III 1851-1870	Seconde moitié du xixe	?	Rembourrage systématisé; pied cambré monté sur roulette.

* Après le style Louis XVI, il semble que ce soit par l'intermédiaire des E.-U. que la mode française dans le mobilier va nous parvenir.

Source: Antiquités du Québec, M. Lessard, H. Marquis

TABLEAU DES STYLES ANGLO-AMÉRICAINS

STYLES	RÈGNES	INFLUENCE	AU QUÉBEC	CARACTÉRISTIQUES LOCALES
JACOBIN	Les Stuart et Cromwell 1603-1688	E.-U., 1600-1700	nulle	Aucune.
WILLIAM AND MARY	William and Mary 1689-1702	E.-U., 1690-1730	faible	Tournage en boule; panneaux arqués.
REINE ANNE	Anne 1702-1714	1760-1780	faible	Panneaux de porte arqués; pieds cambrés, chantournement.
CHIPPENDALE 1749-1779		1770-1800	moyenne	Pieds à griffes serrant une balle; coquillage et fronton brisé; profil en arbalète.
ADAM 1765-1785	George II George III	1775-1825	moyenne	Stries et guirlandes de pois, tête de bélier; lignes droites.
HEPPLEWHITE 1785-1795	George IV 1715-1815	1790-1825	moyenne	Forme droite des pieds effilés et ronds; pied bêche, façade en arbalète.
SHERATON 1785-1805		1800-1830	moyenne	Pied bêche ou bloc; lyre, urne, feuille d'acanthe; quenouilles.
REGENCY* 1800-1840	Régence 1811-1820	1825-1850	faible	Confusion avec le style Empire français; ligne sabre; ornementation grecque et égyptienne.
VICTORIAN 1840-1910 (EARLY 1837-1860) (LATE 1860-1910)	Victoria 1837-1901	1850-1910	forte	Roulettes; usage du contreplaqué; travail à la machine, même pour l'ornementation en bois; motifs empruntés au gothique, à la Renaissance... surcharge de l'ornementation; guirlandes de roses.

* Les influences françaises atteindront l'Amérique anglo-saxonne à partir de 1775. L'aide apportée par la France révolutionnaire aux treize colonies amènera un engouement certain pour les styles français. Ces influences persisteront aux E.-U. jusqu'à la fin du Second Empire pour toucher indirectement le Québec. Chez nos voisins du sud, on parle plus de Directoire et d'Empire que de Regency...

9

BEAUX·ARTS

urbanisme
architecture
sculpture

ARTS - INTRODUCTION

L'univers des arts et de la culture n'est pas resté en marge de l'explosion de vie qui secoue le Québec depuis un quart de siècle. On peut même se demander si les jeunes poètes et littérateurs, musiciens, peintres, sculpteurs ou graveurs, auteurs-compositeurs de chansons, comédiens et metteurs en scène n'ont pas entretenu cette ferveur qui rend aujourd'hui possible le renouveau québécois.

Cela ne signifie pas que le peuple du Québec était mort ou endormi. Il était plutôt sur la défensive. Cerné de toutes parts, il s'était parfois replié sur lui-même. Désireux de conserver ses valeurs culturelles, il risquait d'oublier les forces de l'économique.

Il aura fallu l'accélération de l'histoire et la concurrence des peuples, leur course aux individualités propres, pour que le Québec se sente capable de plus et dépasse le stade de la simple survivance: l'empêchant de mourir tout à fait, elle le paralysait néanmoins. Désormais, le Québec ne survit plus: il vit.

Le théâtre

Fier de ses titres d'ancienneté — on donnait déjà le Cid à Québec en 1646 — le théâtre n'est pas moins actif ni moins dynamique que la littérature. Il est aussi impatient qu'elle et d'une vitalité aussi conquérante.

Les principales compagnies permanentes du Québec sont: le Théâtre du Nouveau-Monde, le Théâtre du Rideau Vert, la Nouvelle Compagnie Théâtrale, la Comédie Canadienne et le Théâtre de Quat'Sous pour le théâtre, et le Théâtre Lyrique du Québec pour l'opéra. Le Théâtre Populaire du Québec se consacre à la tournée et le bateau-théâtre l'Escale porte ses spectacles sur les rives des grands cours d'eau du Québec.

Le théâtre d'amateurs est vivant et voue au théâtre de recherche, au théâtre engagé, dit d'avant-garde, un culte, une dévotion profonde. Chaque région a sa ou ses troupes de théâtres d'amateurs dont quelques-unes ont déjà franchi le cap des dix années d'existence. Les Compagnons de Notre-Dame, de Trois-Rivières, célébreront cette année le 50e anniversaire de leur existence. C'est la plus vieille troupe de théâtre du Canada, semble-t-il.

Les théâtres d'été restent populaires, la plupart installés dans des granges. Les principaux sont: La Marjolaine en Estrie, le Théâtre des Prairies à Joliette, le Théâtre des Marguerites à Trois-Rivières et la Fenière à Québec, le Sun Valley à Sainte-Adèle et le Piggery à North Hatley.

Les festivals constituent une activité importante. Il nous faut mentionner ceux de l'Association canadienne du théâtre amateur, le Festival de théâtre étudiant à Lac-Mégantic et celui de Sainte-Agathe, au nord de Montréal, dont la création est toute récente.

Les jeunes compagnies cherchent à s'implanter, entre autres le Centre du Théâtre d'aujourd'hui, de Montréal, l'Atelier de Sherbrooke et une nouvelle compagnie formée récemment à Québec.

Au cours de l'année 1968-1969, l'Etat a consenti des crédits de $865 000 en subventions aux compagnies et organismes de théâtre.

Le Québec se préoccupe de la formation de ses gens de théâtre. Il a institué, à Montréal et à Québec, le Conservatoire d'art dramatique qui réunit dans les deux villes une centaine d'étudiants en cours de jeu et de scénographie. Il contribue à la vie de l'Ecole nationale de théâtre de Montréal.

L'écriture dramatique jouit d'une attention toute spéciale. Des subventions sont accordées au Centre d'essai des auteurs dramatiques et des bourses sont octroyées par la Commission de la pièce canadienne et le Service de l'aide à la création.

Les chansonniers

La renaissance québécoise passera sans doute à l'histoire pour avoir créé un nouveau type de poètes, qu'on appelle ici chansonniers: les auteurs-compositeurs-interprètes.

A mi-chemin entre le troubadour ancien et l'interprète de

«negro spirituals», plus près de ce dernier quand ils s'attaquent à la vie d'ici (Fer et titane, de Gilles Vigneault; La Manic, de Georges Dor; La Saint-Jean, d'Hervé Brousseau; Le taxi, de Claude Léveillé; Les fleurs de macadam, de Jean-Pierre Ferland; Quand les hommes vivront d'amour, de Raymond Lévesque), ils s'alignent tous derrière un même chef de file, le précurseur Félix Leclerc.

S'ils jouissent d'une telle vogue, auprès des jeunes surtout, c'est que leurs voix, leurs gestes, leur poésie et leur musique expriment l'âme québécoise, qu'ils heurtent tous les échos de la conscience des hommes d'ici.

Rien d'étonnant donc, que la chanson québécoise ait fait si bonne figure aux concours internationaux, en particulier à Sopot (Pologne) et qu'elle en soit revenue comblée d'honneurs.

La musique

C'est Igor Markevitch, prédécesseur de Zubin Mehta au pupitre de l'Orchestre symphonique de Montréal, qui avait affirmé, au cours d'une entrevue télévisée, qu'avec les Allemands et les Italiens, les Québécois possèdent les plus belles voix du monde. Il est vrai que les Raoul Jobin, Maureen Forrester, Pierrette Alarie, Léopold Simoneau, André Turp, Richard Verreault, Robert Savoie, Louis Quilico, Joseph Rouleau, Claire Gagnier, Colette Boky et Huguette Tourangeau, pour ne citer que les plus connus, sont dotés de voix qui n'ont rien à envier à personne.

La musique, les Québécois l'ont dans le sang. Le sens du rythme, ils le possèdent de naissance. Atavisme transmis de père en fils depuis que les ancêtres ont été mystifiés par la danse irrésistible des vagues, par l'ampleur des moindres sons nés de la forêt, par les froissements d'ailes des goélands, par les mugissements des glaces enlevées par les marées, par les tornades de l'été, par les frissons du vent dans les arbres. Peuple de sensibles qui a traduit en sons harmonieux et en rythmes vivants jusqu'aux volutes grotesques des fumées noires échappées des cheminées d'usines, le Québécois s'est ainsi accoutumé à vivre de chansons, de danse et de musique. Il vit sur fond sonore. C'est un culte.

Parmi les principales institutions d'art musical: **Deux orchestres symphoniques:** celui de Montréal et celui de Québec.

Des orchestres de chambre: tel l'orchestre de chambre McGill, à Montréal.

Six conservatoires de musique: à ceux de Montréal et de Québec sont venus s'ajouter les conservatoires de Trois-Rivières, Hull, Chicoutimi et Val d'Or. Il faut y ajouter le conservatoire de l'université McGill, fréquenté surtout par les Québécois anglophones. Plus de 1 200 élèves sont inscrits dans ces conservatoires où l'enseignement est gratuit et les élèves acceptés sur audition et par voie de concours. Plus de 150 professeurs y dispensent un enseignement de valeur. La plupart sont des musiciens québécois auxquels viennent se joindre quelques maîtres étrangers.

Des écoles universitaires de musique ou facultés de musique à Laval, à Montréal et à McGill, perpétuent une longue tradition et assurent principalement la formation de futurs professeurs de musique au niveau scolaire.

Plusieurs écoles supérieures de musique, rattachées la plupart du temps aux écoles universitaires. La plus célèbre, l'école Vincent-d'Indy se spécialise dans la formation des meilleurs candidats, découverts très tôt grâce au réseau d'écoles dirigées par les Sœurs des Saints-Noms-de-Jésus-et-de-Marie.

Les Jeunesse musicales, en plus de maintenir un camp musical unique au Mont Orford, organisent des tournées d'artistes en vue d'éveiller toujours davantage le sens musical des jeunes et leurs qualités d'interprétation.

Un prix musical, le prix d'Europe, attribué annuellement, est ouvert aux disciplines de claviers, cordes, instruments d'orchestre et compositions musicales. Le concours est sous la responsabilité de l'Académie de musique de Québec.

Les arts plastiques

Le bilan n'est pas moins impressionnant dans le domaine des beaux-arts: près de 800 peintres, plus de 250 sculpteurs et 125 graveurs, professionnels ou amateurs.

Tout comme les artisans de la littérature nouvelle, du théâtre ou de la musique, les grands prêtres de la peinture et de la sculpture s'intègrent à la «révolution culturelle» du Québec. Ils apportent leur pierre à l'édification du Québec de demain. Même volonté de créer, même volonté de dégager de la matière l'âme du Québec contemporain sans souci excessif de plaire ou de se conformer aux exigences traditionnelles de la minutie descriptive. Ils parlent le langage du Québec neuf, de celui-là qui a laissé tomber ses masques comme autant de peaux mortes et qui cherche désespérément à connaître son propre visage.

Du côté des musées, les principales institutions, autres que les musées historiques, sont: le Musée du Québec, dans la capitale, le tout jeune Musée d'art contemporain, dans la métropole, et le Musée des Beaux-Arts de Montréal. Les deux premiers sont propriété de l'Etat.

En outre, Montréal s'enorgueillit d'abriter au moins 65 galeries d'art où, d'exposition en exposition, les amateurs et collectionneurs viennent admirer les oeuvres des meilleurs peintres d'ici, côte à côte avec celles d'artistes étrangers.

Source: Gouvernement du Québec. Office d'information et de publicité.

Un théâtre d'été (Ministère des Communications du Québec).

700
ARTS · BIBLIOGRAPHIE

Barbeau, Marius. Painters of Quebec. The Ryerson Press, Toronto, 1945.

Bellerive, G. Artistes peintres canadiens-français: les anciens. 2 vol. Québec, Garneau, 1925-26.

Buchanan, Donald W. James Wilson Morrice, A biography. The Ryerson Press, Toronto, 1936.

De Tonnancour, Jacques. Goodrige Roberts. Ed. de l'Arbre, Montréal, 1944.

Dumas, Paul. John Lyman. Ed. de l'Arbre, Montréal, 1944.

Elie, Robert. Paul-Emile Borduas. Ed. de l'Arbre, Montréal, 1943.

Gagnon, Maurice. Alfred Pellan. Ed. de l'Arbre, Montréal, 1943.

Gauthier-Larouche, Georges. L'évolution de la maison rurale laurentienne. Québec PUL 1967, 54 pp. (ill.)

Gouvernement du Québec. Architecture contemporaine au Canada français. «Arts, vie et sciences au Canada français, no 10», ministère des Affaires culturelles, Québec 1969, 95 pp.

Gouvernement du Québec. Trésors du Québec. Ministère des Affaires culturelles. Imprimeur de la Reine, Québec, 1965, 64 pp.

Gouvernement d'Ottawa. L'art des Esquimaux du Canada. Texte de W.T. Larmour, trad. par J. Brunet. Illustré. Imprimeur de la Reine, Ottawa 1967, 103 pp.

Harper, J.R. La peinture au Canada des origines à nos jours. PUL 1967, 442 pp.

Jouvancourt, Hugues de. Suzor-Côté. Ed. de la Frégate, Montréal, 1967.

Lamy, Laurent. La renaissance des métiers d'art au Canada français. Ministère des Affaires culturelles. Imprimeur de la Reine, Québec, 1967. 84 pp.

Flore et faune des forêts.

Les conifères qui portent leurs graines en cônes pour leur reproduction ne sont pas aussi bien constitués biologiquement que les plantes à fleurs, mais ils sont robustes et peuvent vivre de sols relativement pauvres et rocheux. Cela leur a permis d'être les premiers arbres à repeupler le Québec après le retrait des glaciers.

Orignal.

Cerf

Ecureuil gris

Chenille ou livrée d'Amérique

Fauvette à joues grises.

Fauvette azurée

Opossum

Fauvette parula

Castor

Ecureuil Tamia rayé

Pic mineur

Nyctale boréale

Tordeuse des bourgeons de l'épinette.

Hirondelle pourprée

Ecureuil roux

Autour

Champignons sur
une souche d'arbre.

Ours

Fauvette rayée

Genévrier de Virginie

Pin résineux,

Epicéa glauque

Mélèze laricin.

Les conifères, c'est-à-dire porteurs de cônes furent les premières plantes à produire des graines, il y a 300 millions d'années.

Lynx

Lièvre des bois

Epicéa

Porc-épic avec grossissement d'un piquant.

Mésange à tête brune

Erable   Orme,   Bouleau à papier   Chêne   Peuplier   Saule

Les forêts d'arbres à feuilles caduques se trouvent encore dans la région sud du Québec, mais il fut un temps où elles occupaient la majeure partie du territoire.

Oriole de Baltimore.

Grand Pic

Mille-pattes.

Punaise.

Termite.

Le Raton-laveur et ses petits.

Canard huppé.

Incendie , Abattage , Inondation

, Climat , Altitude

 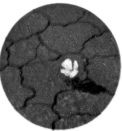

, Sol , Déserts

Fauvette rayée,
femelle en plumage nuptial

Fauvette rayée,
mâle en plumage nuptial

Fauvette rayée,
juvénile à l'automne

Fauvette à gorge orangée,
à l'automne

Chaque printemps ramène à nos forêts une invasion de fauvettes, des oiseaux petits et colorés qui s'élancent continuellement à la chasse aux insectes.

Les forêts, comme tous les organismes vivants, sont influencées par plusieurs facteurs qui affectent leurs chances de survie. Bien sûr, les perturbations causées par l'homme constituent une menace majeure pour l'équilibre de l'environnement, mais il y a aussi une grande variété d'éventualités naturelles capables d'affecter radicalement la forêt. Des incendies allumés quotidiennement par la foudre brûlent sans arrêt dans le Grand Nord: le fléau des insectes endommage des millions d'arbres chaque .année. La forêt maintient son propre équilibre de la façon la plus efficace en poursuivant un cycle bien déterminé qui va du peuplement des régions sans arbre jusqu'au plein épanouissement de la forêt, état qui se maintiendra tant qu'il n'y aura pas de destruction par l'homme ou la nature. L'incendie, dû à la négligence de l'homme ou à des causes naturelles, détruit chaque année les arbres par millions. L'abattage est aujourd'hui étroitement surveillé et l'on exploite la forêt avec la même sagesse que s'il s'agissait de vastes fermes. Les inondations tuent l'écorce des arbres et empêchent ainsi les éléments nutritifs de rejoindre la cime, ce qui amène la mort. Le climat, l'altitude, les conditions du sol, la disponibilité de l'eau ont une influence sur la flore et la faune.

Source: The Illustrated Natural History of Canada. N.S.L. Natural Science of Canada Limited 1970.

Lessard, Michel et Huguette Marquis. Encyclopédie des antiquités du Québec. Ed. de l'Homme, Montréal, 1971. 528 pp.

Lessard, Michel et Huguette Marquis. Encyclopédie de la maison québécoise. Ed. de l'Homme, Montréal, 1972. 726 pp.

Lyman, John. James Wilson Morrice. Ed. de l'Arbre, Montréal, 1944.

Morisset, Gérard. Coups d'œil sur les Arts en Nouvelle-France. Québec, 1941.

Morisset, Gérard. «Coup d'oeil sur les trésors artistiques de nos paroisses», dans: Rapport de la Cociété canadienne d'histoire de l'Eglise catholique, 1947-1948, pp. 61-63.

Morisset, Gérard. La peinture traditionnelle au Canada français. Montréal, CLF, 1960. 216 pp.

Musée d'art contemporain. Panorama de la peinture au Québec, 1940-1966. Photos de l'Office du film du Québec. Ministère des Affaires culturelles, Québec 1967, 120 pp.

Musée de l'Homme. Chefs-d'oeuvre des arts indiens et esquimaux du Canada. Musée de l'Homme, Paris, mars-sept. 1969. Illustrations, commentaires, bibliographie.

Musée du Québec. Esquimaux, peuple du Québec. Ministère des Affaires culturelles. Imprimeur de la Reine, Québec, 1966. 48 pp.

Musée du Québec. Sculpture traditionnelle du Québec. Ministère des Affaires culturelles. Imprimeur de la Reine, Québec, 1967. 168 pp.

Noppen, Luc et **Porter,** John R. Les églises de Charlesbourg et l'architecture religieuse du Québec. Editeur officiel du Québec 1972, 132 pp.

Palardy, Jean. Les meubles anciens du Canada français. Paris, Arts et métiers graphiques 1963.

Robert, Guy. L'école de Montréal, situation et tendances. Centre de Psychologie et de Pédagogie, Montréal, 1964. 150 pp.

Robert, Guy. Pellan, sa vie et son œuvre. Centre de Psychologie et de Pédagogie, Montréal, 1963. 135 pp.

Robert, Guy. Riopelle. Editions de l'Homme, Montréal, 1970. 224 pp.

Robert, Guy. Robert Roussil. Editions du Musée d'art contemporain de Montréal, Montréal, 1965. 72 pp.

Rousseau, Jacques. L'Art des Amérindiens du Québec. Dans: L'art du Québec, des origines à nos jours. Leméac, Montréal.

Rousseau, Jacques. La vie artistique et littéraire des Indigènes de l'Ungava. Annuaire du Québec 1964-1965. pp. 59-65.

Séguin, Robert-Lionel. L'esprit révolutionnaire dans l'art québécois. Parti-Pris 1973.

Swinton, George. Eskimo sculpture — sculpture esquimaude. H.M.H., Montréal, 1966. 224 pp.

Viau, Guy. La peinture moderne au Canada français. Québec, Ministère des Affaires culturelles, 1964. 93 pp.

Source: Musée du Québec, Nielson, 1920

702
PRIX PHILIPPE-HÉBERT
ARTS PLASTIQUES

Accordé par la Société Saint-Jean-Baptiste de Montréal:
1971 Jean-Paul Lemieux.   1972 Alfred Pellan.

709
ARTS PLASTIQUES AMÉRINDIENS

Nos connaissances de l'art amérindien du Nord du continent nous viennent surtout des études qui ont été faites dans l'Ouest, car ces études ont pu être faites avant l'arrivée massive des Blancs. Il reste peu de traces de l'art des Amérindiens vivant sur le territoire du Québec avant l'implantation européenne. Cependant l'archéologie commence à nous en révéler quelques bribes. Par exemple, on relève quatre grandes époques chez les précolombiens.

EPOQUE DU DENBIGH allant de 3500 à 2500 av. J.-C.

EPOQUE DU PREDORSET, de 2500 à 500 av. J.-C., caractérisée par des objets en pierre taillée et d'inspiration magico-religieuse.

EPOQUE DU DORSET, de 500 av. J.-C. à 1200 de notre ère, caractérisée par des pointes en pierre polie et d'objets davantage raffinés.

EPOQUE DU THULE, de 1200 à 1700, caractérisée par des objets plus utilitaires et des instruments en fanons ou en os de baleine.

A partir de 1700, l'influence des Européens est de plus en plus apparente et l'originalité de cet art est plus difficile à établir même si elle existe encore dans les œuvres contemporaines.

Les Esquimaux ont découvert la clé de voûte, utilisée dans la construction de l'iglou, avant les Grecs et les Egyptiens. La tente oblongue, la tente conique, le parka, l'anorak, le kayak, la raquette, la tobagane, la lunette à neige, le harpon, la lampe de pierre sont parmi les inventions les plus originales de ces Amérindiens.

Leur talent pour le dessin s'exprime d'abord dans les idéogrammes, des pétroglyphes, des tatouages et le maquillage. Ils sculptent aussi bien la pierre molle, appelée stéatite, que l'os et l'ivoire, telle la dent de morse. Ils travaillent le cuir très habilement, décorent finement les fourneaux de pipes d'argilite. Les motifs suivent le plus souvent des lignes géométriques et symétriques. Les wampuns à gros grains, fabriqués parfois avec des perles d'origine européenne, ne donnent pas une bonne idée de la délicatesse à laquelle ils peuvent arriver dans la broderie de poils de porc-épics.

Principaux artistes amérindiens d'aujourd'hui

Sculpteurs: Abraham, Aïsah, Alashuak, Allie Awp, Inukpak, Josie Papi, Isapik, Kilotak, Koperkaoluk, Levi Kumaluk, Sheeguapik, Syoolie, etc.

Graveurs: Sajuili Arpatu, Dividiaeuk, Juanisialu, Kuanana, Kuananaapi, Leah Kumaluk, Talirunili, etc.

709
ARTS PLASTIQUES - HISTORIQUE

1671 Le Frère Luc fait le portrait de Jean Talon.

1778 François Baillargé s'inscrit à l'Académie Royale de peinture et de sculpture de Paris afin d'étudier trois ans comme élève de Lagrenée le Jeune et de Stouf.

1783 L'orfèvre, Laurent Aymot, va compléter son apprentissage à Paris où il restera quatre ans.

1816 La Société Séguin, Berlinguet et Duval, tous des apprentis de Quévillon, entreprend la construction de la voûte à caissons de l'église Saint-Augustin.

1920 Emile Vaillancourt publie «Une Maîtrise d'art en Canada», ouvrage consacré à l'école de Quévillon, qui suscite un réveil dans les Beaux-Arts.

Formation du Groupe des Sept.

1923 Ouverture de l'Ecole des Beaux-Arts de Montréal.

1927 Début d'un renouveau dans l'art sacré grâce à des séjours québécois de Maurice Denis, le Père Couturier, l'abbé Lecoutey, Dom Bellot.

1940 Première rétrospective de Pellan à Montréal.

1948 Borduas publie son manifeste «Refus global» qui amènera une révolution artistique au Québec.

Source: Musée du Québec, Morand, encensoir

ARTS PLASTIQUES - BIOGRAPHIES

Amyot (Laurent), (1764-1839), né à Québec, orfèvre.

Ayotte (Léo), né à Sainte-Flore, peintre.

Baillargé (Jean), (1726-1803), né à Villaret (France), sculpteur.

Baillargé (François), (1759-1830), né à Québec, fils du précédent, architecte et sculpteur.

Baillargé (Thomas), (1791-1859), né à Québec, fils du précédent, architecte et sculpteur.

Baillargé (Charles), (1826-1906), né à Québec, neveu du précédent, ingénieur, architecte et écrivain.

Basset (Bénigne), (1639-1699), né à Paris (France), arpenteur, traça les premières rues de Montréal.

Beaulieu (Paul-V), (1910), né à Montréal, peintre.

Bolvin (Gilles), (1710-1766), né à Avesnes (France), sculpteur.

Bonet (Jordi), (1932), né à Barcelone (Espagne), peintre, céramiste et sculpteur.

Borduas (Paul-Emile), (1905-1960), né à Saint-Hilaire, peintre, un des auteurs du manifeste «Refus global».

Bouillon (Georges), (1841-1932), né à Rimouski, prélat et architecte.

Bourassa (Napoléon), (1827-1916), né à L'Acadie, architecte, peintre et écrivain.

Bourgault (Médard), (1897-1967), né à Saint-Jean-Port-Joli, sculpteur sur bois, fondateur d'une école de sculpture.

Brymner (William), (1855-1925), né en Ecosse, peintre.

Chevré (Paul), (1867-1914), né en France, sculpteur.

Cosgrove (Stanley), (1912-), né à Montréal, peintre.

Côté (Marc-Aurèle Suzor-), (1869-1937), né à Arthabaska, peintre et sculpteur.

Courteau (Gaspard), (1868-1934), né à Saint-Roch l'Achigan, numismate, auteur de «Les monnaies de l'habitant du Bas-Canada» (1930).

Couturier (Pierre), (1665-1715), né à Langres (France), architecte et maçon, ériga (1705) le Château Ramezay.

Cullen (Maurice), (1866-1934), né à Saint-Jean (Terre-Neuve), peintre, surnommé «le peintre des neiges».

Dallaire (Jean), (1916-1965), né à Hull, peintre.

DeLall (Oscar-Daniel), (1903-   ), né à Saint-Petersbourg (Russie), portraitiste et paysagiste.

Dumouchel (Albert), (1916-   ), né à Bellerive, peintre.

Dyonnet (Edmond), (1859-1951), né en France, portraitiste, auteur de «Mémoires» (1951).

Falardeau (Antoine-Sébastien), (1822-1890), né à Cap-Santé, peintre, restaura en Italie des tableaux de grands maîtres.

Fortin (Marc-Aurèle), (1888-1970), né à Sainte-Rose, peintre.

Gagnon (Clarence), (1881-1942), né à Montréal, peintre, graveur, aquafortiste.

Gill (Charles), (1871-1918), né à Sorel, peintre et poète.

Hébert (Philippe), (1850-1917), né à Sainte-Sophie de Mégantic, un des plus grands sculpteurs du Québec, un prix porte son nom.

Huot (Charles), (1855-1930), né à Québec, peintre d'histoire.

Jérôme (né Ulric-Aimé Paradis, dit le Frère), né à Charlesbourg, peintre de grande influence chez les contemporains, surnommé le Frère jazzé.

Julien (Henri), (1851-1908), né à Québec, caricaturiste et illustrateur très fécond.

Koperkaoluk, sculpteur esquimau contemporain.

Krieghoff (Cornelius), (1815-1872), né à Dusseldorf (Allemagne), peintre.

Laliberté (Alfred), (1878-1953), né à Sainte-Elisabeth d'Arthabaska, sculpteur.

Maria-Chapdelaine, par Suzor-Côté, en 1925 (Collection: Séminaire de Québec).

Leduc (Osias), (1864-1955), né à Saint-Hilaire, peinttre.

Lemieux (Jean-Paul), (1904-   ), né à Québec, peintre, chef de l'Ecole de Québec.

Luc (Claude François, dit le Frère), (1614-1685), né à Amiens (France), un des premiers peintres du Québec.

Lyman (John Goodwin), (1886-1967), né à Biddeford (E.-U.), peintre, inspirateur de l'Ecole de Montréal.

Maclachlan (Robert Wallace), (1845-1926), né à Montréal, numismate, auteur de «Monnaies et médailles du Canada» (1885).

Marchand (Jean-Omer), (1873-1936), né à Montréal, architecte.

Massicotte (Edmond-Joseph), (1875-1929), né à Montréal, peintre et dessinateur.

Molinari (Guido), (1933-   ), né à Montréal, peintre.

Morrice (James Wilson), (1864-1924), né à Montréal, peintre, introduisit l'impressionnisme au Québec.

Pellan (Alfred), (1906-   ), né à Québec, peintre.

Plamondon (Antoine), (1804-1895), né à l'Ancienne-Lorette, peintre de portraits et de murales.

Quevillon (Louis-Amable), (1749-1823), né au Sault-au-Récollet, sculpteur, fonda une maîtrise de sculpteurs à Saint-Vincent-de-Paul.

Ranvoyzé (François), (1739-1819), né à Québec, orfèvre.

Richard (René), (1895-   ), né en Suisse, peintre, de Baie-Saint-Paul, sa vie a inspiré Gabrielle Roy pour son roman «La montagne secrète».

Riopelle (Jean-Paul), (1924-   ), né à Montréal, peintre, un des principaux représentants universels du tachisme.

Soucy (Cléophas), (1879-1950), né à Montréal, sculpteur, auteur de la sculpture ornementale des édifices parlementaires à Ottawa.

Taché (Etienne-Eugène), (1836-1912), né à Montmagny, fils d'Etienne-Pascal Taché, architecte.

Traquair (Ramsey), (1874-1952), né à Edimbourg (Ecosse), architecte, auteur de «Old Architecture of Quebec» (1947).

Vaillancourt (Armand), (1932-   ), sculpteur.

Viau (Dalbé), (1881-1938), né à Sainte-Anne-de-Bellevue, architecte, auteur des plans de l'Oratoire Saint-Joseph de Montréal.

710
PARCS NATIONAUX ET
LIEUX HISTORIQUES

Parc Cartier-Brébeuf (1969), à Québec, quartier d'hivernage possible de Jacques Cartier en 1535-1536, 5 acres.

Remparts de Québec, à Québec, anciennes fortifications de la ville.

Fort-Chambly (1940), à Chambly, musée, fort érigé par les Anglais en 1709-1711, 315 acres, 120,000 visiteurs par année.

Fort Côteau (1929), à Côteau-du-Lac, emplacement d'un fort érigé en 1779, 9.5 acres, 25,000 visiteurs par année.

Fort Lennox (1940), à l'Ile-aux-Noix, près de Saint-Paul, fort érigé par les Français en 1759, 210 acres, 50,000 visiteurs par année.

Maison natale de Sir Wilfrid Laurier (1941), Saint-Lin-des-Laurentides, 5 acres, 10,000 visiteurs par année.

PARCS PROVINCIAUX
Source: Parcs du Québec. Gouvernement du Québec. 1972.

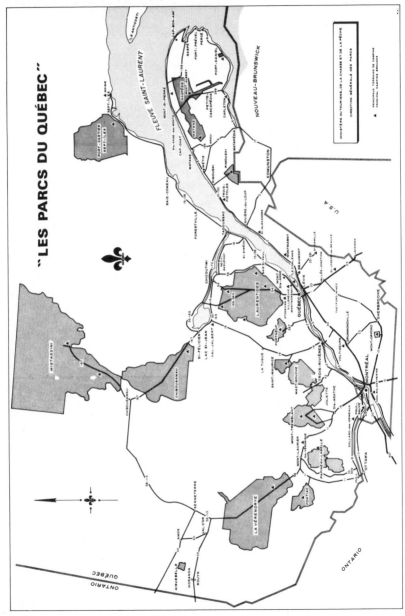

"LES PARCS DU QUÉBEC"

720

ARCHITECTES NON MENTIONNÉS
DANS LES BIOGRAPHIES

Bourgeau (Victor), (1809-1888); **Conefroy** (Pierre), (1752-1816); **Hébert** (Jean-Baptiste), (1779-1854); **Ostell** (John), (1811-1892); **Payette** (Eugène), (1875-1959).

LEGENDE
Maison de type breton construite dans la région de Montréal jusqu'en 1760, carrée, massive, cheminées de chaque côté.

Maisons de type normand construites dans la région de Québec jusqu'en 1760, longues, spacieuses avec cheminée au centre.

Adaptation québécoise de la maison française en raison de la rigueur du climat, de 1760 à 1860.

Maison anglo-normande, construite entre 1760 et 1900, sous l'influence du Haut-Canada.

Maison à mansardes, d'inspiration américaine, construite de 1760 à 1900.

Maison victorienne construite vers 1870-1880.

Source: Encyclopédie des antiquités du Québec. Michel Lessard et Huguette Marquis.

SCULPTEURS, CÉRAMISTES ET ORFÈVRES NON MENTIONNÉS DANS LES BIOGRAPHIES

Besner (J.-Jacques);
Bisson (Yvette);
Carli (Alexandre), (1861-1938);
Daoust (Sylvia);
Gagnon (Aristide);
Hébert (Henri), (1884-1950);
Hiel (Georges-William), (1862-1934);
Lespérance (Pierre), (1819-1882);
Levasseur (J.-B.-Antoine), (1717-1775);
Levasseur (Noël), (1680-1740);
Liébert (Philippe), (1732-1804);
Marie-Amédée (Sœur), (1927-);
Marie-Anastasie (Sœur);
Marion (Salomon), (1782-1830);
Morand (Paul), (1775-1854);
Neilson (Ivan), (1865-1931);
Polonceau (Henry), (1765-1821);
Rousseau (Dominique), (1775-1825);
Roussil (Robert), (1925-);
Séguin (Fernand);
Trudeau (Yves), (1930-);
Vermette (Claude).

740
DESSINATEURS ET CARICATURISTES NON MENTIONNÉS DANS LES BIOGRAPHIES

Bengough (John Wilson), (1851-1923);
Berthio;
Bourgeois (Albéric);
Coallier (Jean-Pierre);
Dupras (Pierre);
Gécin (né Gérard Sindon), (1907-);
Girerd (Jean-Pierre), (1931-);
Hudon (Normand);
La Palme (Robert);
Pier (Roland);
Vézina (Emile), (1876-1942).

PEINTRES NON MENTIONNÉS
DANS LES BIOGRAPHIES

Beau (Henri), (1863-1949) ;
Beaucourt (François Malepart de), (1740-1794) ;
Belle (Charles-Ernest de), (1878-1939) ;
Bouchard (Edith), (1924-   ) ;
Bouchard (Lorne), (1913-   ) ;
Bouchard (Marie-Cécile), (1920-   ) ;
Bouchard (Mary), (1912-1945) ;
Bruneau (Kittie), (1929-   ) ;
Caiserman-Roth (Ghitta), (1923-   ) ;
Caron (Paul), (1874-1941) ;
Coburn (Frederick Simpson), (1871-1900) ;
Corbeil (Wilfrid), (1893-   ) ;
Edson (Allan), (1846-1888) ;
Fougerat (Emmanuel), (1875-1950) ;
Fox (John), (1927-   ) ;
Franchère (Joseph-Charles), (1866-1921) ;
Gagnon (Aristide) ;
Gagnon (René), (1928-   ) ;
Gauvreau (Pierre), (1922-   ) ;
Giunta (Joseph), (1911-   ) ;
Goulet (Claude), (1925-   ) ;
Hamel (Eugène), (1845-1932) ;
Hamel (Théophile), (1817-1870) ;
Hance (J.-B.), (-1915) ;
Hébert (Adrien), (1890-1967) ;
Heward (Prudence), (1896-1947) ;
Holland (William Ramsay), (1904-   ) ;
Hope (William), (1683-1931) ;
Jaque (Louis), (1919-   ) ;
Jasmin (André), (1922-   ) ;
Johnstone (John Young), (1887-1930) ;
Jongers (Alphonse), (1873-1945) ;
Kane (Paul), (1810-1870) ;
Kilpin (Legh Mulhall), (1853-1919) ;
Kingwell (Arlette-Carreau) ;
Knowles (Farquhar), (1859-1932) ;
Landry (Michel), (1937-   ) ;

Langlois (Claude);
Langlois (Minie Bourbeau-), (1935-   );
Le Beuf (Jean);
Leduc (Fernand), (1916-   );
Légaré (Joseph), (1789-1855);
Letendre (Rita), (1929-   );
Little (John), (1928-   );
Maltais (Marcelle), (1933-   );
Masson (Henri), (1921-   );
Matte (Denys), (1932-   );
McEwen (Jean), (1923-   );
Merola (Mario), (1931-   );
Mount (Rita), (1888-1967);
Mousseau (Jean-Paul), (1927-   );
Muhlstock (Louis), (1904-   );
Paradis (Jobson), (1871-1926);
Petit (Gaston), (1930-   );
Picher (Claude), (1927-   );

Rapin (F.-X.-Aldéric), (1868-1901);
Rhéaume (Jeanne), (1915-   );
Riordon (Eric), (1906-1948);
Robert (Guy);
Roberts (Goodridge), (1904-   );
Rozaire (Arthur-Dominique), (1879-1922);
Russell (George Horne), (1861-1933);
Saint-Aubin (Daniel);
Sandham (Henry), (1842-1910);
Sawyer (William), (1820-1889);
Scott (Marion), (1906-   );
Seymour (Munsey), (1837-1912);
Simpson (Charles Walter), (1878-1942);
Smalley (Tom), (1906-   );
Smith (Jori), (1907-   );
Steinhouse (Tobie), (1925-   );
Surrey (Philip), (1910-   );
Tessier (Yves), (1800-1847);
Tonnancour (Jacques de), (1917-   );
Tremblay (Gérard), (1928-   );
Truchon (Roland), (1920-1961);
Vanier (Bernard), (1927-   );
Villeneuve (Arthur), (1914-   );

Vincelette (Roméo);
Voyer (Monique);
Wilson (P. Roy), (1900-   ).

760
GRAVEURS NON MENTIONNÉS
DANS LES BIOGRAPHIES

Ballon (Iris);
Guillaume (Jeannine Leroux-);
Lacroix (Richard), (1939-   ).

Murale de Jordi Bonet au Grand Théâtre de Québec.

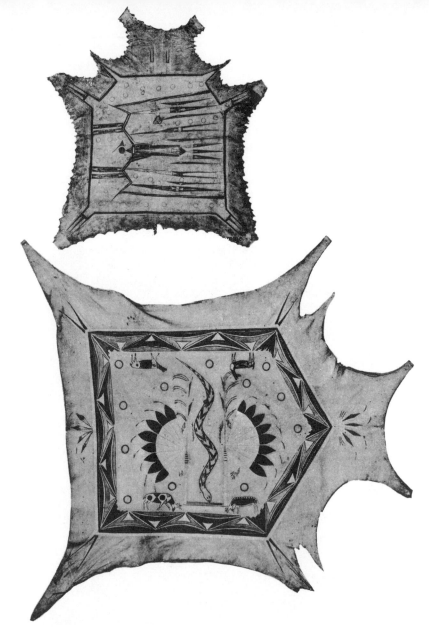

Peaux peintes par des Amérindiens de la région du Saint-Laurent.

(Source: Boréal Express 1790).

Albert Dumouchel:
Chanson
du coeur brisé.

Alfred Pellan: Fleurs et dominos.

P.-E. Borduas: La Femme
à la mandoline, 1941.

Riopelle: Landing, 1958.

MUSIQUE - HISTORIQUE

1837 Un forgeron de Saint-Hyacinthe, Joseph Casavant, entreprend la construction d'un orgue pour l'abbé Ducharme de Sainte-Thérèse.

1880 Le 24 juin, aux Plaines d'Abraham, on entonne pour la première fois l'hymne «O Canada», devenu plus tard l'hymne national canadien, qui vient d'être composé par Calixa Lavallée sur des paroles du juge A.-B. Routhier.

1901 Edouard Dufresne et Charles Emard, deux étudiants montréalais venus à Québec à l'occasion de l'arrivée du duc d'York, futur roi d'Angleterre, improvisent la chanson «Il a gagné ses épaulettes» qui devint vite célèbre sur tout le continent nord-américain.

1902 Fondation de l'Orchestre symphonique de Québec qui, pendant plusieurs années, ne jouera que par intermittence.

1904 Fondation du Conservatoire de l'Université McGill.

1911 Formation de la Compagnie d'Opéra de Montréal qui disparut après quelques années d'activités. Rodolphe Mathieu compose ses premières œuvres.
1914 Guillaume Couture écrit son oratorio «Jean le Précurseur».

1918 Claude Champagne écrit son poème symphonique «Hercule et Omphale».

1922 Fondation de l'école de musique de l'Université Laval.

1930 Premiers concerts donnés par le nouveau Montreal Orchestra sous la direction de Douglas Clarke.

1932 Fondation du Conservatoire par Eugène Lapierre.

1934 Fondation des Concerts symphoniques de Montréal par Wilfrid Pelletier et madame Athanase David.

1936 Fondation des Festivals de Montréal qui ont lieu le mois d'août de chaque année.

1943 Fondation du Conservatoire de musique de la province de Québec.

1945 Fondation de l'Orchestre symphonique de Sherbrooke.

1948 Radio-Canada inaugure une première série d'émissions consacrée à la musique canadienne.

1949 Gilles Lefebvre fonde les Jeunesses musicales du Canada.

1951 Félix Leclerc gagne le Grand Prix du Disque.

1953 Le film «Blankity Blank» de Norman McLaren sur une musique de Maurice Blackburn, remporte la Palme d'or à Cannes.

1959 Félix Leclerc remporte le Grand Prix du Disque pour la deuxième fois.

Principale source: Annette Lasalle-Leduc. La Vie musicale au Canada français.

780
MUSIQUE - BIOGRAPHIES

Albani (née Emma Lajeunesse), (1848-1930), originaire de Chambly, cantatrice.

Bolduc (née Mary Travers, dite La), (1894-1941), née à Newport, auteur, compositeur et interprète de ses chansons.

Casavant (Joseph), (1807-1874), né à Saint-Hyacinthe, facteur d'orgues.

Champagne (Adonaï-Claude Desparois-), (1891-1965), né à Montréal, pédagogue et compositeur fécond.

Charlebois (Robert), (1944-   ), né à Montréal, auteur, compositeur et interprète de la chanson.

Contant (Alexis), (1858-1918), né à Montréal, compositeur et organiste.

Couture (Guillaume), (1851-1915), né à Montréal, compositeur et organiste.

Gagnon (Ernest), (1834-1915), né à Louiseville, organiste, écrivain, auteur de «Chansons populaires du Canada» (1865).

Jobin (Raoul), (1907-), originaire de Québec, ténor de l'Opéra de Paris (1934).

Laliberté (Alfred), (1882-1951), né à Saint-Jean-d'Iberville, pianiste, compositeur, auteur d'un opéra «Sœur Béatrice».

Lavallée (Calixa Paquet-), (1842-1891), né à Verchères, pianiste, compositeur, auteur de «O Canada» (1880).

Leclerc (Félix), (1914-), né à La Tuque, écrivain, auteur, compositeur et interprète de la chanson.

Levasseur (Nazaire), (1848-1927), né à Québec, organiste, auteur de «Histoire de la musique de Québec».

Mathieu (André), (1932-1968), né à Montréal, pianiste et compositeur prodige surnommé «le Mozart canadien».

Mazurette (Salomon), (1848-1910), né à Montréal, pianiste, violoniste et compositeur, auteur de «Home, Sweet Home» (1870).

Paquin (Louise, Mère Sainte-Valentine), (1865-1950), né à Saint-Cuthbert (Berthier), auteur du «Dictionnaire biographique des musiciens canadiens» (1935).

Sabatier (Charles Waugh, dit), (1802-1862), né en Allemagne, compositeur, auteur du «Drapeau de Carillon», fondateur (1860) de «l'Artiste», la première revue musicale de Montréal.

Vigneault (Gilles), (1928-), né à Natashquan, auteur, compositeur et interprète de ses chansons.

780
MUSIQUE - BIBLIOGRAPHIE

Asselin, André. Panorama de la musique canadienne. Paris, Editions de la Diaspora Française, 1968. 36 pp.

Benoit, Réal. La Bolduc. Montréal, Ed. de l'Homme, 1959. 128 pp.

Bérimont, Luc. Félix Leclerc.

Kallmann, Helmut. A History of Music in Canada 1534-1914. Toronto, U.T.P., 1960. 311 pp.

Lapierre, Eugène. Calixa Lavallée, musicien national du Canada. Les Publications de la Société historique de Montréal, 1966. 291 pp.

Lasalle-Leduc, Annette. La vie musicale au Canada français. Québec, Ministère des Affaires culturelles, 1964. 99 pp.

Levasseur, Nazaire. Histoire de la musique de Québec.

Maillé, Michèle. Blow-Up des grands de la chanson au Québec. Montréal, Ed. de l'Homme, 1969.

Paquin, Louise. Dictionnaire biographique des musiciens canadiens. 1935.

780
PRIX DE MUSIQUE CALIXA-LAVALLÉE

Décerné par la Société Saint-Jean-Baptiste de Montréal:

1959 Léopold Simoneau-Pierrette Alarie
1960 Jacques Beaudry
1961 Madame Françoise Aubut-Pratte
1962 Jean Papineau-Couture
1963 Gilles Lefebvre
1964 Duettistes Bouchard-Morisset
1965 Louis Quilico
1966 Gilles Vigneault
1967 Joseph Rouleau
1968 Gilles Tremblay
1969 Roger Matton
1970 Clermont Pepin
1971 Collette Boky
1972 Claire Gagnier

780
PRIX D'EUROPE - MUSIQUE

Décerné par l'Académie de Musique de Québec:

1911 Coulombe, Clothilde (piano);

1912 Morin, Léopold (piano);
1913 Létourneau, Omer (orgue);
1914 Dansereau, Hector (piano);
1915 Pelletier, Wilfrid (piano);
1916 Dumaine, Graziella (chant);
1917 Malépart, Germaine (piano);
1918 Kaster, Jean (violoncelle);
1919 Dompierre, Lucille (piano);
1920 Price, Ruth (violon);
1921 Descarries, Auguste (piano);
1922 Messénie, Anne-Marie (piano);
1923 Bernier, Conrad (orgue);
1924 Cusson, Gabriel (violoncelle);
1925 Doyon, Paul (piano);
1926 Daunais, Lionel (chant);
1927 Mercure, Henri (composition);
1928 Sand, Brahm (violoncelle);
1929 Beaudet, Jean-Marie (orgue);
1930 Martin, Gilberte (piano);
1931 Martin, Lucien (violon);
1932 Piché, Bernard (orgue);
1933 Bélanger, Edwin (violon);
1934 Lindsay, Georges (orgue);
1935 Tremblay, Georgette (orgue);
1936 Brunet, Noël (violon);
1937 Savaria, Georges (piano);
1938 Hébert, Marcel (piano);
1939 Bailly, Paule-Aimée (piano);
1940 Forgues, Suzette (violoncelle);
1941 Martin, Marcelle (orgue);
1942 Lavoie, Claude (orgue);
1943 Dorval, Berthe (piano);
1944 Lavoye, Jacqueline (piano);
1945 Létourneau, Claude (violon);
1946 Landry, Jeanne (piano);
1947 DesRosiers, Lise (piano);
1948 Daveluy, Raymond (orgue);
1949 Pépin, Clermont (piano);
1950 Dufresne, Josephte (piano);
1951 Globenski, A. M. (piano);
1952 Lachance, Jeannine (piano);
1953 Gilbert, Kenneth (orgue);

1954 Grenier, Monique (piano);
1955 Bernier, Léon (piano);
1956 Munger, Monique (piano);
1957 Leduc, Jean (orgue);
1958 Boucher, Lise (piano);
1959 Martel Rachel (piano);
1960 Martel, Jacqueline (chant);
1960 Daoust, Gisèle (piano);
1961 Hétu, Jacques (composition)
1961 Ménard, Pierre (violon);
1962 Boky, Colette (chant);
1962 McKay, John (piano);
1963 Lanneville, Cécile (violoncelle);
1963 Prévost, André (composition)
1964 Savard, Claude (piano)
1964 Ouellet, Claude (chant);
1965 Gagnon, Alain (composition);
1966 Gendron, Monique (orgue);
1966 Laplante, Bruno (chant);
1967 Coulombe, Micheline (composition)
1967 Larocque, Jacques (saxophone);
1968 Madden, Lucie (orgue);
1968 Richard, Rolland (chant);
1969 LeComte, Louise (flûte à bec);
1970 Whitelaw, John (clavecin);
1971
1972 Karen, Quinton (piano);
1972 Laferrière, Marie (chant).

Bourses spéciales

1924 Herschorn, Normand (violon);
1926 Sainte-Marie, Alice (piano).

780
MUSIQUE AMÉRINDIENNE

L'expression musicale des Amérindiens tenait en des chants scandés par le tambour et en des danses accompagnées de chants et de tamtam.

Chant cérémoniel de chasse chez les Hurons.

Source: Boréal Express.

Le tambour indien peut avoir une ou deux faces. Une babiche de nerf placée diamétralement devant le parchemin tendu retient des fragments d'os, de bois ou de plumes qui produisent un son secondaire. Au lieu de frapper son tambour sur le plat, comme les Indiens, les Esquimaux le frappent sur le cercle.

Comme autre instrument de musique, les Amérindiens possédaient le hochet, barillet plat qui contenait des cailloux.

Hommes et femmes dansent séparément. Les hommes en tapant du talon; les femmes, faisant cercle autour, restent sur place en se penchant de droite à gauche.

Source: Jacques Rousseau. Annuaire du Québec 1963-1964.

781
COMPOSITEURS
(non mentionnés dans les biographies)

Blackburn (Maurice); Brassard (François); Brunelle (Roland); Charpentier (G.); Chothem (Neil); Cusson (Gabriel); (1903-1972); Descarries (Auguste), (1896-1958); Fiala (Georges); Gagnon (Gustave), (1842-1930); Gagnon (Henri); Garand (Serge), (1929-   ); Gratton (Hector); Lefebvre (Hugues), (1864-1948); Martin (Charles-Amador), (1648-1711); Matton (Roger), 1929-   ); Mercure (Pierre), (1927-1966); Morel (François), (1926-   ); O'Brien (Oscar); Papineau-Couture (Jean); Pelletier (Frédéric), 1870-1944); Pelletier (Romain-Octave), (1844-1928); Perreault (Julien), (1826-1866); Perreault (Michel), (1925-   ); Quesnel (Joseph), (1749 - 1809); Renaud (Emiliano), (1875 - 1932); Ringuet (Léon), (1858-1933); Tremblay (Gilles); Tremblay (Pierre-Amédée), (1876-1949); Urbain (Télesphore), (1871-1930); Vallerand (Jean); Vézina (Joseph), (1849-1924).

784
CHANTEURS
(non mentionnés dans les biographies)

Alarie (Pierrette); Archambault (François), (1880-1915); Bisson (Napoléon); Boky (Colette); Bonhomme (Michèle); Boutet (Pierre); Chiochio (Fernande); Colle (Josephte); Corbeil (Jean-Claude); Corbeil (Paul-Emile); Corneillier (Albert); Daunais (Lionel); Dufault (Paul), (1872-1930); Dulude (Yolande); Duval (Pierre); Fisher (Sarah); Forrester (Maureen); Gagnier (Claire); Gérard (Jacques); Gignac (Margot); Guérard (Yoland); Harbour (Denis); Hurteau (Jean-Paul); Issaurel (Salvator), (1875-1944); Jeannotte (Jean-Paul); Lapalme (Béatrice Gaboriau-), (1880-1921); Malenfant (Anna); Martin (Louise, madame Edvina), (1875-1920); Masella (Claire); Merola (Colette); Plamondon (Rodolphe), (1877-1940); Quilicot (Louis); Rouleau (Joseph); Saucier (Joseph), (1869-1941); Saurette (Sylvia); Savoie (Robert); Simoneau (Léopold); Tourangeau (Huguette); Turp (André); Vaillancourt (Honoré), (1893-1932); Vecchio (Rosita del), (1846-1881); Verreault (Richard).

784
CHANSONNIERS
(non mentionnés dans les biographies)

Barrette (Jacqueline); Blanchet (Jacques), (1931-   );
Bonheur (Colette, (1928-1966); Calvé (Pierre), (1939-   );
Claude (Renée), (1939-   ); Chartrand (Christyne), (1948-   ); Cousineau (Luc, des Alexandrins), (1944-   ); Deschamps (Yvon); Desrochers (Clémence); Dor (Georges);
Dubois (Claude), (1947-   ); Dudan (Pierre); Ferland
(Jean-Pierre), (1934-   ); Forestier (Louise), (1943-   );
Gauthier (Claude), (1939-   ); Gélinas (Marc), (1937-   ); Gignac (Fernand), (1934-   ); Julien (Pauline);
Lalonde (Pierre), (1941-   ); Lautrec (Donald); Létourneau
(Pierre), (1938-   ); (1938-   ); Léveillée (Claude),
(1932-   ); Lévesque (Raymond), (1928-   ); Leyrac
(Monique); Louvain (Michel), (1937-   ); Moreau (Jean-Guy, (1943-   ); Nanette (1945-   ); Noël (Paolo), 1929-   ); Ravel (Ginette), (1940-   ); Reno (Ginette), (1946-   ); Richard (Michèle), (1946-   ); Roman (Tony),
(1942-   ); Roy (Raoul), (1936-   ); Tex (Tex Lecors),
(1933-   ); Toupin (Robert), (1947-   ); Vachon-Cousineau (Lise, des Alexandrins), (1944-   ); Venne (Stéphane), (1941-   ); Zelkine (Alexandre), (1938-   ).

785
ENSEMBLES MUSICAUX - ENSEMBLES VOCAUX

Chorale Bach
Disciples de Massenet
Opéra du Québec
Opera-Guild de Montréal
Opéro-Minute de Gilles Potvin
Orchestre de chambre de McGill
Orchestre symphonique féminin d'Ethel Stark
Orchestre symphonique de Montréal
Orchestre symphonique de Québec
Orchestre symphonique de Sherbrooke
Petit ensemble vocal de George Little
Petit ensemble vocal de Québec

Petite symphonie de Radio-Canada
Petits violons (les)
Quatuor Masella
Quatuor Alouette
Quatuor de Montréal
Trio baroque (le)
Trio lyrique (le)

785
CHEFS D'ORCHESTRE
DIRECTEURS DE CHORALE
(non mentionnés dans les biographies)

Beaudet (Jean-Marie), (1907-1971); Beaudry (Jacques);
Brott (Alexander); Deslauriers (Jean); Goulet (Charles);
Lacharité (Sylvio); Laurencelle (Marcel); Little (Georges);
Leduc (Roland); Pelletier (Wilfrid); Potvin (Gilles); Stark
(Ethel).

786
PIANISTES, CLAVECINISTES ET ORGANISTES
(non mentionnés dans les biographies)

Arel (Gaston); Aubut (Françoise); Ballon (Ellen); Bouchard
(Jean); Bouchard (Victor); Bourassa (Guy); Dansereau
(Jean); Daveluy (Raymond); Donalda (Pauline); Doyon
(Paul); Ducharme (Dominique), (1840-1899); Ducharme (N);
Dufresne (Josephte); Gilbert (Kenneth); Globenski (Anne-
Marie); Goldblat (Rose); Gresco (Richard); Hétu (Lucien);
Jablonski (Marek); Jones (Kelsey); Lagacé (Bernard); La-
gacé (Mireille); Landry (Jeanne); Lavoie (Claude); Leduc
(Jean); Letondal (Arthur) (1869-1955); Letondal (Paul),
(1831-1894); L'Heureux (Lucienne); Lindsay (Georges);
Malépart (Germaine); Martin (Marcelle); Meek (Kenneth);
Mérineau (André); Morin (Léo-Pol), (1892-1941); Morisset
(Renée); Newmark (John); Pinsonneault (Bernard); Pratt
(Ross); Roy (Berthe); Saucier (Joseph); Thompson (Do-
narld); Turini (Ronald).

787
VIOLONISTES
(non mentionnés dans les biographies)

Bannet (Louis); Brunet (Noël); Chamberland (Albert); Charuk (John); Dionne (Télesphore-Octave), (1869-1920), luthier; Garami (Arthur); Hershorn (Norman)); Leblanc (Arthur); Martel (Oscar), (1848-1924); Martin (Lucien); Onderet (Maurice); Prume (Jehim), (1839-1899); Sicotte (Lucien); Sieb (Calvon).

790
SPECTACLE - HISTORIQUE

1640 A Québec, Martial Piraube est le principal interprète de la première pièce jouée au Québec.

1646 Le 31 décembre, on joue le Cid de Corneille à Québec.

1694 Querelle autour de Tartuffe de Molière entre M. de Frontenac et Mgr de Saint-Vallier.

1790 Création à Québec de «Colas et Colinette», comédie-vaudeville de Joseph Quesnel, premier dramaturge québécois.

1826 Le 31 juillet, à Montréal, inauguration du Théâtre Royal de John Molson avec «Richard III» de Shakespeare.

1837 Publication de «Griphon ou Vengeance d'un valet» de Pierre Petitclair, premier dramaturge né au Québec.

1871 «Félix Poutré», de Louis Fréchette, est une des pièces les plus jouées.

1875 Formation de la troupe «Cercle Jacques-Cartier», le premier groupe d'amateurs à se faire un public d'habitués.

1894 Inauguration du Monument National par la Société Saint-Jean-Baptiste sous la présidence de L.-O. David.

1898 Ouverture du Her Majesty's destiné au théâtre de langue anglaise.

1898 Godeau, Petitjean, Filion et Palmieri créent le Théâtre des Variétés, première troupe permanente québécoise.

1904 Présentation de «vues animées» entre les 3e et 4e actes des pièces jouées au théâtre National.

1905 Condamnation par NNSS Bruchési et Bégin de plusieurs pièces du répertoire français.

1906 Ernest Ouimet inaugure le Ouimetoscope, le premier cinéma permanent de l'Amérique du Nord, avec un appareil de son invention, et des films qu'il tournait lui-même.

1907 Fondation du Conservatoire Lassalle par le tragédien Eugène Lassalle.

1908 Conrad Gauthier présente ses «Veillées du bon vieux temps».

1923 Athanase David, secrétaire de la Province, envoie étudier trois ans à Paris Antoinette Giroux, première boursière en art dramatique du Québec.

1929 Création à Montréal de l'Associated Screen Films qui se lançait dans la production d'actualités filmées.

Léopold Houlé fait jouer «Le presbytère en fleurs» qui marque, pour la dramaturgie québécoise, une divergence d'avec les mélodrames d'Henri Deyglun montés par la troupe Barry-Duquesne.

1933 Fondation de France-Film afin de favoriser la distribution de films français au Québec.

1934 Tournage du film «Maria Chapdelaine», production franco-québécoise, mettant en vedette Madeleine Renaud, Jean Gabin et Fred Barry.

1935 Madame Jean-Louis Audet présente le Radio-Petit-Monde qui met en scène de jeunes enfants.

1937 Le Père Emile Legault, c.s.c., fonde les Compagnons du Saint-Laurent.

1938 Fridolinons, première revue de Gratien Gélinas qui sera renouvelée annuellement jusqu'en 1946.

Source: Tit-Coq, G. Gélinas

Gala des Artistes,
au Monument National

Source: Juliette Béliveau, sa vie, sa carrière

André Le Coz

Source: Bousille et les justes, G. Gélinas

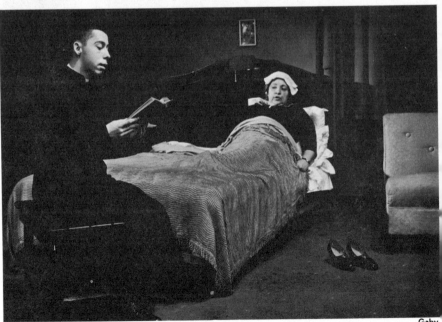

Gaby

Le Ouimetoscope en 1906 (La Presse).

1944 Fédor Ozep fonde Renaissance Film afin de produire «Le Père Chopin», une co-production franco-québécoise.

1948 Tit-Coq, de Gratien Gélinas, établit un record de représentations.

Source: Tit-Coq, G. Gélinas

1949 Lancement du film québécois «Le Gros Bill».

1952 Débuts de la télévision.

Michel Cartier fonde les Feux-Follets, une troupe folklorique.

Première de «Zone», de Marcel Dubé.

1957 Ouverture du théâtre d'été de Percé, idée qui sera reprise à Eastman en 1960, à Joliette en 1962, ainsi de suite.

1958 Formation d'une équipe française à l'Office National du Film.

Ouverture de la Comédie Canadienne sous la direction de Gratien Gélinas.

1960 Fondation du Festival International du Film à Montréal.

1961 L'Espagne décerne son prix Ondas à Miville Couture comme meilleur artiste radiophonique du monde.

1968 Création des «Belles Sœurs», de Michel Tremblay.

1969 Le film «Valérie» de Denis Héroux lance le cinéma québécois sur une nouvelle voie.

1971 «Mon Oncle Antoine», de Claude Jutras, attire l'attention mondiale et gagne plusieurs prix internationaux.

790
SPECTACLES - BIOGRAPHIES

Béliveau (Juliette), (1889-   ), née à Nicolet, la comédienne la plus populaire en son temps.

De Sève (J.-Alexandre), (1896-1968), fondateur de France-Film, Renaissance Film et de Télé-Métropole.

Duquesne (Albert Simard dit), (1891-1956), acteur et fondateur de la troupe Barry-Duquesne.

Gauthier (Conrad), (1885-1964), folkloriste, créateur des «Veillées du bon vieux temps».

Houlé (Léopold), (1889-1953), né à Montréal, journaliste et auteur dramatique.

Lassalle (Eugène, (1860-1929), né à Cubzac (France), fondateur (1907) du conservatoire qui porte son nom.

Legault (Paul-Emile), fondateur des Compagnons de Saint-Laurent (1937).

Ouimet (Ernest), (1877-1972), né à Saint-Martin (Laval), inventeur du Ouimetoscope (1906).

Poitras (Henri), (1897-1971), d'abord connu sous le nom de Dauvilliers, fondateur du «Théâtre du Rire».

Sennett (Michael Sinnott, dit Mack), (1880-   ), né à Danville, pionnier du cinéma américain.

Watson (Lucile), (1879-1962), née à Québec, vedette américaine du théâtre, du cinéma et de la télévision.

790
METTEURS EN SCÈNE ET RÉALISATEURS
(non mentionnés dans les biographies)

Beaulne (Guy); Bigras (Jean-Yves), (1919-1966); Dumas (Jean); Gauvin (Noël), (1919-1971); Houde (Jean-Claude); Langlais (Simon), (1919-1968); Legendre (Paul); Ouimet (André), (1919-1967); Vézina (Jacqueline).

790
ANNONCEURS ET ANIMATEURS
(non mentionnés dans les biographies)

Baulu (Roger); Bélair (Serge); Belhumeur (Guylaine); Bergeron (Henri); Berthiaume (Jean-Paul); Bertrand (Jeannette); Boulanger (Jacques); Boulard (Claude); Charette (Raymond); Couture (Miville); Delage (Gérard); Derome (Bernard), (1944-   ); Desbaillets (Jacques); Devlin (Colette); Dumon (Lucille); Duval (Jacques); Ferron (Guy); Gervais (Lisette); Giguère (Réal); Guy (André), (1937-   ); H o u d e (Jacques); Lafond (Andréanne); Lafortune (Ambroise, dit le Père Ambroise); Laplante (Raymond); Lapointe (Claude); Leclerc (Roland), (1946-   ); Lemoyne (Wilfrid); Malo (Jean), (1947-   ); Marcotte (Pierre);

Mathieu (Jean); Mercier (Claude); Morency (Jacques);
Nadeau (Pierre); (1936-   ); Normand (Jacques); Perreault
(Pierre); Rémy (Edouard); Robert (André); Roy (Jean-Guy);
Salvail (Jacques); Sauvé (Jeanne); Séguin (Claude); Séguin
(Fernand); Stanké (Alain), (1934-   ); Stein (Pierre);
Valcourt (Pierre Morin, dit); Vallerand (Claudine, dite Ma-
man Fonfon).

790
COMÉDIENS
(non mentionnés dans les biographies)

Alarie (Amanda), (-1965); Allan (Martha), (1895-1942);
Arbic (Thérèse); Avon (Suzanne); Bédard (Rolland); Berval
(Paul); Besré (Jean); Bibeau (Rita); Blanchard (Claude);
Boucher (Guy); Buissonneau (Paul); Cabay (Marcel); Ca-
nuel (Yvon); Cailloux (André); Caron (René); Carrère
(Georges); Charland (Hector), (1883-1962); Chatel (Clau-
dine), (1951-   ); Chenail (Roland); Corbeil (Yves), (1944-
    ); Coutu (Jean); Dalbret (Stella); Daoust (Edmond);
Daoust (Julien); Deret (Jean-Claude); De Vienne (Lucie);
Duceppe (Jean); Ducharme (Yvan); Dufresne (Pierre),
(1927-   ); Dumont (Aurèle); Dupuis (Paul); Faucher
(Françoise); Filiatrault (Denyse); Gadouas (Robert), (1928-
1969); Gagnier (Eve); Gascon (Jean); Gascon (Gabriel);
Gauvin (Maurice), (-1971); Genest (Emile); Germain
(Nicole); Girard (Benoît); Guimond (Olivier, dit Ti-Zoune);
Guimond (Olivier, dit Ti-Zoune junior), (1912-1971); Huot
(Juliette); Joly (Monique); Lajeunesse (Jean), (1921-   );
Larivière (Fernande), (1924-1963); Larcher (Paul), (1845-
1909); LaSalle (Lise); Latour (Clément); Latulippe (Gilles),
(1937-   ); Lefrançois (Réjean), (1941-   ); Légaré (Ovi-
la); Lemaire (Carole), (1951-   ); Létourneau (Yves);
Longchamps (Marie-José); Manda (née Marie-Jeanne Parent, dite, (1907-   ); Michel (Dominique); Mignolet (Janine). (1928-   ); Naubert (Nathalie); Pagé (Victor); Paradis (Ghislaine); Paradis (Gérard); Pauzé (Anne); Pelletier
(Denise); Pelletier (Gilles); Pétrie (Juliette); Poirier (Gérard); Provost (Denise Vachon-), (1927-1972); Provost (Guy);
Quintal (Jeanne); Rivard (Robert); Roux (Jean-Louis); Roy

(Lise); Saint-Pierre (Denise); Sanche (Guy); Sutto (Janine), (1921-   ); Tassé (François); Toupin (Georges), (1906-1964); Tremblay (Fanny), (1877-1970); Turcot (Louise), (1944-   ); Valade (Oscar).

790
SPECTACLE - BIBLIOGRAPHIE

Encyclopédie artistique TV HEBDO 73. Montréal, Publications Eclair, 1972. 322 pp.

791
CINÉMA - BIBLIOGRAPHIE

Cinéma/Québec. Revue. Parution: 10 numéros / an.

Hamelin, Lucien et **Walter,** Lise. Cinéma québécois, petit guide. Montréal, Conseil québécois pour la diffusion du cinéma, 1972-. Doit comprendre 3 volumes. Bibliographies.

Marsolais, Gilles. Le cinéma canadien. Montréal, Editions du Jour 1968, 160 pp.

Nouveau cinéma canadien. Vol. 1, 1er mars 1968. La Cinémathèque canadienne, 3834 rue Saint-Denis, Montréal 131.

Rever, Yves. Cinéma et société québécoise. Montréal, Editions du Jour 1972. 201 pp.

791
MISS CINÉMA-RADIO-TÉLÉVISION

1940:	Mimi d'Estée	1957:	Monique Miller
1941:	Marcelle Lefort	1958:	Béatrice Picard
1942:	Estelle Mauffette	1959:	Michelle Tisseyre
1943:	Yvette Brind'Amour	1960:	Denyse Filiatrault
1944:	Sita Riddez	1961:	Andrée Champagne
1945:	Janine Sutto	1962:	Monique Lepage
1946:	Nicole Germain	1963:	Huguette Proulx
1947:	Lucile Dumont	1964:	Janette Bertrand

792
THÉÂTRE - PRIX VICTOR-MORIN

décerné par la Société Saint-Jean-Baptiste de Montréal

1962 — M. Jean Gascon
1963 — M. Jean Béraud
1964 — Mme Yvette Brind'Amour
1965 — Non attribué
1966 — M. Marcel Dubé
1967 — M. Gratien Gélinas

1968 — M. Jean Duceppe
1969 — M. Jean-Louis Roux
1970 — M. Gilles Pelletier
1971 — M. Paul Blouin
1972 — M. Claude Jutras

792
THÉÂTRE - TROUPES - THÉÂTRES D'ÉTÉ

Apprentis Sorciers (Montréal), troupe fondée en 1956 par Jean-Guy Sabourin.

Centre Saidye Bronfman (Montréal).

Egrégore (L'), (Montréal), troupe fondée en 1959 par Françoise Berd.

Festival de Lennoxville (Lennoxville).

La Frenière (Ancienne Lorette).

La Piggerie (North Hatley).

La Poudrière (Ile Saint-Hélène), théâtre fondé par Jeannine Beaubien.

L'Atelier (Sherbrooke).

Le Galendor (Ile d'Orléans).

Le Patriote (Sainte-Agathe).

L'Escale.

L'Estoc (Québec).

Marjolaine (La), (Eastman), théâtre fondé en 1960 par Marjolaine Hébert.

National (Montréal).

Nouveau Monde (Montréal), troupe fondée en 1951 par Jean Gascon.

Nouvelle Compagnie Théâtrale.

Rideau Vert (Le), (Montréal), troupe fondée en 1948 par Yvette Brind'Amour.

Saint-Donat (Saint-Donat).

Saltimbanques (Les) (Montréal), troupe fondée en 1963.

Studio-Théâtre (Sainte-Sophie).

Sun Valley (Sainte-Adèle).

Théâtre de l'Escale, bateau qui va de port en port sur le fleuve.

Théâtre des Marguerites (Trois-Rivières), théâtre fondé par Georges Carrère.

Théâtre Populaire du Québec.

Théâtre des Prairies (Joliette), théâtre fondé en 1962 par Jean Duceppe.

Théâtre de Quat'sous fondé par Paul Buissonneau.

The Pendulum (Montréal).

Trident (le) (Québec).

792
THÉÂTRE - BIBLIOGRAPHIE

Béraud, Jean. 350 ans de théâtre au Canada français. Montréal, Cercle du Livre de France, 1958. 316 pp.

Godin, Jean Cléo et **Mailhot,** Laurent. Le théâtre québécois; introduction à dix dramaturges contemporains. Montréal, Hurtubise/HMH 1970.

Hamelin, Jean. Le Renouveau du théâtre au Canada français (1940-1962). Montréal, Ed. du Jour, 1962. 160 pp.

Hamelin, Jean. Le théâtre au Canada français. Québec, Ministère des Affaires culturelles, 1964. 83 pp.

Pontaut, Alain. Dictionnaire critique du théâtre québécois. Montréal, Leméac 1972, 161 pp.

794
SPORTS - INTRODUCTION

De tout temps, les Québécois ont accompli des exploits, sans toutefois pratiquer vraiment les sports de compétition. Les premiers colons et les coureurs des bois devaient être en excellente forme physique pour survivre ici. Pour s'en convaincre, il n'y a qu'à voir Marguerite Bourgeoys franchir à pied la distance de Montréal à Québec alors qu'elle était âgée de 69 ans, âge qu'on atteignait rarement à cette époque.

Nos hommes forts, pour la plupart, étaient trop timides pour participer à des matches ou à des spectacles. Ils se contentaient de réaliser des prouesses, sans presque s'en rendre compte, à leur travail quotidien, sur la ferme ou au chantier.

Il semble que ce soient d'abord les Anglo-saxons qui aient apporté le sport d'équipe au Québec. Les francophones s'y sont par la suite adonnés avec grand succès, particulièrement au hockey et à la crosse qui a du mal à survivre. Mais à part ceux qui faisaient carrière dans une équipe professionnelle, les Québécois ont toujours eu tendance à abandonner assez jeune la pratique des sports. L'amateurisme a peu d'adeptes. Il faut dire que l'école vient à peine d'accepter la culture physique comme une activité obligatoire, à la suite des recommandations du Rapport Parent. Il est donc possible que les Québécois deviennent moins spectateurs et plus sportifs dans le vrai sens du terme, d'autant plus que l'imminence des Olympiques qui auront lieu à Montréal en 1976 leur jette un défi.

SPORTS - HISTORIQUE

1689 A l'âge de 69 ans, Marguerite Bourgeoys franchit à pied la distance de Montréal à Québec.

1783 Le Royal Montreal Golf Club, le premier club officiel de golf en Amérique, est fondé le 4 novembre.

1816 Le 6 janvier, Jean-Baptiste Lagimodière, apportant un message pour lord Selkirk, arrive de Winnipeg à Montréal en raquettes, un parcours de 1,800 milles.

1837 Les «Canadiens», une équipe de hockey formée de Canadiens-français, remportent le championnat de Montréal.

1876 Le Club Canadien «La Crosse» joue un match de ce sport devant la reine Victoria dans les jardins du Château de Windsor à Londres.

1881 Formation du Montreal Football Club, ancêtre des Alouettes, la plus ancienne équipe de football du Canada.

1893 La Coupe Stanley, décernée pour la première fois par lord Stanley de Preston, est remportée par l'équipe de hockey «AAA» de Montréal.

1909 Charles R. Murray gagne le premier omnium de golf du Québec.

1910 Formation de l'équipe de hockey «Flying Frenchmen», ancêtre du Club de hockey Canadien.

1915 Engagement de Georges Vézina comme gardien de buts du Club Canadien, ce qui valut à l'équipe leur première Coupe Stanley (1916) à la fin de la saison.

Le Montréalais, Edouard Fabre, remporte le marathon de Boston.

1917 Fondation de la Ligue Nationale de Hockey.

1924 Inauguration du Forum.

1931 Zénon Saint-Laurent gagne la première course cycliste Montréal-Québec.

1934 Jobin Lachance et Victor Gélinas remportent la première course de canot La Tuque - Trois-Rivières (120 milles), organisée par le Club Radisson.

1940 Gérard Côté remporte le marathon de Boston pour la première fois.

1942 Débuts de Maurice Richard dans le Club Canadien.

1946 Léo Dandurand et des amis montent l'équipe de football «Les Alouettes».

1955 Le 17 mars, émeute au Forum de Montréal, à cause de la suspension de Maurice Richard pour le reste de la saison par M. Clarence Campbell, président de la Ligue Nationale de Hockey.

Jacques Amyot gagne la première traversée à la nage du Lac Saint-Jean.

1964 Le 17 mars, premier tournoi provincial de ballon-balai à l'aréna Père Marquette.

1965 Le 3e rapport de la Commission Parent sur l'enseignement au Québec accorde à l'éducation physique le statut de discipline essentielle et recommande au moins deux heures par semaine d'éducation physique.

Le nageur Herman Willemse gagne les premières 24 heures de La Tuque.

1966 Le tour cycliste du Saint-Laurent devient le Tour de la Nouvelle-France, épreuve qui deviendra professionnelle en 1971.

1967 Les premiers jeux d'hiver canadiens se tiennent à Québec.

1969 M. Jean Drapeau, maire de Montréal, dépose, le 3 juin, la candidature officielle de Montréal à l'organisation des jeux olympiques d'été de 1976, responsabilité qu'il obtiendra en 1970.

Montréal entre dans la Ligue Nationale de baseball, section Est, avec l'équipe récemment formée «Les Expos».

1972 Le 2 septembre, la Russie gagne le premier match de la série de hockey Canada-Russie au Forum de Montréal et consterne les experts de ce sport. Le Canada finira par remporter la série de justesse, le 28 septembre.

794

SPORTS - BIOGRAPHIES

Béliveau (Jean), (1931-   ), né à Trois-Rivières, un des plus brillants joueurs pendant 18 ans du Club Canadien.

Côté (Gérard), (1913-   ), né à Saint-Hyacinthe, gagne le maraton de Boston en 1940, 1943, 1944 et en 1947.

Cyr (Louis), (1863-1912), né à Napierville, réputé l'homme le plus fort de tous les temps.

Dandurand (Léo), (1890-   ), né à Bourbonnais, (E.-U.). Eminent promoteur des sports au Québec.

Delamarre (Victor), (1888-   ), un des hommes les plus forts qu'ait connus le Québec.

Deyglun (Serge), (1928-1972), né à Montréal, chroniqueur de chasse et de pêche.

Dion (Cyrille), (1843-1878), né à Montréal, en son temps un des meilleurs joueurs de billard au monde.

Giroir (Hubert), (-1884), vicaire et excellent patineur de fantaisie.

Lalonde (Edouard Cyrille, dit Newsy), (1887-   ), né à Cornwall (Ontario), joueur de hockey qui compta 416 buts en 314 parties.

Lapointe (Alexis, dit le Trotteur), (1860-1924), personnage excentrique du Lac Saint-Jean qui entrait en compétition à la course avec les chevaux et même les trains.

Mailhot (Modeste), (1766-1834), fameux géant de 7 pieds 4 pouces.

Mayer (Charles, dit Charlie), (1901-1971), chroniqueur sportif, grand spécialiste du hockey, surnommé Trois-Etoiles.

McLeod (Peter), (-1852), métis, homme fort, fondateur de Chicoutimi (1842).

Les origines de la crosse (Les Laboratoires Warner-Chilcott).

Les origines du hockey (Les Laboratoires Warner-Chilcott).

Les origines du curling (Les Laboratoires Warner-Chilcott).

Montferrand (Joseph, dit Jos.), (-   ), personnage quasi-légendaire d'une très grande force.

Morenz (Howarth, dit Howie), (1902-1937), l'un des plus fameux joueurs de hockey du Club Canadien.

Naismith (James), (1861-1939), né à Almonte (Ontario), professeur d'athlétisme à l'Université McGill, créateur du basketball (1891).

Normandin (Michel) (1913-1963), commentateur sportif qui décrivit pendant plusieurs années les matches de hockey à la radio.

Richard (Maurice), (1921-   ), né à Montréal, le joueur de hockey le plus spectaculaire de tous les temps, détenteur de nombreux records, inégalés 12 ans après avoir pris sa retraite, surnommé Rocket.

Robert (Yvon), (1921-   ), né à Montréal, réputé champion mondial de la lutte pendant plusieurs années.

Sablonnière (Père Marcel de la), (1918-   ), jésuite, ardent organisateur de sports amateurs.

Archambault (Amable), (1830-1906); Beaudry (Roland); Barré (Horace); Charbonneau (Anthime); Décarie (Hector); Duhaime (Maxime), (-1871); Grenache (Claude); (Saint-Jacques de l'Achigan, (1827-1862); Michaud.

794
SPORTS - BIBLIOGRAPHIE

Almanach des sports 1970, publié par Sports Loisirs, Education physique. Montréal, Robert Bergeron, 1970. 384 pp.

Chamberland, Michel. La pêche au Québec. Editions de l'Homme, Montréal 1969, 352 pp.

Deyglun, Serge. La chasse sportive au Québec. Montréal, Editions du Jour 1972, 331 pp.

Larouche, Jean-Claude. Alexis, le Trotteur. Montréal, Ed. du Jour, 1971. 97 pp.

Massicotte, E.-Z., Athlètes canadiens-français.

Mongins, M. La légende de Louis Cyr, (1863-1912). Montréal, Beauchemin, 1958. 101 pp.

Montpetit A.-N., Nos hommes forts.

NHL Les grands du hockey. Imperial Oil, 1970. 96 pp.

Monsieur Hockey, Gerry Gosselin, Montréal, Ed. de l'Homme, 1960. 156 pp.

Québec chasse et pêche. Vol. 1. Oct. 1971. Publications Plein air. Mensuel. Distribution dynamique, 9820 rue Jeanne-Mance, Montréal 357.

Terroux, Gilles. Le match du siècle: Canada-URSS. Montréal, Editions de l'Homme 1972, 95 pp.

Voir Collection «Sport» dirigée par Louis Arpin aux Editions de l'Homme. (Parachutisme, natation, soccer, etc.)

Wild, John. Mon coup de patin: le secret du hockey. Traduit par Maurice Desjardins. Montréal, Editions de l'Homme 1972. 128 pp.

794
SPORTS DES AMÉRINDIENS

Balle: Les Amérindiens jouaient avec une vessie gonflée en guise de balle. Divisés en deux équipes adverses, ils devaient lancer la balle dans des buts.

Charbon ardent: on mettait un charbon ardent entre deux adversaires qui s'appuyaient bras à bras; celui qui se retirait le premier perdait.

Crosse: jeu de balle à l'aide de crosses en frêne ou en érable, au bout recourbé muni d'un filet.

Nigog: longue branche garnie de mâchoires pour prendre l'anguille qui se cache dans la vase.

Raquette: marche ou course sur la neige avec des appareils en forme de raquette attachée aux pieds. Cet appareil est composé d'un cadre de bois, d'un treillis en nerfs ou en lanières de cuir, d'une attache en lanière de cuir.

Le serpent des neiges (Aquarelle de René L. Tulbach).

Serpent des neiges: bâton de 3 ou 4 pieds de long recourbé à l'une des extrémités qu'il s'agit de faire glisser le plus loin possible sur la neige ou la glace. On peut atteindre ainsi plus d'un demi-mille.

794
ASSOCIATIONS DE SPORT AMATEUR

Confédération des Sports du Québec inc.

Jeux du Québec.

Fédérations:

Alpinisme: Fédération de montagne du Québec.

Association du sport universitaire.

Athlétisme: Association d'athlétisme amateur du Québec.

Automobile: Canadian Automobile Sport Clubs, région du Québec.

Aviron: Quebec Rowing Federation.
Chomedey Rowing Club Inc.

Badmington: Province of Quebec Badmington Association.

Balle au mur.

Balle molle: Association de balle molle du Québec.

Ballon sur glace: Fédération de ballon sur glace du Québec.

Baseball: Fédération du baseball amateur du Québec.

Basketball: Province of Quebec Amateur Basketball Association.

Bobsleigh et luge: Canadian Amateur Bobsleigh and Luge Association.

Boules: Fédération canadienne bouliste inc.

Boxe: Comité de boxe amateur du Québec.

Boulingrin.

Camping caravaning.

Canot olympique.

Canot kayak camping.

Canot long parcours.

Canotage: Association amateur des courses en canot enrg.

Chasse: Fédération québécoise de la faune.

Course d'orientation: Quebec Orienteering Association.

Cricket: Quebec Cricket Association.

Crosse: Quebec La Crosse Association Inc.

Culturisme: Alliance des culturistes amateurs du Québec Inc.

Curling: Royal Caledonia Curling Club.

Cyclisme: Union cycliste du Québec.

Cyclo tourisme: Fédération cyclotouriste provinciale.

Education physique.

Equitation: Fédération équestre du Canada.

Escrime: Fédération d'escrime du Québec.

Football: Quebec Rugby Football Union.

Golf: Province of Quebec Golf Association.

Gymnastique: Association de gymnastique du Québec.

Haltérophilie: Fédération haltérophilie du Québec.

Handball: Province of Quebec Handball Association.

Hockey: Association des instructeurs de hockey du Québec.

Association de hockey mineur du Québec.

Hockey amateur.

Hockey sur gazon: Quebec Men's Field Hockey Association.

Judo: Association des ceintures noires kodokan du Québec.

Karaté: Fédération canadienne de karaté.

Lawn bowling: Province of Quebec Lawn Boowling Association.

Lutte: Quebec Wrestling Committee.

Motocyclette: Canadian Motorcycle Association.
Motoneige: Association canadienne de l'auto-neige.

Natation: Canadian Amateur Swimming Association Inc.
Nage synchronisée.
Association des instructeurs de natation du Québec.
Association provinciale de nageurs amateurs de longue distance.
Service de sécurité aquatique.
Fédération nautique du Canada.
Association des écoles de sports aquatiques du Québec.

Parachutisme: Association des parachutistes du Québec.

Paraplégiques: Wheelchair Wonders Paraplegic Sports Clubs.

Patinage: Association de patinage artistique du Québec.
Association de patinage de vitesse amateur du Québec.

Pêche: Fédération québécoise de la faune.
Plein air: Conseil provincial du plein air.

Plongeon: Groupe des espadons inc.

Polo aquatique: Association de polo aquatique du Québec.
Quilles: Association des propriétaires de salles de quilles du Québec.
Quebec Provincial Tenpin Bowling Association.
Association professionnelle amateur des quilleurs du Québec.

Raquette: La Fédération des raquetteurs du Québec.

Rugby: Union de rugby du Québec.

Sauteurs de barils: Association canadienne des sauteurs de barils inc.

Ski: Association des clubs de ski du Québec inc.

Patrouille sur ski Saint-Jean.
La patrouille canadienne de ski, division du Québec.
Association canadienne de ski amateur.
Association canadienne des stations de ski.
L'Alliance des moniteurs de ski du Canada.

Ski nautique: Association de ski nautique du Québec.

Soccer:Association des arbitres de soccer du Québec.
Quebec Soccer Football Association.
Association des entraîneurs de soccer du Québec.
Association de soccer mineur du Québec.

Articles de sport d'autrefois: (A) Toupie ou «navot»; (B) Patins d'enfants à monture de bois et à lame tirée d'une lime; (C) Tapecul pour glisser sur les pentes de neige, fait d'une bâche de bois clouée sur une douve de baril; (D) Raquette à patte d'ours; (E) Raquette à queue de castor; (F) Raquette montagnaise; (G) Raquette à «morue»; (H) Raquette à motif de flétan; (I) Raquette «chestnut». (Reproduit de l'Encyclopédie des antiquités du Québec de Michel Lessard et Huguette Marquis).

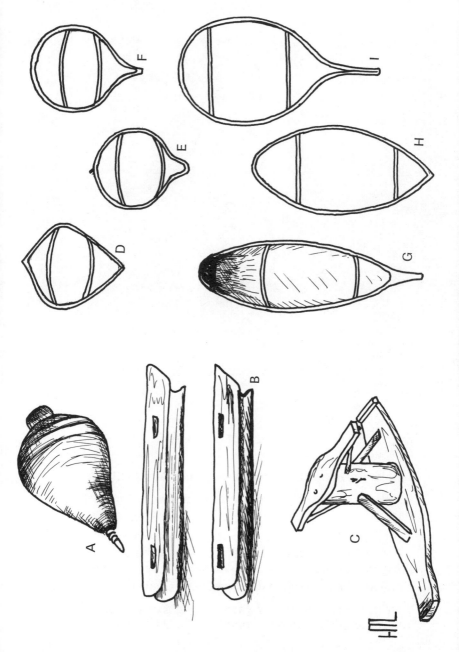

733

Glissade en tobogane ou en traîneau au pied des chûtes Montmorency qui, en hiver, forment un «pain de sucre» en glace (Dessin de J. P. Cockburn).

Sports sous marins: Association des sports sous marins du Québec.

Tennis: Province of Quebec Lawn Tennis Association.

Tennis sur table: Province of Quebec Table Tennis Federation.

Tir: La Confédération du tir sportif du Québec inc.
L'Association des tireurs au pistolet du Québec.
Province of Quebec Rifle Association.

Tir à l'arc: La Fédération des archers du Québec.

Voile: St. Lawrence Valley Yacht Racing Association.
Volley Ball: Fédération du volley-ball du Québec.

796

FOOTBALL - COUPE GREY

gagnée par les Alouettes de Montréal en 1949 et en 1970.

796

JOUEURS DU CLUB CANADIEN AU TEMPLE DE LA RENOMMÉE DU HOCKEY

Barry (Martin J., dit Marty); **Béliveau** (Jean, dit le gros Bill); **Blake** (Hector, dit Toe); **Bouchard** (Emile, dit Butch); **Cameron** (Harold Hugh, dit Harry); **Cleghorn** (Sprague); **Gardiner** (Herbert Martin, dit Herb); **Geoffrion** (Bernard, dit Boom-Boom ou le Boomer); **Hainsworth** (George); **Hall** (Joseph Henry); **Joliat** (Aurèle); **Johnson** (Thomas Christian, dit Tom); **Lach** (Elmer James); **Lalonde** (Edouard Charles, dit Newsy); **Laviolette** (Jean-Baptiste, dit Jack); **Malone** (Joseph, dit Joe); **Mantha** (Sylvio); **Morenz** (Howarth, dit Howie); **Pitre** (Didier, dit Pit); **Richard** (Maurice, dit Rocket); **Vézina** (Georges).

796

LE CLUB CANADIEN ET LA COUPE STANLEY DU CHAMPIONNAT MONDIAL

Saison	Directeur	Entraîneur
1915-1916	George Kennedy	George Kennedy
1923-1924	Léo Dandurand	Léo Dandurand
1929-1930	Cecil Hart	Cecil Hart
1930-1931	Cecil Hart	Cecil Hart
1943-1944	Tommy Gorman	Dick Irvin
1945-1946	Tommy Gorman	Dick Irvin
1952-1953	Frank Selke	Dick Irvin
1955-1956	Frank Selke	Toe Blake
1956-1957	Frank Selke	Toe Blake
1957-1958	Frank Selke	Toe Blake
1958-1959	Frank Selke	Toe Blake
1959-1960	Frank Selke	Toe Blake

Flore et faune en milieu d'eau douce

Plusieurs lacs du Québec sont un héritage des glaciers qui ont causé de nombreuses dépressions où demeura l'eau de fonte des glaces. En plus des poissons qui dépendent entièrement des lacs, il existe plusieurs autres animaux qui passent une plus ou moins longue partie de leur vie sur la terre ferme mais qui sont également retenus aux rives de ces lacs, sources de leur nourriture. Une vaste communauté biologique habite le milieu d'eau douce, eau douce qui nourrit le sol et qui, par le fait-même, enrichit la flore.

La vie aquatique la plus riche se trouve dans les hauts-fonds herbageux qui entourent les étangs moyens. C'est à cet endroit que pullulent les insectes et le plancton, base de l'alimentation des petits poissons. La plupart des poissons plus gros se tiennent en eau plus profonde pour se nourrir. Quant aux amphibies, une grande variété fréquente la rive.

Les formes de vie animale et végétale les plus simples constituent des colonies qui sont la base de la chaîne alimentaire; on les trouve en abondance dans les étangs chauds et peu profonds.

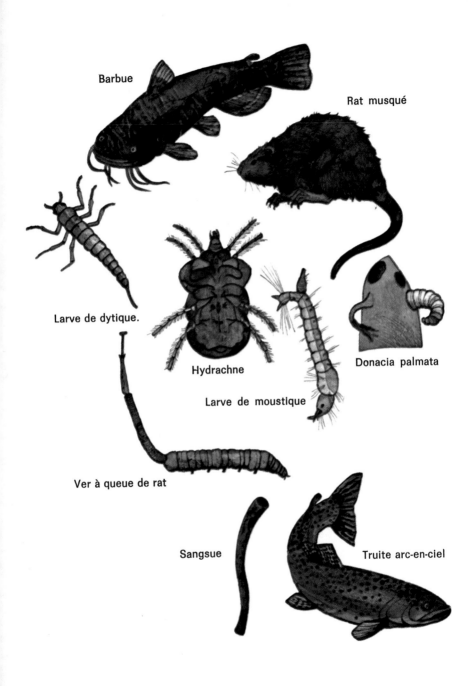

Barbue

Rat musqué

Larve de dytique.

Hydrachne

Larve de moustique

Donacia palmata

Ver à queue de rat

Sangsue

Truite arc-en-ciel

Les animaux qui respirent à l'air libre et qui vivent dans l'eau subissent des transformations qui peuvent prendre plusieurs formes. La larve de moustique et le ver à queue de rat possèdent un prolongement en guise de tube respiratoire. Le Donacia palmata perce un roseau et respire à l'aide de ce canal.

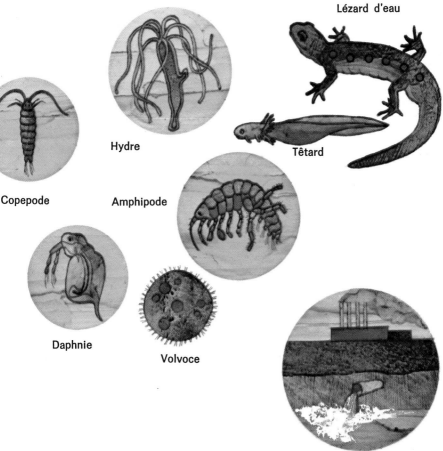

Lézard d'eau

Hydre

Têtard

Copepode

Amphipode

Daphnie

Volvoce

La pollution menace les lacs et les cours d'eau du Québec. Il en résulte l'empoisonnement des plantes et des animaux aquatiques, et, par suite, l'empoisonnement des animaux qui s'en nourrissent. De plus, la pollution amène une prolifération d'algues qui absorbent l'oxygène de l'eau, rendant impossible toute vie aquatique.

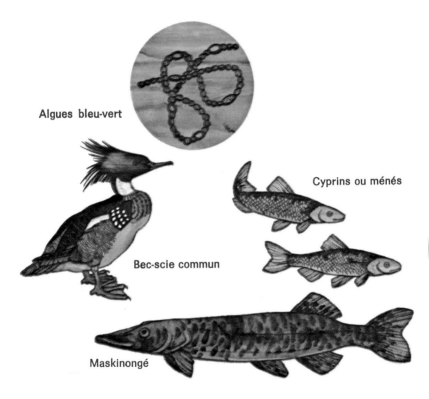

Algues bleu-vert

Cyprins ou ménés

Bec-scie commun

Maskinongé

Le maskinongé, de la famille des brochets, se nourrit voracement de petits poissons. Il peut atteindre 5 pieds de long et peser jusqu'à 70 livres.

La température de l'eau règle les formes de vie qui peuvent y exister. Ordinairement, les courants rapides sont frais, tandis que les eaux calmes absorbent la chaleur du soleil et ont une température plus élevée. Cependant, l'eau d'un lac est de plus en plus fraîche à mesure que l'on s'y enfonce; à chacun des paliers correspond un régime de vie qui convient à la température ambiante.

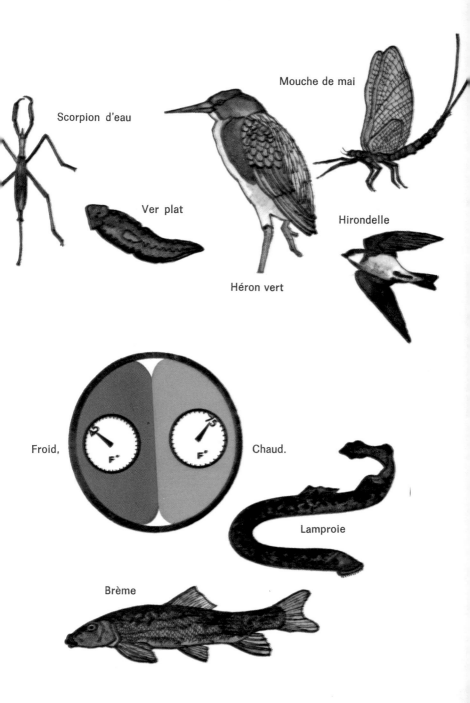

Scorpion d'eau

Mouche de mai

Ver plat

Hirondelle

Héron vert

Froid,

Chaud.

Lamproie

Brème

Vison

Larve de phrygane

Castor

On trouve les torrents rapides, turbulents et frais dans les endroits sauvages non pollués. Milieu préféré de la truite Dolly Varden, ces ruisseaux ne servent pas seulement à drainer les terres avoisinantes mais aussi à procurer l'eau et la nourriture à une grande partie de la faune et de la flore. Leur turbulence les garde frais même durant l'été et leur permet d'absorber de grandes quantités de l'oxygène nécessaire à la vie aquatique.

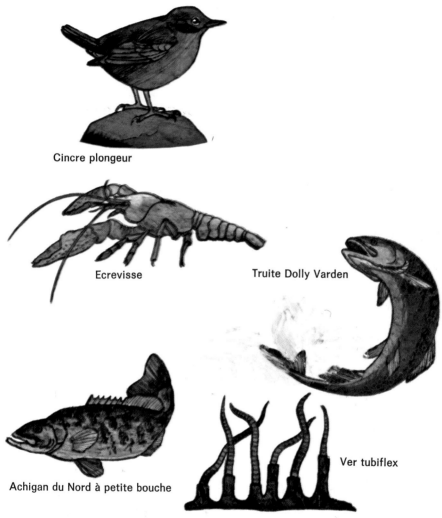

Cincre plongeur

Ecrevisse

Truite Dolly Varden

Achigan du Nord à petite bouche

Ver tubiflex

Ces petits vers tubiflex peuvent vivre dans des milieux privés de soleil et se contenter d'un minimum d'oxygène. Aussi, est-ce parfois la seule forme de vie que l'on trouve dans le lit des lacs profonds.

Les lacs profonds et froids abritent les poissons plus gros qui ont besoin d'espace et de fraîcheur. Toutefois, c'est dans les hauts-fonds, l'eau plus chaude du rivage qu'ils peuvent trouver le plancton et les petits animaux aquatiques. Ils vont y rôder à la recherche de nourriture mais se retirent ensuite dans les profondeurs plus froides jusqu'au prochain repas.

Source: The Illustrated Natural History of Canada. N.S.L. Natural Science of Canada Limited 1970.

1964-1965	Sam Pollock	Toe Blake
1965-1966	Sam Pollock	Toe Blake
1967-1968	Sam Pollock	Toe Blake
1968-1969	Sam Pollock	Claude Ruel
1970-1971	Sam Pollock	Al MacNeil

796
GAGNANTS DE L'OMNIUM DU QUÉBEC DEPUIS 1926

1972	Greg Pitzer, Californie	1949	Stan Horne, Islemere
1971	Jay Dolan, Leicester, Mass.	1948	R. T. Gray, Jr, Scarboro
1970	Jay Dolan, Leicester, Mass.	1947	Rudy Horvath (a), Lakewood
1969	Bob Payne, Mount Vernon	1946	Stan Horne, Islemere
1968	Dick Carmody, Californie	1945	Jules Huot, Laval-sur-le-Lac
1967	John Henrick, Parkview	1942	Stan Horne, Islemere
1966	Moe Norman, Gilford, Ontario	1941	G. D. Brydson, Mississaugua
1965	Adrien Bigras, Ste-Dorothée	1940	R. T. Gray, Jr, Scarboro
1964	Stan Kolar, Chaudière	1939	Stan Horne, Islemere
1963	Jack Bissegger, Val-Morin	1938	Dick Borthwick, Orkdale
1962	Stan Horne, Islemere	1937	Stan Horne, Islemere
1961	Bill Kerr, Beaconsfield	1936	Bobby Alston, Chaudière
1960	Bill Kerr, Beaconsfield	1935	Jack Littler, Rivermead
1959	Ray Haines, Em Ridge	1934	Jules Huot, Laval-sur-le-Lac
1958	Jules Huot, Laval-sur-le-Lac	1933	Willie Lamb, Uplands
1957	Jack Kay, Mont Bruno	1932	Willie Lamb, Uplands
1956	Jos Leblanc (a), Whitlock	1931	Willie Yamb, Uplands
1955	Bill Kerr, Beaconsfield	1930	Albert H. Murray, Beaconsfield
1954	Dave Hardie (a), Hampstead	1929	A. J. Hulbert, Thornhill
1953	Stan Horne, Islemere	1928	Ack A. Cameron, Rivermead
1952	Al Balding, Islington	1927	Karl Keffer, Royal Ottawa
1951	R. T. Gray, Jr, Scarboro	1926	Dave Spittal, Toronto
1950	R. T. Gray, Jr, Scarboro		

Principale source: Almanach Moderne Eclair 1972.

Note: L'omnium du Québec, institué en 1909, a été remporté 9 fois par le même Charles R. Murray de Montréal, soit en 1909, 1911, 1912, 1913, 1914, 1921, 1922, 1923, 1924.

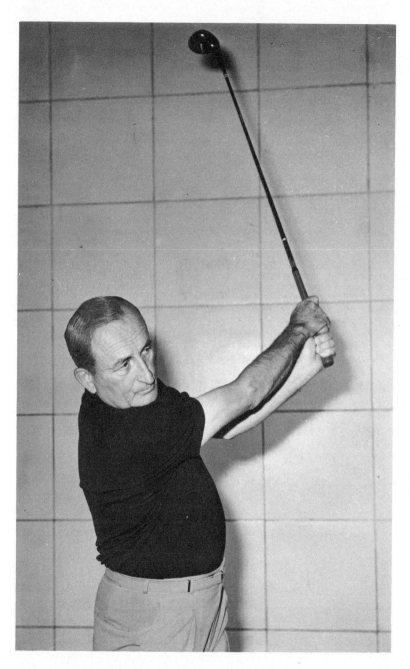

Source: Le Golf, Jules Huot

797

CLASSIQUE INTERNATIONALE DE CANOT
LA TUQUE - TROIS-RIVIÈRES

Voici les gagnants et le temps pour chaque année:

1949	Tom Estes et Eugene Jensen	Minneapolis	10:11:24
1950	Tom Estes et Eugene Jensen	Minneapolis	11:10:06
1951	Howard Peck et Harlow Thompson	Minneapolis	11:01:19
1952	Henri Goyette et Ovila Dénommé	La Tuque	10:31:16
1953	Henri Goyette et Ovila Dénommé	La Tuque	9:55:44
1954	Henri Goyette et Ovila Dénommé	La Tuque	9:57:24
1955	Irvin Peterson et Tom Estes	Minneapolis	10:08:06
1956	Henri Goyette et Ovila Dénommé	La Tuque	11:04:47
1957	Tom Estes et Irvin Peterson	Minneapolis	11:20:48
1958	Tom Estes et Irvin Peterson	Minneapolis	14:20:09
1959	Tom Estes et Irvin Peterson	Minneapolis	14:19:13
1960	Gil Tinkler et Irvin Peterson	Mt-Laurier-Minn.	14:10:26
1961	Gil Tinkler et Irvin Peterson	Mt-Laurier-Minn.	14:07:37
1962	Ralph Sawyer et Irvin Peterson	Oscoda-Minn.	14:25:06
1963	Gib McEachern et Norm Crerar	Flin Flon, Man.	14:05:09
1964	Irvin Peterson et Ralph Sawyer	Minn.-Oscoda	13:44:55
1965	Gib McEachern et Norm Crerar	Flin Flon, Man.	14:29:29
1966	Irvin Peterson et Ralph Sawyer	Minn.-Oscoda	13:45:46
1967	Stan Hall et Ralph Sawyer	Minn.-Oscoda	13:48:28
1968	Gil Tinkler et J.-Guy Beaumier	Mt-Laurier-Cap.	14: 7:21

Principale source: L'Almanach des sports 1970.

797

NATATION - LA TRAVERSÉE DU LAC SAINT-JEAN

La Traversée du Lac Saint-Jean

Année	Nageur	Temps
1972 (5 août)	—Jan Van Scheyjndel, Hollande, 25 milles	10 h. 48 m. 43.1 s.
1971 (7 août)	—Horacio Iglesias, Argentine, 25 milles	8 h. 39 m. 42 s.
1970 (1er août)	—Johan Schans, Hollande, 25 milles (3)	8 h. 27 m. 50 s.
1969 (2 août)	—Horacio Iglesias, Argentine, 25 milles	9 h. 32 m. 11 s.
1968 (3 août)	—Horacio Iglesias, Argentine, 25 milles	9 h. 31 m. 11.6 s.
1967 (5 août)	—Horacio Iglesias, Argentine, 25 milles	8 h. 55 m. 15 s.
1966 (6 août)	—Judith Denys, Hollande, 25 milles	8 h. 38 m. 57 s.
1965 (7 août)	—Abdel Latif Abou Heif, Egypte, 25 milles	8 h. 34 m.
1964 (1er août)	—Nabil El Shazly, Egypte, 24 milles	10 h. 23 m.
1963 (3 août)	—Herman Willemse, Hollande, 24 mil. (2)	8 h. 32 m.
1962 (4 août)	—Herman Willemse, Hollande, 24 milles	9 h. 3 m.
1961 (5 août)	—Herman Willemse, Hollande, 24 milles	10 h. 7 m.
1960 (7 août)	—Régent Lacoursière, Canada, 24 milles	9 h. 30 m.
1959 (4 août)	—Helge Jensen, Danemark, 24 milles	8 h. 55 m.
1958 (2 août)	—Greta Anderson, E.-U., 21 milles (1)	8 h. 17 m.
1957 (28 juillet)	—Paul 2. Desruisseaux,Québec, 21 milles	11 h. 15 m.
1956 (9 juillet)	—Paul 2. Desruisseaux,Québec, 21 milles	9 h. 31 m.
1955 (23 juillet)	—Jacques Amyot, Québec, 21 milles	11 h. 32 m.

(1)   Record de la traversée de 21 milles
(2)   Record de la traversée de 24 milles
(3)   Record de la traversée de 25 milles

Source: Almanach Moderne Eclair 1972.

Les 24 heures de La Tuque

1972 — 179 tours
    Joan Schans
    Horacio Iglesias

1971 — 176 tours
    Joan Schans
    Horacio Iglesias

1970 — 179 tours
    Joan Schans
    Horacio Iglesias

1969 — 164 tours
    Horacio Iglesias
    Abou Heif

1968 — 166 tours
    Horacio Iglesias
    Judits Denys

1967 — 169 tours
    Régent Lacoursière
    Horacio Iglesias

1966 — 170 tours
    Herman Willemse
    Régent Lacoursière

1965 — 171 tours
    Herman Willemse
    Régent Lacoursière

Principale source: Almanach Moderne Eclair 1972.

Le Tour de la Nouvelle-France 1972 (La Presse).

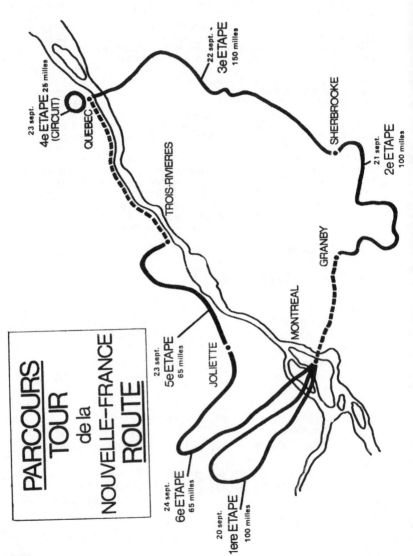

Les stations de ski.

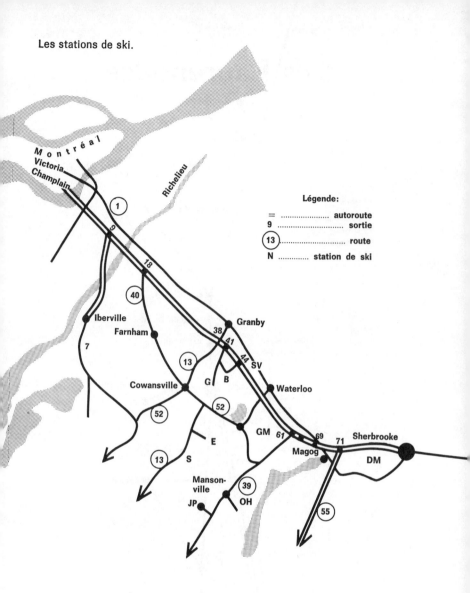

CANTONS DE L'EST

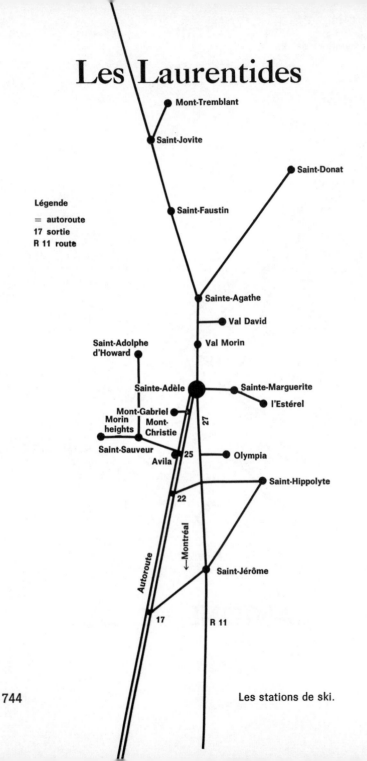

Les Laurentides

Mont-Tremblant

Saint-Jovite

Saint-Donat

Saint-Faustin

Légende
= autoroute
17 sortie
R 11 route

Sainte-Agathe

Val David

Val Morin

Saint-Adolphe
d'Howard

Sainte-Adèle

Sainte-Marguerite

l'Estérel

Mont-Gabriel
Morin
heights
Mont-
Christie

27

Saint-Sauveur

Avila

25

Olympia

22

Saint-Hippolyte

Autoroute

←Montréal

Saint-Jérôme

17

R 11

744

Les stations de ski.

CHASSE - GIBIER

Mammifères:

Orignal, ou élan d'Amérique (Alces americana): se trouve surtout au nord de Québec et dans la péninsule de Gaspé; on l'attire en imitant le cri de la femelle ou en le surprenant de grand matin dans les baies herbeuses.

Cerf de Virginie (Adocoileus virginianus): se trouve dans les forêts en bordure des territoires cultivés du sud du Québec, de la Beauce, de la Matapédia, et de la partie ouest des Laurentides.

Caribou, ou renne d'Amérique (Rangifer caribou): cerf gris, brun et blanc au panache bien particulier; se trouve surtout au Nouveau-Québec mais est presque complètement disparu.

Ours noir (Ursus americanus): se trouve dans toutes les grandes forêts du Québec.

Lièvre (Lepus americanus): se prend au collet.

Oiseaux:

Gélinotte à fraise, ou perdrix de bois franc (Bonasa umbellus): se trouve partout au Québec.

Tétras du Canada, ou perdrix de savanne (Canachites canadensis): se trouve dans le nord du Québec.

Canards: sarcelle à ailes vertes (Nettion carolinense); **sarcelle à ailes bleues** (Querquedula discors); **canard noir** (Ana rubripes); **morillon à tête noire** (Marila marila); **bucéphale d'Amérique** (Clangula clangula); **oie blanche** (Chen hyperboreus); **outarde,** ou bernache du Canada (Branta canadensis).

Source: Pêche et chasse sportives. Gérard Delorme, 1944.

Une expédition de chasse à l'automne (Canadien Pacifique).

Permis de chasse au Québec, 1969-70

Catégorie Category	Nombre Number	Prix unitaire Licence price	Vente totale Total sale
			dollars
Non domiciliés/Non-residents			
Toute chasse, sauf animaux à fourrure/All hunting, except fur-bearing animals	2,146	100.00	214,600
Chevreuil, ours et autres espèces/Deer, bear and other species	1,386	25.00	34,650
Chevreuil, ours et autres espèces — Ile Anticosti/ Deer, bear and other species — Anticosti Island	655	26.00	17,030
Petit gibier et autres espèces/Wildfowl and other species	2,849	15.00	42,735
Ours et autres espèces/Bear and other species	4,355	5.00	21,775
Port d'armes de chasse/Firearms for hunting	492	1.00	492
Domiciliés/Residents			
Caribou, ours et autres espèces/Caribou, bear and other species	831	12.00	9,972
Orignal, ours et autres espèces/Moose, bear and other species	55,092	12.00	661,104
Chevreuil, ours et autres espèces/Deer, bear and other species	84,390	4.00	337,560
Chevreuil, ours et autres espèces — Ile Anticosti/ Deer, bear and other species — Anticosti Island	572	5.00	2,860
Petit gibier et autres espèces/Wildfowl and other species	196,102	3.00	588,306
Ours et autres espèces/Bear and other species	7,113	2.00	14,226
Pour piéger les animaux à fourrure/Trapper, Fur-bearing animals	7,836	2.00	15,672
Pour piéger les animaux à fourrure — Indiens/ Trapper, Fur-bearing animals — Indians	642	1.00	642
Garde de chevreuil/Deer-keeping permit	26	10.00	260
Total	**364,487**		**1,961,884**

Orignaux tués et déclarés par les chasseurs du Québec, par comté, 1968-70

Comté/County	1968	1969	1970	Comté/County	1968	1969	1970
Abitibi-Est	1,316	1,305	1,080	Laviolette	550	680	582
Abitibi-Ouest	..	..	321	L'Islet	..	..	37
Beauce	..	..	18	Maskinongé	154	139	151
Bellechasse	..	..	7	Matane	197	268	279
Berthier	169	204	150	Matapédia	168	145	118
Bonaventure	97	100	79	Montcalm	274	213	130
Champlain	..	..	2	Montmagny	..	..	16
Charlevoix	..	..	61	Montmorency	..	..	24
Chicoutimi	128	125	140	Papineau	..	..	18
Dorchester	..	..	6	Pontiac	628	626	338
Duplessis	..	..	59	Portneuf	189	215	117
Frontenac	..	..	12	Québec	105	87	127
Gaspé-Nord	442	408	258	Rimouski	..	..	25
Gaspé-Sud	..	..	204	Rivière-du-Loup	..	..	9
Gatineau	69	85	22	Roberval	274	277	352
Joliette	94	76	89	Rouyn-Noranda	369	371	481
				Saguenay	459	226	277
Jonquière	..	..	17	Saint-Maurice	40	55	75
Kenogami				Témiscamingue	736	697	768
				Témiscouata	..	..	18
Kamouraska	..	..	37	Parcs	284	375	400
Labelle	32	70	72	Autres[1]	371	405	82
Lac Saint-Jean	45	23	29	**Total**	**7,190**	**7,175**	**7,087**

Chevreuils tués et déclarés par les chasseurs du Québec, par comté, 1968-70

Comté/County	1968	1969	1970	Comté/County	1968	1969	1970
Argenteuil	—	—	221	Maskinongé	..	..	5
Arthabaska	..	..	24	Matane	..	..	36
Bagot	..	..	2	Matapédia	172	62	77
Beauce	155	97	68	Mégantic	43	28	21
Bellechasse	117	47	52	Missisquoi	..	..	33
Berthier			1	Montcalm	8	8	105
Bonaventure	397	348	448	Montmagny	..	..	86
Brome	157	133	102	Nicolet	..	..	20
Châteauguay	..	..	2	Papineau	691	729	794
Compton	310	207	188	Portneuf	..	..	4
Deux-Montagnes	..	..	5	Pontiac	353	281	376
Dorchester	135	55	70	Richelieu	..	..	3
Drummond	..	..	17	Richmond	137	96	51
Frontenac	360	183	146	Rimouski	290	139	123
Gaspé-Nord	150	197	73	Rivière-du-Loup	..	..	64
Gaspé-Sud			117	Saint-Jean	..	..	1
Gatineau	494	478	617	Shefford	..	..	85
Huntingdon	..	..	25	Sherbrooke	..	..	16
Joliette	1	..	24	Stanstead	194	150	125
Kamouraska	166	74	157	Terrebonne	..	..	56
L'Assomption	..	..	3	Témiscamingue	24	16	15
Labelle	649	668	679	Témiscouata	315	196	206
Laviolette	..	..	12	Wolfe	71	40	25
Lévis	..	..	2	Yamaska	..	..	2
L'Islet	125	73	111	Autres[1]	720	384	18
Lotbinière	..	..	12	**Total**	**6,234**	**4,689**	**5,525**

PÊCHE - LES POISSONS COMBATIFS DU QUÉBEC

Captures, immobilisations et pêcheurs, eaux intérieures, par région administrative, 1969-70

Région / Region	Captures totales / Total catches	Immobilisation / Fixed capital			Pêcheurs / Fishermen
		Embarcations Fishing craft	Agrès Gear	Quais et abris Wharves and shelters	
	1969				
	lb	$	$	$	$	No.
Bas Saint-Laurent-Gaspésie	—	—	—	—	—	—
Saguenay-Lac-Saint-Jean	5,814	4,567	1,237	821	—	22
Québec	189,920	66,236	24,290	88,779	11,874	107
Trois-Rivières	662,958	135,288	42,817	84,805	29,270	103
Cantons-de-l'Est	1,799	2,820	230	435	—	16
Montréal	403,002	156,187	64,270	66,746	25,360	294
Outaouais	177,579	48,482	19,560	16,890	10,410	82
Nord-Ouest	255,758	103,411	41,137	20,869	65,175	98
Côte-Nord	—	—	—	—	—	—
Nouveau-Québec	37,250	28,013	2,350	2,500	—	13
Total	**1,734,080**	**545,004**	**195,891**	**281,845**	**142,089**	**735**
	1970					
	lb	$	$	$	$	No.
Bas Saint-Laurent-Gaspésie	—	—	—	—	—	—
Saguenay-Lac-Saint-Jean	4,595	4,025	1,570	702	—	17
Québec	103,668	35,631	22,600	72,098	14,325	63
Trois-Rivières	314,696	55,630	56,459	109,578	34,763	105
Cantons-de-l'Est	1,199	1,851	225	360	—	14
Montréal	247,422	105,066	55,449	44,471	19,645	260
Outaouais	45,946	21,645	20,880	13,477	9,740	79
Nord-Ouest	290,639	125,724	46,998	27,375	35,725	107
Côte-Nord	—	—	—	—	—	—
Nouveau-Québec	11,740	7,923	1,600	240	—	4
Total	**1,019,905**	**357,495**	**205,781**	**268,301**	**114,198**	**649**

Répartition des poissons combatifs par district.

Source: Gouvernement du Québec. Direction générale du tourisme.

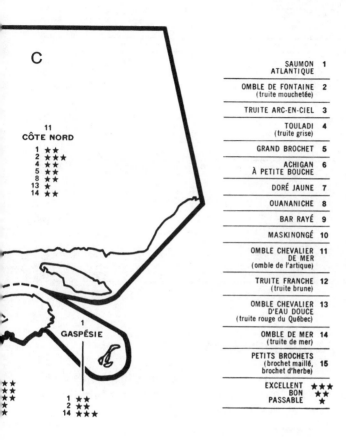

RÉPARTITION DES POISSONS COMBATIFS PAR DISTRICT.

SAUMON ATLANTIQUE	1
OMBLE DE FONTAINE (truite mouchetée)	2
TRUITE ARC-EN-CIEL	3
TOULADI (truite grise)	4
GRAND BROCHET	5
ACHIGAN À PETITE BOUCHE	6
DORÉ JAUNE	7
OUANANICHE	8
BAR RAYÉ	9
MASKINONGÉ	10
OMBLE CHEVALIER DE MER (omble de l'artique)	11
TRUITE FRANCHE (truite brune)	12
OMBLE CHEVALIER D'EAU DOUCE (truite rouge du Québec)	13
OMBLE DE MER (truite de mer)	14
PETITS BROCHETS (brochet maillé, brochet d'herbe)	15
EXCELLENT ★★★ BON ★★ PASSABLE ★	

C

11 CÔTE NORD
1 ★★
2 ★★★
4 ★★
5 ★★
8 ★★
13 ★
14 ★★

1 GASPÉSIE

★★
★★★
★★
★
★

1 ★★
2 ★★★
14 ★★★

751

Quantité et valeur du poisson capturé dans les eaux intérieures du Québec, 1959-70

Année Year	Carpe Carp	Barbotte Bullhead	Anguille Eels	Vairons Minnows	Doré Walleye	Brochet Pike	Alose Shad	Eperlan Smelt	Esturgeon Sturgeon	Poulamon Tomcod	Corégone Whitefish	Perchaude Yellow perch
				Quantité en milliers de quintaux/Quantity in thousands of cwt.								
1959	1.4	3.7	6.3	1.2	1.0	0.8	0.3	0.3	3.0	4.9	0.6	1.1
1960	1.6	3.6	5.6	1.2	2.2	0.1	0.6	0.6	2.9	8.7	—	1.1
1961	2.1	4.9	4.8	0.3	2.5	1.3	0.2	0.6	3.5	1.2	0.8	1.8
1962	2.5	4.7	4.4	0.9	2.7	1.0	0.1	0.5	3.6	1.0	0.7	1.9
1963	2.6	4.5	6.0	0.8	4.3	1.0	—	0.8	2.5	0.5	1.5	1.6
1964	2.1	4.3	5.5	1.6	2.7	0.9	0.1	0.8	3.3	0.5	1.0	1.2
1965	2.1	3.1	6.5	1.5	2.0	0.8	—	0.6	2.3	0.7	1.0	1.4
1966	1.6	2.9	5.7	1.6	2.0	0.8	—	0.4	2.2	0.7	0.9	1.0
1967	0.9	2.6	4.3	1.3	2.6	0.6	0.1	0.3	1.3	0.6	0.9	0.9
1968	1.0	3.2	5.3	1.9	1.6	0.5	0.1	0.1	1.2	0.6	0.3	0.8
1969	0.1	3.4	4.4	1.9	1.5	0.8	—	0.1	1.2	0.6	0.6	1.0
1970	0.5	1.5	1.4	1.8	1.7	0.6	0.1	0.1	0.1	0.1	—	0.1
				Valeur en milliers de dollars/Value in thousands of dollars								
1959	9.9	56.7	114.7	56.8	29.0	8.5	3.9	6.6	89.3	35.5	11.3	10.3
1960	11.4	62.6	115.3	53.5	50.2	10.1	3.4	6.9	108.0	80.8	10.9	10.0
1961	17.5	76.6	112.9	12.4	60.1	11.9	4.2	9.3	135.8	6.4	14.2	15.6
1962	14.3	73.0	96.2	55.5	86.4	12.0	2.6	9.5	135.8	5.6	15.2	16.5
1963	16.3	76.2	159.2	59.2	107.8	20.3	0.8	10.6	88.5	2.6	23.7	15.5
1964	14.4	74.4	153.9	86.9	84.3	9.6	2.7	9.0	114.0	4.6	16.7	14.0
1965	17.9	56.5	227.6	89.4	73.4	8.1	0.7	9.7	102.2	8.5	19.9	17.1
1966	14.5	53.0	191.4	87.6	92.1	9.5	0.9	6.2	81.1	7.1	18.7	14.5
1967	7.9	53.3	113.2	76.0	87.4	6.5	1.5	1.0	66.2	6.5	12.3	17.5
1968	8.7	61.5	157.4	111.0	69.9	7.3	0.1	1.8	66.5	8.8	7.3	16.7
1969	5.3	62.7	135.0	123.0	76.3	12.2	—	1.1	72.2	6.3	13.1	22.7
1970	4.7	26.7	45.8	108.1	87.2	8.9	1.1	2.7	39.2	6.8	7.5	12.8

799
PÊCHE - LES RIVIÈRES À SAUMON

Sont considérées comme rivières à saumon les cours d'eau suivants, ainsi que leurs tributaires, dans les secteurs qui sont fréquentés par le saumon:

a) Rive sud du Saint-Laurent vers l'est et contour de la Gaspésie:

Ouelle et son tributaire la Grande Rivière, Trois-Pistoles (Tobin), Sud-Ouest (Bic), Rimouski, Mitis, Matane, Petite-Rivière-Matane, Cap-Chat, Sainte-Anne, Madeleine, Darmouth, York, Saint-Jean (Douglastown), Malbaie, Grande-Rivière, Petit-Pabos, Grand-Pabos-Nord, Grand-Pabos-Ouest, Port-Daniel, Petit-Port-Daniel, Petit-Port-Daniel (Clemville), Bonaventure, Hall, Duval, Petite-Cascapédia, Grande-Cascapédia, Matapédia, Causapscal, Humqui, Milnikek, Assémetquagan, Restigouche, Matapédia.

b) Rive nord du Saint-Laurent de l'ouest vers l'est et contour de la baie d'Ungava:

Du Gouffre, Anse-Saint-Jean, Petit-Saguenay, Sainte-Marguerite, Portneuf, Escoumains, Laval aux Pins, Betsiamites, Boucher, aux Anglais, Mistassini, Franquelin, Godbout, Grande-Trinité, Petite-Trinité, du Calumet, aux Rochers, Dominique, Sainte-Marguerite, Moisie, Matamec, Pigou, au Bouleau, aux Graines, à la Chaloupe, Sheldrake, au Tonnerre, Jupitagan, Magpie, Saint-Jean, Mingan, Romaine, Corneille, Piashti, Watshishou, Petite-Watshishou, Nabisipi, Aguanish, Natashquan, Kégashka, Musquaro, Petite-Musquaro, Washicoutai, Olomane, Coacoachou, Etamamiou, Petit-Mécatina, Nétagamiau, à la Baleine, Grand-Mécatina, Saint-Augustin-Nord-Ouest, Saint-Augustin, Coxipi, Shékatica, Saint-Paul, Napétipi, Kécarpoui, ruisseau au Saumon, ruisseau des Belles-Amours, rivières Bradore, George, à la Baleine (Whale), Wheeler, Koksoak, aux Feuilles.

c) Ile d'Anticosti:

Jupiter, Chaloupe, au Saumon, Vauréal, Patate, MacDonald, Becs-Scies, Sainte-Marie, La Loutre.

Source: Almanach Moderne Eclair 1969.

PÊCHE - LES POISSONS DES CHENAUX

La pêche aux petits poissons des chenaux. A La Pérade et à Batiscan, embouchure de deux rivières qui se jettent dans le Saint-Laurent, on installe des cabanes sur la glace (parfois jusqu'à 2,000) pour pêcher le poulamon. Il s'agit d'un petit poisson de la famille des gadidés, appelé aussi petite morue, loche (tom cod, en anglais), ou petit poisson des chenaux dont la chair est délicieuse.

10
LITTÉRATURE

Il serait fastidieux de vouloir donner un maître à penser ou un chef de file à la renaissance des lettres québécoises. Point d'écrivain-charnière indiquant du doigt les tournants à prendre et entraînant toute la littérature à sa suite dans des sentiers de forêt vierge. C'est que le Québec avait tant de retard à rattraper, qu'il a laissé ses meilleurs écrivains se bousculer les uns les autres à la recherche des vérités actuelles et des réalités futures. A peine Nelligan avait-il rendu les armes dans sa conquête de l'absolu que Saint-Denys-Garneau entraînait les jeunes dans une nouvelle et fantastique chevauchée, vite devancé à son tour par un Sylvain Garneau. Sont venus à leur tour d'autres poètes qui, tous, inventèrent de nouveaux langages et proposèrent des traits neufs à l'homme québécois, en lui disant que là étaient son âme et son visage authentiques.

Cette soif de vivre ne s'embarrasse pas de frontières: elle touche à la fois toutes les disciplines de la littérature. Poètes, romanciers, essayistes ou historiens n'échappent pas plus à la renaissance que le philosophe ou le théologien.

En 1968, par exemple, les éditeurs du Québec ont mis en librairie 815 livres et brochures dont 722 éditions originales. En plus d'accorder une large part à la littérature d'imagination, l'édition québécoise dépasse la moyenne de la plupart des pays dans les domaines de l'histoire, de la biographie, de la religion et de la théologie.

Un réseau d'une centaine de libraires agréés par le ministère des Affaires culturelles et quelque 2 000 postes de vente assurent la distribution aux quatre coins du territoire. Ces postes de vent sont tantôt des dépôts de journaux, des supermarchés, des débits de tabac, des comptoirs de gares, d'hôtels, tantôt des épiceries ou des pharmacies où sont offertes parfois les meilleures collections du format de poche, parfois quelques dizaines d'ouvrages perchés sur des tourniquets et destinés au lecteur pressé.

Les bibliothèques publiques ou semi-privées ont aussi connu ces dernières années un essor prodigieux. En gros, on esti-

Tableau 1 — Statistiques de l'édition au Québec, 1970

	Titres						Exemplaires						1 : 1,000		
	Nombre total			Premières éditions			Nombre total			Premières éditions			Rééditions		
	Livres	Bro-chures	Total	L	B	Total	L	B	Total	L	B	Total	L	B	Total
1. Généralités	39	17	56	38	15	53	124	16	140	123	15	138	1	1	2
2. Philosophie, Psychologie	43	32	75	42	32	74	194	101	295	174	101	285	10	—	10
3. Religion, Théologie	67	28	95	66	28	94	295	148	443	281	148	429	14	—	14
4. Sociologie, Statistique	11	7	18	10	7	17	30	7	37	30	7	37	—	—	—
5. Sciences politiques	42	16	58	40	14	54	273	39	312	269	37	306	4	2	6
6. Droit. Adm. Publique	53	31	84	48	29	77	97	189	286	84	162	246	13	27	40
7. Art et Sc. militaires	—	—	—	—	—	—	—	—	—	—	—	—	—	—	—
8. Enseignement, Education	32	26	58	31	26	57	88	79	167	88	79	167	—	—	—
9. Commerce, Communications	3	4	7	3	4	7	2	3	5	2	3	5	—	—	—
10. Ethnographie, Moeurs	11	3	14	10	3	13	15	12	27	8	12	20	7	—	7
11. Linguistique, Philologie	52	15	67	49	12	61	472	53	525	457	48	505	15	5	20
12. Mathématiques	54	11	65	54	11	65	298	47	345	298	47	345	—	—	—
13. Sc. Naturelles	37	23	60	34	23	57	109	29	138	102	29	131	7	—	7
14. Sc. Médicales, Hygiène	37	21	58	37	21	58	140	271	411	140	271	411	—	—	—
15. Technologie, Industries	17	13	30	17	13	30	43	134	177	43	134	177	—	—	—
16. Agriculture, Sylviculture	6	3	9	6	3	9	11	6	17	11	6	17	—	—	—
17. Economie domestique	25	3	28	24	3	27	269	20	289	259	20	279	10	—	10
18. Organisation du commerce	13	—	13	12	—	12	35	—	35	33	—	33	2	—	2
19. Urbanisme, Architecture, Arts	31	43	74	31	43	74	72	62	134	72	62	134	—	—	—
20. Divertissements, Jeux, Sports	22	6	28	21	6	27	197	136	333	87	136	223	110	—	110
21. Littérature (Hist. et Cr.)	35	1	36	35	—	35	82	1	83	82	—	82	—	1	1
22. Géographie, Voyages	22	2	24	22	2	24	121	1	122	121	1	122	—	—	—
23. Histoire, Biographies	93	17	110	89	16	105	267	845	1,112	245	844	1,089	22	1	23
24. Littérature (textes litt.)	202	41	243	174	41	215	2,350	172	2,522	1,369	172	1,541	981	—	981
Total	947	363	1,310	893	352	1,245	5,584	2,371	7,955	4,388	2,334	6,722	1,196	37	1,233
25. Livres pour enfants	7	15	22	6	12	18	85	127	213	76	97	173	10	30	40
26. Manuels scolaires	124	25	149	119	24	143	1,003	100	1,103	938	98	1,036	65	2	67

Statistiques de l'édition au Québec, 1970

Langue de publication										Langue originale							
Titres					Exemplaires 1 = 1,000[1]					Titres				Exemplaires 1 = 1,000[1]			
Fran-çais	An-glais	Mul-til.	Au-tres	Total	Fran-çais	An-glais	Mul-til.	Au-tres	Total	An-glais	Fran-çais	Au-tres	Total	An-glais	Fran-çais	Au-tres	Total
48	5	3	—	56	131	4	4	—	140	4	—	—	4	3	—	—	3
73	2	—	—	75	292	3	—	—	295	2	1	6	9	2	1	8	11
87	6	2	—	95	421	5	17	—	443	8	3	7	18	18	—	8	26
16	2	—	—	18	35	1	—	—	37	—	—	1	1	—	—	10	10
42	15	—	1	58	233	75	—	2	310	2	1	—	3	4	1	—	5
73	4	7	—	84	187	2	97	—	286	2	—	—	2	6	—	—	6
—	—	—	—	—	—	—	—	—	—	—	—	—	—	—	—	—	—
54	4	—	—	58	156	11	—	—	167	2	2	—	4	1	2	—	3
4	2	1	—	7	2	2	1	—	5	—	—	—	—	—	—	—	—
13	1	—	—	14	25	2	—	—	27	—	—	2	2	—	—	8	8
59	8	—	—	67	481	41	—	—	522	—	—	—	—	—	—	—	—
43	22	—	—	65	250	92	—	—	342	13	1	—	14	39	1	—	40
51	7	2	—	60	127	9	1	—	138	12	3	—	15	19	2	—	21
53	2	3	—	58	387	21	2	—	411	3	—	—	3	2	—	—	2
23	4	3	—	30	160	5	12	—	177	1	—	—	1	1	—	—	1
7	1	1	—	9	13	3	1	—	17	1	—	—	1	5	—	—	5
26	2	—	—	28	215	74	—	—	289	—	—	—	—	—	—	—	—
11	1	1	—	13	27	5	2	—	35	2	—	—	2	5	—	—	5
65	1	8	—	74	188	16	9	—	134	2	—	—	2	17	—	—	17
22	4	2	—	28	197	26	110	—	333	—	2	—	2	—	5	—	5
32	3	1	—	36	76	5	2	—	83	1	—	—	1	1	—	—	1
20	4	—	—	24	118	3	—	—	122	—	—	—	—	—	—	—	—
97	10	2	1	110	1,082	19	6	2	1,109	1	2	1	4	5	6	2	13
210	31	1	1	243	982	1,535	2	—	2,520	19	8	1	28	143	11	5	159
1,129	**141**	**37**	**3**	**1,310**	**5,714**	**1,967**	**268**	**4**	**7,955**	**75**	**23**	**18**	**116**	**274**	**31**	**41**	**347**
21	1	—	—	22	208	5	—	—	213	6	1	—	7	35	5	—	40
137	12	—	—	149	1,050	53	—	—	1,103	16	9	—	25	50	68	—	118

[1] Les totaux ne correspondent pas nécessairement à cause des arrondissements./*Due to rounding, totals will not necessarily agree.*

759

me à plus de 12 millions le nombre des volumes classés dans nos bibliothèques. Au nombre de 119, les bibliothèques publiques desservent une population d'environ 3,5 millions d'habitants (dont 727 000 usagers), à qui elles offrent plus de 3 millions de volumes. Pour 1969, par exemple, les données fournissent les renseignements suivants: depuis 1960, le nombre des abonnés a crû de 119%, celui des livres de 93%, les prêts de 101%, les contributions municipales de 201%, les subventions du gouvernement du Québec de 948%, les dépenses pour les volumes et les salaires de 226 et de 262% respectivement.

Ce sont encore les bibliothèques techniques et académiques (écoles primaires et secondaires, collèges ou universités) qui sont les mieux pourvues: 1,2 million de volumes au premier groupe et 7 millions au second.

Le gouvernement du Québec possède 13 bibliothèques dont deux sont particulièrement riches: celle de l'Assemblée nationale à Québec et l'ancienne bibliothèque Saint-Sulpice, à Montréal, devenue depuis janvier 1968 la Bibliothèque nationale. Dépositaire des pièces écrites de la culture française en Amérique, la Bibliothèque nationale assume la responsabilité de leur diffusion. Suivant des accords de principe, intervenus entre la France et le Québec, la réciprocité du dépôt légal existe entre les deux Bibliothèques nationales.

Deux bibliothèques régionales — en Mauricie et dans l'Outaouais — font circuler des bibliobus dans une soixantaine de localités. Par ailleurs, deux bibliothèques sillonnent le territoire. Il s'agit de la «McLennan Travelling Library» qui visite les minorités anglophones, et des «Caisses voyageuses d'Hochelaga» qui distribuent des livres pour enfants.

Enfin, des salons annuels du livre (dont celui de Québec) attirent l'attention de centaines de milliers de personnes sur les nouveautés, les succès de l'heure et les ouvrages de luxe récemment édités.

Source: Gouvernement du Québec. Office d'information et de publicité.

LITTÉRATURE - HISTORIQUE

1824 Fondation de la Société littéraire et historique de Québec.

1825 Michel Bibaud fonde la Bibliothèque canadienne.

1830 Michel Bibaud publie «Epitres, Satires, Chansons».

1838 Débuts de la revue «The Literary Garland», publiée à Montréal.

1842 Antoine Gérin-Lajoie publie «Le Jeune Latour».

1845 François-Xavier Garneau publie le premier tome de «Histoire du Canada».

1855 Le navire français La Capricieuse vient à Québec et renoue des liens culturels qui avaient été coupés depuis 1760.

1858 Thomas D'Arcy McGee publie des légendes québécoises sous le titre de «Canadian Ballads and Occasional Verses».

1883 Publication des œuvres complètes d'Octave Crémazie.

1884 Laure Conan, la première romancière du Québec, écrit «Angéline de Montbrun».

1887 Louis Fréchette publie son œuvre maîtresse «La Légende d'un peuple».

1895 Fondation de l'Ecole littéraire de Montréal, le 23 novembre, qui groupe, entre autres, Louvigny de Montigny, E.-Z. Massicotte, Gonzalve Desaulniers et Albert Ferland.

1907 Camille Roy publie «Essais sur la littérature canadienne».

1910 «Literary Lapses» de l'humoriste Stephen Leacock.

1914 Parution de «Maria Chapdelaine» de Louis Hémon.

1923 Le gouvernement du Québec accorde ses premiers prix littéraires, entre autres le Prix David, dû à l'honorable Athanase David.

1934 Le Cardinal Villeneuve condamne «Les demi-civilisés» de Jean-Charles Harvey.

1935 Fondation de la Société des Ecrivains canadiens.

1944 Création du prix Duvernay par la Société Saint-Jean-Baptiste de Montréal.

1945 Victor Barbeau fonde l'Académie canadienne-française.

1947 Gabrielle Roy reçoit le prix Fémina pour son roman «Bonheur d'occasion» publié au Québec en 1945, à Paris en 1947 et à New York la même année sous le titre «The Tin Flute» (700,000 exemplaires).

1948 Paul-Emile Borduas, ainsi que Madeleine Arbour, Marcel Barbeau, Bruno Cormier, Claude Gauvreau, Pierre Gauvreau, Muriel Guilbault, Marcelle Ferron-Hamelin, Fernand Leduc, Jean-Paul Mousseau, Maurice Perron, Louise Renaud, Françoise Riopelle, Jean-Paul Riopelle et Françoise Sullivan publient un manifeste, intitulé «Refus Global», qui aspire à la libération intégrale de l'homme.

1949 Le Cercle du Livre de France institue un prix littéraire dont le premier ne sera attribué que l'année suivante.

1950 Gratien Gélinas écrit sa première pièce, «Ti-Coq».

1953 Marcel Dubé écrit «Zone».

1954 Fondation des «Ecrits du Canada français».

1958 Yves Thériault publie «Agaguk», qui connaît un succès international.

1960 La publication des «Insolences du Frère Untel» marque la naissance des Editions de l'Homme, le premier éditeur à se spécialiser dans l'édition à prix populaire, établit un record de tirage (plus de 124,000) pour le Canada, et sera bientôt considéré comme un des signes du début de la Révolution tranquille.

1962 Première parution de «Livres et Auteurs canadiens».

1964 Le Rapport Bouchard sur le commerce du livre dénonce quelques conflits d'intérêts dans la préparation des manuels scolaires et énonce une politique favorable à la création d'un réseau complet de librairies.

1965 Fondation du Grand Prix littéraire de Montréal, décerné pour la première fois à Réal Benoit pour son roman intitulé «Quelqu'un pour m'écouter».

Fondation de la revue «Etudes françaises», publié par l'Université de Montréal.

1966 Réjean Ducharme publie en France «L'Avalée des avalés», ce qui crée des remous au Québec du fait que son manuscrit avait été refusé au Québec, que l'auteur refuse toute entrevue et qu'on attribue ce roman à un autre écrivain connu au Québec.

Marie-Claire Blais remporte le Prix Médicis pour son roman «Une saison dans la vie d'Emmanuel».

1969 Le Conseil Supérieur du Livre entreprend une campagne contre le colonialisme culturel de la France, représenté par les tendances monopolistiques de la maison Hachette.

800
LITTÉRATURE - BIOGRAPHIES

Bibaud (Michel), (1782-1857), né à Montréal, auteur du premier recueil de poésies publié au Canada (1830), fondateur de plusieurs organisations littéraires.

Brooke (Frances, née More), (1745-1789), née en Angleterre, auteur de «Emily Montagu» (1769), le premier roman publié au Québec et même en Amérique.

Casgrain (Henri-Raymond), (1831-1904), né à la Rivière-Ouelle, auteur de nombreux ouvrages sur l'histoire.

Conan (Laure, née Félicité Angers), (1845-1924), née à la Malbaie, première romancière francophone du Québec.

Crémazie (Octave), (1827-1879), né à Québec, un des plus importants poètes du XIXe siècle au Québec.

David (Athanase), (1882-1953), né à Montréal, homme politique qui favorisa les arts et les lettres et créa le prix littéraire qui porte son nom.

De Gaspé (Philippe Aubert), (1786-1871), né à Saint-Jean-Port-Joli, seigneur qui écrivit ses Mémoires et «Les Anciens Canadiens».

Drummond (William Henry), (1854-1907), né à Curran (Irlande), écrivit des poèmes dans le patois du cultivateur canadien-français.

Fréchette (Louis-Honoré), (1839-1908), né à Lévis, journaliste, poète, dramaturge, humoriste, conteur, un des écrivains les plus complets et les plus prolifiques du Québec.

Garneau (François-Xavier), (1809-1860), né à Québec, historien, le premier dont l'« Histoire du Canada» est demeurée classique.

Grignon (Claude-Henri), (1894-   ), né à Sainte-Adèle, journaliste, pamphlétaire, sous le nom de Valdombre, romancier, auteur de « Un homme et son péché», roman dont il a tiré un film et plus de trente ans de textes radiophoniques et télévisés.

Groulx (Lionel), (1878-1967), né à Vaudreuil, prêtre, écrivain et historien, qui a eu une profonde influence sur le nationalisme québécois de la première moitié du XXe siècle.

Hémon (Louis), (1880-1913), né à Brest (France), auteur de Maria Chapdelaine (1914), l'un des plus grands succès littéraires du monde, dont l'action se passe à Péribonka.

Hertel (François, né Rodolphe Dubé), (1905-   ), né à Rivière Ouelle, jésuite devenu agnostique, écrivain et professeur qui eut une grande influence sur la jeunesse intellectuelle, surtout entre 1940-1950.

Leacock (Stephen), (1869-1944), né à Swanmoor (Angleterre), professeur à l'Université McGill, un des plus grands humoristes de tous les temps.

Le Jeune (Paul), (1591-1664), né à Châlons-sur-Marne (France), jésuite missionnaire, fonda les «Relations des Jésuites» (1632), une de nos premières sources historiques.

Maheux (Arthur), (1884-1967), née à Sainte-Julie de Mégantic, prêtre, adversaire du nationalisme du chanoine Groulx.

Nelligan (Emile), (1879-1941), né à Montréal, un des poètes québécois les plus réputés, fut interné pour maladie mentale à l'âge de 20 ans.

Routhier (sir Adolphe-Basile), (1839-1920), né à Saint-Placide (Deux-Montagnes), magistrat, romancier, dramaturge, auteur des paroles de «O Canada» (1880).

Roy (Camille), (1871-1943), né à Berthier (Montmagny), prélat, auteur de nombreux ouvrages sur la littérature canadienne d'expression française dont il fut l'un des premiers à reconnaître l'originalité.

800
LITTÉRATURE - BIBLIOGRAPHIE

Baillargeon, Samuel. Littérature canadienne-française. Fides, Montréal, 1967. 525 pp.

Bessette, Gérard. Histoire de la littérature canadienne-française par les textes: des origines à nos jours: CEC 1968, 704 pp.

Bosquet, Alain, éd. Poésie du Québec; anthologie... Paris Seghers 1966, Montréal, HMH 1968. 271 pp.

Colin, Marcel. Une approche de la poésie québécoise de notre temps. Saint-Jean, Editions du Richelieu, 1971, 79 pp.

Corbett, Edward-M. Les contes du terroir depuis 1900. Thèse de doctorat (Etudes canadiennes), Université Laval, 1948. 192 pp.

De Grandpré, Pierre, dir. Histoire de la littérature française du Québec. 4 vol. Beauchemin, Montréal, 1967-1970.

Drolet, Antonio. Bibliographie du roman canadien-français 1900-1950. Québec, PUL 1955, 125 pp.

Dumont, Fernand et **Falardeau,** Jean-Charles. Littérature et société canadiennes-françaises. Presses de l'Université Laval, Québec, 1964. 272 pp.

Falardeau, J.-C. Notre société et son roman. HMH 1967.

Hayne, David M. et **Tirol,** Marcel. Bibliographie critique du roman canadien-français, 1837-1900. PUL, Québec 1969, 144 pp.

Marcotte, Gilles. Une littérature qui se fait; essais critiques sur la littérature canadienne-française. Montréal, HMH 1968, 307 pp.

Marion, S. Les lettres canadiennes d'autrefois. 9 vol. Ottawa, 1939-1958.

Maugey, Axel. Poésie et société au Québec (1937-1970). Québec, PUL 1972, 290 pp.

Thério, Adrien. L'Humour au Canada français. Cercle du Livre de France, Montréal, 1967. 290 pp.

Tougas, Gérard. Littérature canadienne-française contemporaine; textes choisis et annotés. Toronto, Oxford University Press 1969, 310 pp.

Université d'Ottawa, Centre de recherches de littérature canadienne-française. La poésie canadienne: perspectives historiques et thématiques, profils de poètes, témoignages, bibliographie. Montréal, Fides 1969.

800
QUELQUES TITRES ET LEURS AUTEURS

A l'œuvre et à l'épreuve. Laure Conan.
A l'ombre de l'Orford. Alfred Desrochers.
Aaron. Yves Thériault.
Abatis, L'. Félix-Antoine Savard.
Acrobats, The. Mordecai Richler.
Adagio. Félix Leclerc.
Afficheur hurle, L'. Paul Chamberland.
Agaguk. Yves Thériault.
Age de la parole, L'. Roland Giguère.
Alexandre Chenevert. Gabrielle Roy.

Ame solitaire, L'. Albert Lozeau.
Anatole Laplante. François Hertel.
Anciens Canadiens, Les. Philippe Aubert de Gaspé.
Angéline de Montbrun. Laure Conan.
Appel de la race, L'. Lionel Groulx.
Apprenticeship of Dudy Kravitz, The. Modecai Richler.
Aquarium, L'. Jacques Godbout.
Acadian Adventures with the Idle Rich. Stephen Leacock.
Argent est odeur de nuit, L'. Jean Filiatrault.
Ashini. Yves Thériault.
Au delà des visages. André Giroux.
Au pied de la pente douce. Roger Lemelin.
Aucune créature. Robert Charbonneau.
Avalée des avalés, L'. Réjean Ducharme.
Avant le chaos. Alain Grandbois.
Avec ou sans amour. Claire Martin.
Bagarre, La. Gérard Bessette.
Barachois, Le. Félix-Antoine Savard.
Beau risque, Le. François Hertel.
Beaux Dimanches, Les. Marcel Dubé.
Behind the Beyond. Stephen Leacock.
Belle Bête, La. Marie-Claire Blais.
Belles Sœurs, Les. Michel Tremblay.
Bonheur d'occasion. Gabriel Roy.
Bousille et les Justes. Gratien Gélinas.
Brutus. Paul Toupin.
Babochan, Le. André Major.
Canadians et Canadiens. Michel Brunet.
Canadien errant, Un. Antoine Gérin-Lajoie.
Canadiens d'autrefois, Les. Robert de Roquebrune.
Cap Eternité, Le. Charles Gill.
Cassé, Le. Jacques Renaud.
Chambre à louer. Marcel Dubé.
Chambre de bois, Les. Anne Hébert.
Charles Guérin. P.-J.-O. Chauveau.
Chez nous. Adjutor Rivard.
Chien d'or, Le. William Kirby.
Cid maghané, Le. Réjean Ducharme.
Civilisation de la Nouvelle France, La. Guy Frégault.
Contes du pays incertain. Jacques Ferron.
Contes sur la pointe des pieds. Gilles Vigneault.

Convergences. Jean Le Moyne.
Corde au cou, La. Claude Jasmin.
Cordons de la bourse, Les. Edouard Montpetit.
Croquis laurentiens. Marie-Victorin.
Culture and the National Will. Northrop Frye.
Curé du village, Le. Robert Choquette.
Dans un gant de fer. Claire Martin.
Demi-civilisés, Les. Jean-Charles Harvey.
Deux solitudes, Les. Hugh MacLennan.
Doléances du notaire Poupart, Les. Carl Dubuc.
Elise Velder. Robert Choquette.
Engagés du Grand Portage, Les. Léo-Paul Desrosiers.
Epitres, Satires, Chansons, Epigrammes et autres pièces de vers. Michel Bibaud.
Escales. Rina Lasnier.
Et le cheval vert. Cécile Chabot.
Ethel et le terroriste. Claude Jasmin.
Fables. Louis Landry.
Félix. Jean Simard.
Feu dans l'amiante, Le. Jean-Jules Richard.
Filles de joie ou filles du roi. Gustave Lanctôt.
Fils à tuer, Un. Eloi de Grandmont.
Fin des songes, La. Robert Elie.
Florence. Marcel Dubé.
Fous crient au secours, Les. J.-C. Pagé.
Géronte et son miroir. Paul Morin.
Gibet, Le. Jacques Languirand.
Gisants, Les. Rina Lasnier.
Gloses critiques. Louis Dantin.
Golden Dog, The. William Kirby.
Grands soleils, Les. Jacques Ferron.
Habits rouges, Les. Robert de Roquebrune.
Hier les enfants dansaient. Gratien Gélinas.
History of Emily Montague, The. Frances Brooke.
Homme et son péché, Un. Claude-Henri Grignon.
Humour and Humanity. Stephen Leacock.
Iles de la nuit, Les. Alain Grandbois.
Il ne faut pas sauver les hommes. Suzanne Paradis.
Insolences du Frère Untel, Les. Frère Jérôme (Jean-Paul Desbiens).
Incubation, L'. Gérard Bessette.
Insolites, Les. Jacques Languirand.

Jean Rivard. Antoine Gérin-Lajoie.
Jolis deuils. Roch Carrier.
Jonathas. Gustave Lamarche.
Jos Carbonne. Jacques Benoit.
Journal. Saint-Denys-Garneau.
J'parl' tout seul quand Jean Narrache. Emile Coderre.
Jument des Mongols, La. Jean Basile.
Laure Clouet. Adrienne Choquette.
Légende d'un peuple, La. Louis Fréchete.
Libraire, Le. Gérard Bessette.
Literary Lapses. Stephen Leacock.
Ma chienne de vie. Jean-Guy Labrosse.
Madame Homère. Pierre Baillargeon.
Madones canadiennes. Rina Lasnier.
Malebête, La. Suzanne Paradis.
Malgré tout, la joie. André Giroux.
Maria Chapdelaine. Louis Hémon.
Mariage blanc d'Armandine, Le. Berthelot Brunet.
Marie-Didace. Germaine Guèvremont.
Médisances de Claude Perrin, Les. Pierre Baillargeon.
Menaud, maître-draveur. Félix-Antoine Savard.
Mesure de notre taille. Victor Barbeau.
Moi, mes souliers. Félix Leclerc.
Mon encrier. Jules Fournier.
Mon fils pourtant heureux. Jean Simard.
Monde était leur empire, Un. Ringuet.
Montréalais, Les. Andrée Maillet.
Né à Québec. Alain Grandbois.
Neuf jours de haine. Jean-Jules Richard.
Notre maître le passé. Lionel Groulx.
Objets retrouvés. Sylvain Garneau.
Ode au Saint-Laurent. Gatien Lapointe.
Oeil du peuple, L'. André Langevin.
Originaux et détraqués. Louis Fréchette.
Oublié, L'. Laure Conan.
Palinods. Gustave Lamarche.
Pamphlets de Valdombre, Les. Claude-Henri Grignon.
Par nos champs et nos rives. Blanche Lamontagne.
Pension Velder, La. Robert Choquette.
Perrine et Charlot à Ville-Marie. Marie-Claire Daveluy.
Petite poule d'eau, La. Gabrielle Roy.

CITATIONS ET MOTS CÉLÈBRES

Nous sommes des **Anglais** parlant français — Paroles prononcées par Sir **Georges-Etienne Cartier**, le 23 décembre 1869, lors d'un banquet en son honneur.

Quand bien même tous les **arbres** se changeraient en Iroquois, je me rendrai à l'île de Montréal — Paroles attribuées à Maisonneuve à qui l'on déconseillait de se rendre à Montréal.

Vous savez que ces deux nations sont en guerre pour quelques **arpents** de neige vers le Canada, et qu'elles dépensent pour cette belle guerre beaucoup plus que tout le Canada vaut — Extrait de «Candide«, conte de Voltaire (1759).

Les **arts artistiques** — Expression de Jos-Marie Savignac, alors président du Comité exécutif de Montréal (1957-1960).

La meilleure **assurance-maladie**, c'est la santé — Réplique de Maurice Duplessis à ceux qui réclamaient, vers 1950, cette mesure sociale.

Les **Canadiens français** n'ont pas d'opinions, ils n'ont que des sentiments — **Wilfrid Laurier**, premier ministre du Canada (1896-1911).

Le dernier coup de **canon** tiré pour le maintien de la puissance anglaise en Amérique le sera par un bras canadien — Sir Etienne-Pascal Taché, en 1846, en faisant l'apologie de la loyauté des Canadiens français envers l'empire britannique.

Allez! Dites à votre maître que je lui répondrai par la bouche de mes **canons** — Réponse de Frontenac à l'envoyé de Phipps qui le sommait de se rendre (le 16 octobre 1690).

Nos **cœurs** sont à la France, mais nos bras sont à l'Angleterre — Marguerite de Lanaudière, en 1854, lors de l'arrivée de la frégate française, La Capricieuse.

Vous vous êtes battus pour demeurer **colons** au lieu de devenir indépendants: restez donc esclaves! — Le général Lafayette, en apprenant que les Canadiens français résistaient à l'Indépendance américaine.

Concordia Salus — Devise de la ville de Montréal, adoptée le 19 juillet 1933 par le Conseil de ville sous la présidence du maire, Jacques Viger. Concordia est devenu le surnom de Montréal.

Il est temps de fondre nos cuillers pour en faire des balles — Wolfred Nelson, le 23 octobre 1837 à l'assemblée de, un mois avant la rébellion.

Madame, si toutes les **dames** canadiennes vous ressemblent, j'ai vraiment fait une belle conquête — George III à madame de Léry, peu après 1760.

Désormais — Parole souvent prononcée par Paul Sauvé, successeur de Maurice Duplessis comme premier ministre (1959), pour marquer habilement le changement de politique qu'il entendait opérer. Il mourut trois mois seulement après son prédécesseur.

Enfin, le roi **dormira** tranquille — Madame de Pompadour, en apprenant la prise de Québec par les Anglais (1759).

Les **évêques** mangent dans ma main — Maurice Duplessis.

Fais ce que dois — Devise du journal Le Devoir.

Monsieur, quand le **feu** est à la maison, on ne s'occupe pas des écuries — Réponse de Berryer, ministre de la marine française, à Bougainville qui lui demandait du secours pour la colonie (1756). Bougainville lui répondit: «Au moins, l'on ne pourra pas dire que vous parlez comme un cheval.»

Rendre **financièrement** possible ce qui est physiquement réalisable — Formule du Crédit Social popularisé par Réal Caouette vers 1960.

Finies les folies — Pierre Elliott Trudeau, premier ministre du Canada (1968-   ), lors d'un banquet où il menaça de mettre «les clés dans la boîte» (Radio-Canada) si les séparatistes n'en sortaient pas.

Fuddle Duddle — Paroles que le premier ministre Trudeau prétend avoir lancées aux Gars de Lapalme, alors que d'autres lui attribuent ces mots: «Mangez de la marde!»

Ce **grain** de sénevé produira un grand arbre — Le Père Barthélemy Vimont, pendant le sermon de la première messe de Ville-Marie (1642), pour montrer sa confiance en l'avenir de Montréal.

Ce peuple est sans **histoire** ni littérature — Lord Durham, au sujet des Canadiens français, dans son Rapport (1840) sur la Rébellion de 1837-38. Ce rapport, et cette phrase en particulier, fouetta le nationalisme des Canadiens français pendant longtemps.

Le **hockey** est comme la politique. Il y a un temps pour parler, et il y a un temps pour jouer. Alors jouons! — Jean-Jacques Bertrand, premier ministre (1968-1970), lors de l'inauguration du Forum de Montréal (1969). Et l'orateur poursuivit son discours pendant plusieurs minutes, à la grande impatience des amateurs de hockey.

Nos **institutions**, notre langue et nos lois — Devise du journal «Le Canadien» (1829), demeurée longtemps la devise du nationalisme canadien-français.

Lâchez pas — René Lévesque aux grévistes de l'Hydro-Québec, alors qu'il était lui-même ministre des Richesses naturelles (1960-1966).

La **langue** est la sauvegarde de la Foi — L'abbé Louis-François Laflèche, futur évêque de Trois-Rivières, lors de son discours de la fête de la Saint-Jean-Baptiste à Ottawa, le 24 juin 1866. Cet énoncé allait établir pendant près de cent ans le lien entre le caractère français et le caractère catholique du nationalisme canadien-français.

Maîtres chez nous — Slogan du Parti Libéral provincial lors de la campagne électorale de 1962 où l'on proposa la nationalisation de l'électricité.

Je **meurs** content — Dernières paroles de Wolfe, mourant sur les Plaines d'Abraham, en apprenant la défaite des Français.

Il n'y aura pas de **ministère** de l'Education tant que je serai premier ministre — Jean Lesage, premier ministre (1960-1966), quelques mois à peine avant la loi 60 (1964) qui instituait ce ministère.

Les **non instruits** — Jean Lesage, pour désigner ceux qui ne connaissent pas tel ou tel sujet.

Nous **vaincrons** — Slogan du Front de Libération du Québec, particulièrement utilisé dans ses communiqués pendant la crise d'octobre 1970.

Ce **pont** est fort comme l'Union Nationale — Maurice Duplessis, lors de l'inauguration du pont Duplessis à Trois-Rivières. Quelques mois plus tard (1951), le pont s'est écroulé.

Le **Québec** est une province comme les autres — Louis Saint-Laurent, premier ministre du Canada (1948-1957).

Le **salut** d'une âme vaut mieux que la conquête d'un empire — Devise de Samuel de Champlain.

Je me **souviens** — Devise de la province de Québec, attribuée à M. Eugène Taché qui a dessiné la façade du Palais législatif de Québec et y a introduit les armes de la province avec cette devise. Cette devise devint officielle par la signature (le 9 février 1883) du contrat de construction de l'édifice. Elle rappelle notre attachement à notre mère-patrie, la France.

Que **Staline** se le tienne pour dit! — Conclusion d'un éditorial anti-communiste de Louis-Philippe Roy, rédacteur en chef de l'Action Catholique de Québec vers 1950.

Tant mieux, je ne verrai pas les Anglais dans Québec — Dernières paroles de Montcalm, en mourant après la défaite des Plaines d'Abraham (1759).

Je voudrais bien voir la clause du **Testament** d'Adam qui m'exclut du partage du monde — François 1er qui protestait contre une bulle (4 mai 1493) du pape Alexandre VI qui donnait aux Espagnols toutes les terres du Nouveau-Monde.

Toé, tais-toé! — Maurice Duplessis à son ministre, Antoine Rivard, qui désirait prendre la parole.

Nous avons une **vocation** à l'ignorance — Antoine Rivard, secrétaire de la province (1944-1960).

811
POÈTES ANGLOPHONES
(non mentionnés dans les biographies)

Anderson (Patrick), (1915-   ); Cohen (Leonard), (1934-   );
Dudek (Louis), (1918-   ); Glassco (John), (1909-   ); Guas-
tafson (Ralph), (1909-   ); Jones (D.G.), (1929-   ); Ken-
nedy (Leo), (1907-   ); Klein (Abraham Moses), (1909-   );
Lanigan (George Thomas), (1846-1886); Layton (Irving),
(1912-   ); Levine (Norman), (1924-); Lightfall (William
Douw), (1857-1954); Murray (George), (1830-1910); Proctor
(John James), (1838-1909); Scott (Duncan Campbell), (1862-
1947); Scott (Frederick George), (1861-1944); Scott (Fran-
cis Reginald), (1899-   ); Smith (Arthur James Marshall),
(1902-   ); Thompson (John Stuart), (1869-1950).

812
DRAMATURGES ET SCRIPTEURS ANGLOPHONES
(non mentionnés dans les biographies)

Heavysege (Charles), (1816-1876); Schull (Joseph), (1910-   ).

813
ROMANCIERS, NOUVELLISTES ET
CONTEURS ANGLOPHONES
(non mentionnés dans les biographies)

Barnard (Leslie Gordon), (1890-1961); Hood (Hugh), (1928-
   ); Huntingdon (Lucius Seth), (1827-1886); MacLennan
(Hugh), (1907-   ); Packard (Frank Lucius), (1877-1942);
Richler (Mordecai), (1931-   ); Shapiro (Lionel), (1908-
1958); Sullivan (Alain, dit Sinclair Murray), (1868-1948);
Woodley (Edward), (1878-1955).

814
ESSAYISTES, BIOGRAPHES ET
HISTORIENS ANGLOPHONES
(non mentionnés dans les biographies)

Bender (Louis-Prosper), (1844-1917); Coffin (William Foster), (1808-1878); Colby (Charles William), (1867-1955); Douglas (James), (1837-1918); Duvernet (Frederick Herbert), (1860-1924); Frye (Northrop), (1912-   ); MacPhail (sir Andrew), (1864-1938); Morgan (Henry James), (1842-1913); Sandwell (Bernard Keble), (1876-1954); Sellar (Robert), (1841-1919); Stewart (George), (1848-1906); Sutherland (John); (1919-1956); Taylor (Ernest Manley), (1848-1941); Terrill (Frederick William), (1862-1900); Weir (Robert Stanley), (1856-1926); Wilcocke (Samuel Hull), (1766-1833); Willson (Henry Beckles), (1869-1942).

817
HUMORISTE ANGLOPHONE
(non mentionné dans les biographies)

Lanigan (George Thomas), (1846-1886).

840
PRIX LITTÉRAIRES

Prix David ($5,000) décerné par la province de Québec, établi en 1923, puis disparu, puis rétabli en 1965:

1965 Albéric Boivin pour «Théorie et calculs des figures de diffraction de révolution».

1966 Non attribué.

1967 Fernand Ouellet pour «Histoire économique et sociale du Québec — 1760-1850».

1968 Félix-Antoine Savard pour l'ensemble de son œuvre.

1969 Alain Grandbois pour l'ensemble de son œuvre.

1970 Gabrielle Roy pour l'ensemble de son œuvre.

Prix Duvernay ($500) décerné par la Société Saint-Jean-Baptiste de Montréal:

1944 M. Guy Frégault
1945 Madame Germaine Guèvremont
1946 M. Robert Charbonneau
1947 M. Esdras Minville
1948 Mgr Félix-Antoine Savard

1949 M. Jean Bruchési
1950 M. Alain Grandbois
1951 M. Léo-Paul Desrosiers
1952 M. le Chanoine Lionel Groulx
1953 M. Robert de Roquebrune
1954 M. Robert Choquette
1955 Dr Philippe Panneton
1956 Madame Gabrielle Roy
1957 Mademoiselle Rina Lasnier
1958 Mademoiselle Anne Hébert
1959 M. Victor Barbeau
1960 M. Gérard Morisset
1961 M. F.-Albert Angers
1962 Me Roger Duhamel
1963 M. Jean Simard
1964 M. Alfred Desrochers
1965 Non attribué
1966 M. Marcel Trudel
1967 M. Robert Rumilly
1968 M. Pierre Perrault
1969 M. Luc Lacourcière
1970 M. Michel Brunet
1971 M. Pierre Vadeboncœur
1972 M. Jacques Ferron

Grand Prix littéraire de la Ville de Montréal ($3,000):

1964 Réal Benoit pour «Quelqu'un pour m'écouter».

1965 Roland Giguère pour «L'Age de la parole».

1966 Fernand Ouellet pour «Histoire économique et sociale du Québec».

1967 René de Chantal pour «Marcel Proust, critique littéraire».

1968 Gilles Marcotte pour «Le temps des poètes».

1969 Gaston Miron pour «L'Homme rapaillé».

Prix France-Québec ($440), décerné par l'Association des écrivains d'expression française:

1965 Suzanne Paradis pour «Pour les enfants des morts».
Claude Jasmin pour «Ethel et le terroriste».

1966 Marie-Claire Blais pour «Une saison dans la vie d'Emmanuel».
Claire Martin pour «Dans un gant de fer».

1967 Fernand Ouellette pour «Edgard Varèse».

1968 Yves Préfontaine pour «Pays sans parole».

1969 Michel Brunet pour «Les Canadiens après la conquête».

1970 Georgette Lacroix pour «Entre nous . . . ce pays».

Prix France-Canada ($220), décerné par le Ministère des Affaires culturelles du Québec:

1961 Yves Thériault pour «Agaguk» et «Ashini».

1962 Jean Le Moyne pour «Convergence».
Jacques Godbout pour «L'Aquarium».

1963 Alain Grandbois pour «Poèmes».
Gilles Marcotte pour «Une littérature qui se fait».

1964 Jean-Paul Pinsonneault pour «Les Terres sèches».

1965 Georges-André Vachon pour «Le Temps et l'espace dans l'œuvre de Claudel».

1966 Roland Giguère pour «L'Age de la parole».

1967 Jean Ethier-Blais pour «Signets I et II».

1968 Jacques Brault pour «Mémoires» et «Etude sur Alain Grandbois».

1969 Jean-Guy Pilon pour «Comme eau retenue».
1970 Naïm Kattan pour «Le Réel et le Théâtral».

841
POÉSIE FRANCOPHONE - PRIX DU MAURIER

Décerné par la maison B. Houde & Grothé ($1,000):

1962 Odette Fontaine pour «Les joies atroces».

1963 Gatien Lapointe pour «Ode au Saint-Laurent».

1964 Paul Chamberland pour «Terre-Québec».
Gemma Tremblay pour «Cuivres et violons marins».

1965 Marie Laberge pour «Halte».
François Piazza pour «Les Chants de l'Amérique».

1966 Gilbert Langevin pour «Un peu plus d'ombre au dos de la falaise».

1967 Reine Malouin pour «Mes racines sont là».

1968 Pierre Morency pour «Poèmes de la froide merveille de vivre».

1969 Suzanne Paradis pour «L'Oeuvre de Pierre».

841
POÈTES FRANCOPHONES
(non mentionnés dans les biographies)

Beauchemin (Nérée), (1850-1931); Beauregard (Alphonse), (1885-1924); Brien (Roger), (1910-   ); Bussières (Arthur de), (1877-1913); Caouette (J.-B.), (1854-1922); Chabot (Cécile), (1907-   ); Chamberland (Paul), (1939-   ); Chapman (William), (1850-1917); Charbonneau (Jean), (1875-1960); Chopin (René), (1885-1953); Delahaye (Guy, né Guillaume Lahaise), (1888-   ); Desaulniers (Gonzalve), (1863-1934); Desrochers (Alfred), (1901-   ); Dreux (Albert), (1887-1949); Evanturel (Eudore), (1854-1919); Gallèze (Englebert, né Lionel Léveillé), (1875-1955); Garneau (Alfred), (1836-1904); Garneau (Hector de Saint-Denys-), (1912-1943); Garneau (Sylvain), (1930-1953); Giguère (Roland), (1929-   ); Gill (Charles), (1871-1918); Gingras (Joseph), (1896-1954); Grandbois (Alain), (1900-   ); Grandmont (Eloi de), (1921-

1970); Guindon (Arthur), (1864-1923); Hébert (Anne), (1916-
); Hénault (Gilles), (1920-   ); Lacasse (Arthur), (1870-
1955); Lamarche (Gustave), (1895-   ); Lamontagne-Beaure-
gard (Blanche), (1889-1958); Lapointe (Gatien), (1931-   );
Lapointe (Paul-Marie), (1929-   ); Lasnier (Rina), (1915-   );
Laviolette (Pierre Guermier-), (1794-1854); Legendre (Napoléon), (1841-1907); Lemay (Pamphile), (1837-1918); Le-
noir (Joseph Rolland-), (1822-1861); Loranger (Jean-Aubert),
(1896-1942); Lozeau (Albert), (1878-1924); Maillé (Albert,
dit Albert Dreux), voir Dreux; Marchand (Clément), (1912-
); Martineau (Pierre-Flavien), (1830-1887); Mayrand (Zé-
phirin), (1776-1872); Mermet (Joseph), (1775-1820); Michaud (Benjamin), (1874-1946); Mondor (Jacques); Morin
(Paul), (1889-1963); Noël (Marie); Ouellette (Fernand),
(1930-   ); Pallascio-Morin (Ernest); Paradis (Suzanne),
(1936-   ); Piché (Alphonse), (1917-   ); Pilon (Jean-Guy),
(1930-   ); Pitre (Damase), (1859-1933); Poisson (Adolphe),
(1849-1922); Prudhomme (Eustache), (1845-1927); Rainier
(Lucien, né Joseph-Marie Mélançon), (1877-1956); Routier
(Simone), (1901-   ); Tremblay (Alfred, dit Derfla), (1856-
1921); Tremblay (Rémi), (1847-1926); Trottier (Pierre),
(1925-   ); Venne (Rosario); Vézina (Ernestine Medjé),
(1896-   ); Weir (Arthur), (1864-1902).

842
DRAMATURGES, SCÉNARISTES ET AUTEURS
RADIOPHONIQUES FRANCOPHONES
(non mentionnés dans les biographies)

Barbeau (Jean); Bertrand (Jeannette); Boisvert (Réginald);
Choquette (Robert), (1905-   ); Cloutier (Eugène), (1921-
); Desprez (Jean, née Laurette Larocque), (1907-1965);
Deyglun (Henri); Dubé (Marcel), (1930-   ); Dufresne
(Guy); Filiatrault (Jean), (1919-   ); Germain (Jean-Clau-
de); Gouin (Lomer); Guèvremont (Germaine, née Germai-
ne Grignon), (1900-1968); Gurik (Robert); Gury (Paul, né
Paul LeGouriadec); Languirand (Jacques), (1930-   ); Le-
melin (Roger), (1919-   ); Letondal (Henri), (1902-1955);
Loranger (Françoise); Marin (Marcel, né Marcel Cabay);
Mercier-Gouin (Yvette); Monarque (Georges), (1893-1946);

Morisset (Louis), (1915-1968); Perreault (Pierre); Perron, Clément; Riddez-Morisset (Mia); Toupin (Paul), (1918-   ).

843
ROMANS, NOUVELLES ET CONTES FRANCOPHONES - PRIX LITTÉRAIRES

Prix du Cercle du Livre de France ($1,000), décerné par le Cercle du Livre de France:

1971	PARENT, Lise pour	«Les Iles flottantes»
1970	Le prix n'a pas été attribué	
1969	BERNIER, Jovette (Mme) pour	«Non Monsieur»
1968	NAUBERT, Yvette (Mme) pour	«L'Eté de la Cigale»
1967	BERNARD, Anne (Mme) pour	«Cancer»
1966	BERTHIAUME, André pour	«La Fugue»
1965	VAC, Bertrand pour	«Histoires galantes»
1964	CARTIER, Georges pour	«Le Poisson pêché»
1963	MAHEUX-FORCIER, Louise (Mme) pour	«Amadou»
1962	Le prix na pas été attribué	
1961	GIGUERE, Diane pour	«Le Temps des Jeux»
1960	JASMIN, Claude pour	«La Corde au Cou»
1959	GELINAS, Pierre pour	«Les Vivants, les Morts et les Autres»
1958	MARTIN, Claire (Mme) pour	«Avec ou sans Amour»
1957	POIRIER, Jean-Marie pour	«Le Prix du Souvenir»
1956	SIMARD, Jean pour	«Mon Fils pourtant heureux»
	GAGNON, Maurice pour	«L'Echéance»
	CLOUTIER, Eugène pour	«Les Inutiles»
1955	FILIATRAULT, Jean pour	«Chaînes»
1954	VAILLANCOURT, Jean pour	«Les Canadiens errants»
1953	LANGEVIN, André pour	«Poussière sur la Ville»
1952	VAC Bertrand pour	«Deux Portes, une Adresse»
1951	LANGEVIN, André pour	«Evadé de la Nuit»
1950	Vac, Bertrand pour	«Louise Genest»
	LORANGER, Françoise (Mme) pour	«Mathieu»
1949	Le prix n'a pas été attribué	

Prix Jean-Béraud ($1,000), décerné par le Cercle du Livre de France:

1968 NADEAU, Jean pour «Bien vôtre»
1969 MATHIEU, Guy pour «Guillaume D»
1970 LESCARBAULT, Gérard pour «A ras de terre»

Prix de L'Actuelle ($1,000), décerné par L'Actuelle:

1971 LANGLOIS, Gilbert pour «Le Domaine Cassaubon»

843
ROMANCIERS, NOUVELLISTES ET CONTEURS FRANCOPHONES
(non mentionnés dans les biographies)

Aquin (Hubert), (1929-); Benoit (Réal), (1916-); Bernard (Harry), (1896-); Bernier (Hector), (1876-1947); Bessette (Gérard), (1920-); Blais (Marie-Claire), (1939-); Bosco (Monique), (1927-); Boucher de Boucherville (Georges), (1814-1894); Brunet (Berthelot), (1901-1948); Cartier (Georges), (1929-); Charbonneau (Robert), (1911-1967); Charland (Père Paul-Victor), (1858-1939); Chartrand (Joseph Demers, dit Charles des Ecorres), (1852-1905); Chevalier (Emile), (1828-1879); Choquette (Adrienne), (1915-); Choquette (Ernest), (1867-1941); Desrosiers (Léo-Paul), (1896-1967); Ducharme (Réjean); Elie (Robert), (1915-); Farly (Père Paul-Emile), (1889-1946); Faucher de Saint-Maurice (Henri-Edmond), (1844-1897); Ferron (Jacques), (1921-); Gérin-Lajoie (Antoine), (1824-1882); Giguère (Diane), (1937-); Girard (Rodolphe), (1879-1956); Giroux (André), (1916-); Godbout (Jacques), (1933-); Jasmin (Claude), (1930-); Langevin (André), (1927-); L'Ecuyer (Eugène), (1828-1898); Le Franc (Marie), (1879-1960); Le Normand (Michelle Antoinette Tardif), (1895-1964); Leprohon (Rosanna-Eléonore Mullins, madame), (1832-1879); Lord (Denis); Lorimier (Raoul-Louis de), (1874-1929); Maillet (Andrée), (1921-); Major (André); Martin (Claire), (1914-); Masse (Oscar), (1880-1949); Panneton (Auguste), (1886-1966); Pinsonneault (Jean-Paul), (1923-); Potvin (Damase), (1881-1964); Proulx (Jean-Baptiste), (1846-1904); Richard (Jean-Jules), (1911-); Ringuet (né Philippe Panneton), (1895-1960); Roquebrune (Robert de, né

Robert Laroque); Roy (Gabrielle), (1909-); Savard (Félix-Antoine), (1896-); Singer (François-Benjamin), (1830-1876); Stevens (Paul), (1830-1882); Taché (Joseph-Charles), (1820-1894); Thériault (Yves), (1916-); Vac (Bertrand, né Aimé Pelletier).

844
BIOGRAPHES, HISTORIENS
ET ESSAYISTES
(non mentionnés dans les biographies)

Angers (Charles), (1854-1929); Arles (Henri d', né Henri Beaudet), (1870-1930); Bibaud (Maximilien), (1824-1887); Bruchési (Jean), (1901-); Brunet (Michel), (1917-); Charlebois (Joseph-Antoine), (1853-1929); Chauvin (Jean), (1895-1958); Dantin (Louis, né Eugène Seers), (1886-1945); Desbiens (Jean-Paul, dit Frère Untel, en religion Frère Jérôme), (1927-); Dugas (Marcel), (1883-1947); Duhamel (Roger); Dunn (Oscar), (1845-1885); Ferland (J.-B.-Antoine), (1805-1865); Frégault (Guy), (1918-); Gauvreau (Charles-Arthur), (1860-1924); Gill (Charles-Ignace), (1844-1901); Girouard (Désiré), (1836-1911); Globensky (Charles-Auguste-Maximilien), (1830-1906); Gosselin (David), (1846-1926); Hébert (Maurice), (1888-1960); Laberge (Albert), (1880-1960); Lalemand (Père Jérôme), (1593-1673); Lalonde (Maurice), (1901-1956); Lamothe (Cléophas Motard), (1871-1937); Lanctôt (Gustave), (1883-); Leduc (Père Augustin), (1886-1945); Le Moyne (Jean), (1913-); Lescarbot (Marc), (1570-1630); Le Tac (Xyste), (1650-1718); Lockquell (Clément), (1908-); Magnan (Hormidas), (1861-1935); Marcotte (Gilles), (1925-); Marmette (Joseph), (1844-1895); Maurault (Pierre-Anselme), (1839-1887); Moreau (Stanislas-Albert), (1854-1913); Morin (Marie), (1649-1730); Myrand (Ernest), (1854-1921); Panet (Jean-Claude), (1720-1778); Pelletier (Albert), 1895-); Prince (Evariste), (1851-1923); Réveillaud (Eugène), (1851-1917); Richard (Louis), (1838-1908); Robert (Adolphe), (1885-1966); Robitaille (Georges), (1883-1950); Rocheleau-Rouleau (Corinne), (1881-1963); Roy (Christian), (1913-); Roy (Pierre-Georges), (1870-1953); Royal (Joseph), (1837-1902); Rumilly (Robert); Sagard

(Gabriel Théodat-), (1600-1650); Saint-Germain (Hyacinthe), (1838-1909); Saint-Pierre (Télesphore Cadron-), (1869-1912); Scott (Henri-Arthur), (1858-1931); Silvy (Antoine), (1638-1711); Sulte (Benjamin), (1841-1923); Sylvestre (Guy), (1918-); Taché (Louis), (1859-1927); Taylor (Henry), (1780-1860); Thibaudeau (Eveline, en religion Mère Marie-Elise), (1860-1933); Trépanier (Léon), (1881-1967); Trudelle (Charles), (1822-1904); Trudel (Marcel), (1917-); Vallée (Arthur), (1882-1939); Vienne (François-Joseph de), (1711-1775); etc.

847
HUMOUR FRANCOPHONE - GRAND PRIX DE L'HUMOUR CANADIEN CORNÉLIUS-DÉOM

($1,000) Décerné par la Librairie Déom:

1961 Léa Pétrin pour «Tuez le traducteur».
1962 Louis Landry pour «Vacheries».

847
HUMORISTES FRANCOPHONES
(non mentionnés dans les biographies)

Baillargeon (Pierre), (1916-1967); Bernier (Jovette), (1900-); Berthelot (Hector), (1842-1895); Brie (Albert); Coderre (Emile, dit Jean Narrache), (1893-1970); Chouinard (Ephrem), (1854-1918); Dubuc (Carl), (1925-); Fabre (Hector), (1834-1910); Fournier (Guy); Gamache (Marcel); Gélinas (Gratien), (1909-); Goulet (Raymond), (1931-); Grignon (Edmond, dit le Vieu Doc), (1861-1939); Guay (Jacques), (1937-); La Ferrière (Philippe), (1891-); Landry (Louis), (1929-); Letendre (F.); Martin-Tard (Louis); Pouliot (André), (1921-1953); Richer (Gilles); Simard (Jean), (1916-); Stéphane (Jean); Tremblay (Rémi), (1847-1926); etc.

848

LITTÉRATURE JEUNESSE FRANCOPHONE
PRIX

Médaille d'or décernée par l'Association canadienne des bibliothécaires pour enfants:

1965 Monique Corriveau pour «Le Wapiti».

Andrée Maillet pour «Le chêne des tempêtes».

1969 Lionel Gendron pour «La merveilleuse histoire de la naissance».

1971 Henriette Major pour «La surprise de Dame Chenille».

Prix de l'Actuelle-Jeunesse décerné par L'Actuelle:

1971 Pierre Sylvain pour «Crimes à la glace».

Michèle Jacob pour «Feuilles de thym et fleurs d'amour»

1972 Sylvain Chapdelaine pour «Litron».

848

LITTÉRATURE JEUNESSE FRANCOPHONE
AUTEURS
(non mentionnés dans les biographies)

Achard (Eugène); Andrée; Audet (Louis-Philippe); Boulizon (Guy); Cailloux (André); Chabot (Cécile); Clément (Béatriceù; Corriveau (Monique); D'Aigle (Jeanne); Daveluy (Marie-Claire); Daveluy (Paule); Desmarins (Paul); Desparois (Lucille, dite Tante Lucille); D'Estrie (Robert); Durand (Lucille); Gagnon (Maurice); Gauvreau (Marguerite); Grégoire - Coupal (Marie-Antoinette); Maxine; Ormeaux (Dollard des, en religion frère Charles-Henri); Tremblay (Laurent); Vallerand (Claudine, dite Maman Fonfon).

LITTÉRATURE AMÉRINDIENNE

Les Américains n'ont pas de littérature écrite. Toutefois, leurs discours et leurs contes, s'ils avaient été conservés plus complètement, constitueraient une littérature riche et agréable.

L'éloquence amérindienne n'est ni verbeuse ni pompeuse. Le débit des orateurs est lent, le ton grave, le style clair, parfois spirituel, presque toujours métaphorique. Les contes peuvent rappeler les origines du peuple (voir MYTHOLOGIE ALGONQUINE cote 100), relater des fables où les bêtes sont habitées par des esprits, ou faire les récits d'aventures où les héros sont rarement des surhommes, mais plutôt des êtres affamés. Ces contes n'ont aucun plan apparent et s'arrêtent au moment le plus inattendu. L'imagination déborde. Le style est imagé mais jamais autant que nous l'ont fait croire les dialogues que les auteurs blancs ont mis dans la bouche de leurs personnages amérindiens.

Sources: Douville et Casanova. La vie quotidienne des Indiens du Canada. Hachette.
Jacques Rousseau. La vie artistique et littéraire des Indiens de l'Ungava. Annuaire du Québec 1963-1964.

11

GÉOGRAPHIE, HISTOIRE
archéologie
biographies

HISTOIRE, GÉOGRAPHIE - BIBLIOGRAPHIE

Beaulieu, André, Jean Hamelin et Benoit Bernier. Guide d'histoire du Canada. Québec, P.U.L., 1969. 540 pp.

Beauregard, Ludger. Vallée du Richelieu. Thèse de Ph. D. (Géographie), U. de M., 1957. 349 pp.

Bergeron, Léandre. Petit manuel d'histoire du Québec. Montréal, Editions québécoises, 1970.

Bertrand, C. Histoire de Montréal. Montréal, Beauchemin, 1935-1942. 2 vol.

Blanchard Raoul. L'Est du Canada français. Montréal, Beauchemin, 1935. 2 vol.

Blanchard, Raoul. Le Centre du Canada français. Montréal, Beauchemin, 1948. 577 pp.

Boréal Express, Le. Edition Le Boréal Express, Trois-Rivières, journal d'histoire du Canada publié depuis 1962.

Boucher, Paul. Monographies économico-sociales des comtés ruraux du Québec. Québec, ministère de l'Agriculture et de la Colonisation, 1962-1963. 6 vol.

Brossard, Jacques et autres. Le territoire québécois. Montréal, Presses de l'Université de Montréal 1970, 412 pp. (Frontières, extension, droits de propriété, etc.)

Bruchési, Jean. Histoire du Canada. Montréal, Beauchemin, 1954. 684 pp.

Brunet, Michel. La présence anglaise et les canadiens; études sur l'histoire et la pensée des deux Canadas. Montréal, Beauchemin 1968, 323 pp.

Canada. Ministère des Mines et des Relevés techniques. Atlas du Canada. Ottawa, 1957. 110 planches.

Desrosiers, Léo-Paul. Paul de Chomedey sieur de Maisonneuve. Montréal, Fides, 1967. 320 pp.

Dictionnaire biographique du Canada. Québec, Presses de l'Université Laval, 1966. (L'ouvrage entier doit comprendre 24 volumes.)

Fauteux, Aegidius. Patriotes de 1837-1838. Montréal, Editions des Dix, 1950. 433 pp.

Frégault, Guy. La civilisation de la Nouvelle-France, 1713-1744. Montréal, Société des Editions Pascal, 1944.

Frégault, Guy. Le XVIIIe siècle canadien; études. Montréal HMH 1968, 387 pp.

Frégault, Guy. La guerre de la conquête 1754-1760. Montréal, Fides, 1966. 514 pp.

Frégault, Guy. Le Grand Marquis. Montréal, Fides, 1966. 481 pp.

Frégault, Trudel, Brunet. Histoire du Canada par les textes. T. I: 1534-1854; T. II: 1855-1960. Montréal, Fides 1963.

Godbout, Archange. Nos ancêtres au XVIIe siècle, dictionnaire généalogique et bio-bibliographique des familles canadiennes. Québec, Ministère des affaires culturelles 1952-1960. 5 vol.

Grenier, Fernand éd. Le Québec. Montréal, Editions du Renouveau pédagogique 1971, 80 pp. (Géographie contemporaine Hamelin-Grenier. Manuel.)

Groulx, Lionel. Histoire du Canada français. Montréal, Fides, 1962. 2 vol.

Héroux, Lahaise, Vallerand. La Nouvelle-France. Montréal, Centre de psychologie et de pédagogie, 1967, 249 pp. (pp. 211-214: bibliographie.)

Lahaise, Robert et **Vallerand,** Noël. Histoire du Canada; L'Amérique du Nord britannique, 1760-1815. Montréal, Centre de psychologie et de pédagogie 1969, 130 pp.

Lanctôt, Gustave. Histoire du Canada. Montréal, Beauchemin, 1964. 3 vol.

Lanctôt, Gustave. Montréal sous Maisonneuve. Montréal, Beauchemin, 1966. 336 pp.

Magnan, Hormidas. Dictionnaire historique et géographique des paroisses, missions et municipalités de la province de Québec. Arthabaska, l'Imprimerie d'Arthabaska, 1925, 738 pp.

Mitchell, Estelle. Messire Pierre Boucher. Montréal, Beauchemin, 1967. 400 pp.

Ouellet, Fernand. «Les fondements historiques de l'option séparatiste dans le Québec.» The Canadian Historical Review, vol. XLIII. 1962, pp. 185-203.

Piotte, Jean-Marc et autres. Québec occupé. Editions Parti-Pris, 1971, 249 pp.

Prince-Falmagne, Thérèse. Un marquis du Grand siècle, Jacques-René de Denonville, Gouverneur de la Nouvelle-France, 1637-1710. Montréal, Leméac, 1965. 337 pp.

Roberts, Leslie. Montreal, From Mission Colony to World City. Toronto, Macmillan, 1969, 356 pp.

Roy, Pierre-Georges. La Ville de Québec sous le régime français. Québec, Secrétariat de la Province, 1930. 2 vol.

Roy, Pierre-Georges. L'Ile d'Orléans. Québec, Secrétariat de la Province, 1928. 505 pp.

Rumilly, Robert. Henri Bourassa. Montréal, Chanteclerc, 1953. 791 pp.

Rumilly, Robert. Histoire de la province de Québec, Montréal, divers éditeurs, 1940-1969. 41 vol.

Rumilly, Robert. Histoire de Montréal. Montréal, Fides, 1970. 3 autres volumes à paraître.

Rumilly, Robert. Histoire de Saint-Laurent. Montréal, Beauchemin, 1969. 310 pp.

Rumilly, Robert. Mercier. Montréal, Le Zodiaque, 1936, 545 pp.

Schull, J. Laurier, Montréal, HMH, 1968. 530 pp.

Séguin, Maurice. L'idée d'indépendance au Québec; genèse et historique. Trois-Rivières, Editions Le Boréal Express 1968. 66 pp.

Trudel, Marcel. Atlas historique du Canada. Presses de l'Université Laval, Québec 1961.

Trudel, Marcel éd. Dictionnaire biographique du Canada. Volume premier: de l'an 1000 à 1700. Presses de l'Université Laval. Québec 1966.

Trudel, Marcel. Le Comptoir, 1604-1627. Montréal, Fides, 1966. 554 pp.

Trudel, Marcel. L'esclavage au Canada français. Histoire et conditions de l'esclavage. Québec PUL 1960, 432 pp.

Trudel, Marcel. Les vaines tentatives, 1524-1603. Montréal, Fides, 1963. 307 pp.

Vaugeois, Denis, et Jacques Lacoursière. Canada-Québec. Synthèse historique. Montréal, Renouveau pédagogique, 1969, 615 pp.

Wade, Mason. Les Canadiens français de 1760 à nos jours. Montréal, CLF, 1963. 2 vol.

902
HISTOIRE - INTRODUCTION

Sans doute un jour des fouilles archéologiques poussées livreront-elles les secrets qui entourent encore la préhistoire du Québec. Dans l'état actuel de nos connaissances, on peut affirmer qu'Esquimaux et Indiens se sont établis sur le sol québécois plusieurs millénaires avant l'ère chrétienne. On ne peut, cependant, déterminer leur origine ni la façon dont ils sont venus. L'histoire véritable, celle dont on connaît bien la continuité et la trame, commence en 1534.
Un régime de colonie française a duré depuis la fondation de Québec, en 1608, jusqu'au traité de Paris, en 1763. Il fut marqué par cinq guerres contre les Anglais et deux contre les Iroquois. Un régime de colonie britannique lui succéda, qui jeta la vie française dans des difficultés majeures dont elle a peu à peu triomphé. En dépit des efforts de 1774, de 1791 et de 1840, il fallut attendre jusqu'en 1867 la mise en place d'une constitution articulée. Ce fut à l'origine une fédération de quatre Etats, dont le Québec, auxquels six

Répartition des Indiens et des Esquimaux à l'arrivée des Blancs.

Frontières entre les Esquimaux,
les Algonquins et les Iroquois.

America 1690.

AMERICA
1690

795

autres devaient plus tard se joindre. Tel est le Canada du dernier siècle. Depuis quelques années tout particulièrement, l'utilisation canadienne du régime fédéral fait l'objet de critiques plus ou moins cinglantes selon les courants d'opinions. La Constitution de 1867 est remise en cause et l'on ne peut encore savoir ce qu'il en adviendra. Sur le plan officiel, le Québec demande à tout le moins une révision du texte constitutionnel.

Source: Gouvernement du Québec. Office d'information et de publicité.

902
HISTOIRE - CHRONOLOGIE

1534 Jacques Cartier débarque à Gaspé, le 24 juillet.

1535 Cartier se rend jusqu'à Stadaconé et à Hochelaga.

Le Québec selon la mappemonde Harleyenne, immédiatement postérieure à la découverte de Cartier (Archives Publiques du Canada).

Bataille de Champlain en 1609 contre les Iroquois (Archives Publiques du Canada).

1542 Roberval essaie de s'établir à Stadaconé.

1600 Chauvin s'établit à Tadoussac.

1608 Le 3 juillet, Champlain entreprend la construction de l'Habitation et fonde Québec.

1609 Le 30 juillet, Champlain engage la lutte contre les Iroquois, médusés par le «tonnerre» de son arquebuse.

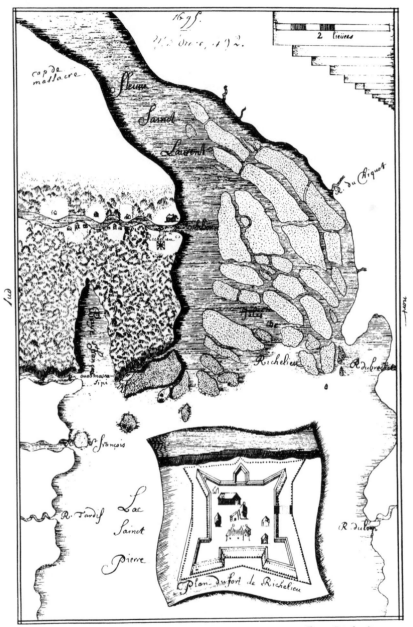

Fort Richelieu.

1629 Les frères Kirke s'emparent de Québec, le 24 juillet, après un blocus d'un an.

1632 Par le traité de Saint-Germain-en-Laye, l'Angleterre rend la Nouvelle-France à la France.

1642 Début d'une guerre de 25 ans entre Français et Iroquois.

1660 Pendant les premiers jours de mai, Dollard et 16 compagnons retiennent des Iroquois au Long Sault, évitant ainsi une attaque de Montréal.

1665 Signature de la paix entre les Français et quatre des cinq nations iroquoises.

1667 Le 10 juillet, les Agniers, à leur tour, font la paix avec les Français.

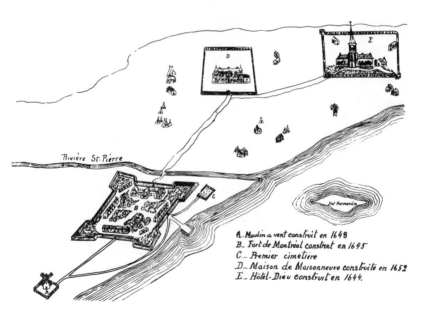

Ville-Marie en 1652.

Québec en 1700.

Flore et faune en milieu d'eau salée

La vie marine commence avec une profusion de micro-organismes appelés plancton. Le phytoplancton, d'une infinie variété de formes et de couleurs, ajoute continuellement, par photosynthèse, de l'oxygène à la mer. Leurs colonies, en essaimant, procurent encore plus de nourriture aux plus gros animaux marins. La plupart du zooplancton demeure à l'état de plancton, mais les larves d'oursin de mer, de crabe, d'astérie, de crevette, de homard et de bernacle croissent à des tailles plus importantes.

L'adaptation à des milieux semblables peut amener une similarité d'apparence.

Plancton

Larve d'oursin de mer

Bernacle à l'état plancton

Chiton

Bernacles

Grand Cormoran

Actinie ou anémone de mer

Hareng

Les oiseaux aquatiques ont les pieds palmés ce qui permet de nager plus efficacement.

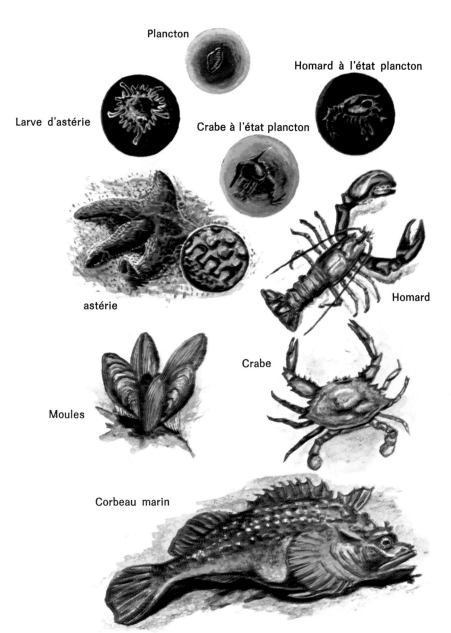

Plancton

Homard à l'état plancton

Larve d'astérie

Crabe à l'état plancton

astérie

Homard

Crabe

Moules

Corbeau marin

Ce poisson bizarre hante les profondeurs rocheuses, mange les invertébrés des fonds marins et prend même du hareng.

plancton

Larve de crevette

Ver de peigne

Varech

Pieuvre

Merlan

Le goéland argenté laisse tomber une huître pour l'ouvrir.

Fous de bassan avec leur petit

Les oiseaux des plages sont adaptés à leur milieu; ils ont de longues jambes pour mieux marcher dans l'eau, un bec mince et vigoureux pour manger des mollusques et des crustacés.

Les diatomées microscopiques combinent, dans l'océan, l'énergie solaire avec des éléments nutritits, apportés du fond par des courants. Cela produit un aliment vert qui maintient toutes les formes de vie marine.

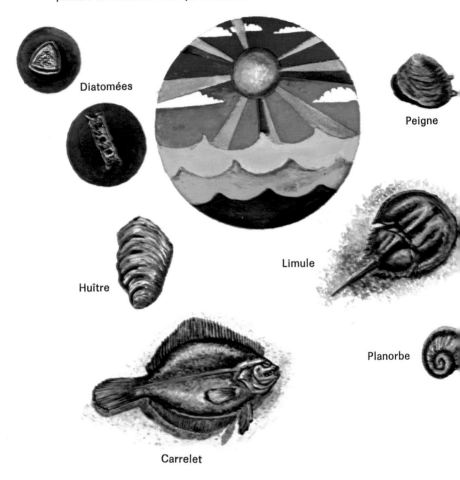

Diatomées

Peigne

Huître

Limule

Planorbe

Carrelet

Crabe

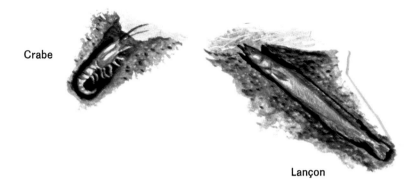

Lançon

Le carrelet se tient près des fonds sablonneux où il dévore les crabes et les crevettes. Le lançon, qui vit de plancton, est très recherché par les poissons plus gros et les oiseaux du rivage mais il se creuse un trou dans la terre pour leur échapper. Le crabe fantôme s'enterre de même façon.

La faune qui se colle aux rochers du rivage de la mer, qui y rampe ou s'y perche s'est bien adaptée au martèlement des vagues. Un chiton s'agrippe au roc à l'aide d'un pied tout en muscle: les bernacles s'y cimentent de façon permanente et agitent leurs jambes en forme de plumes pour attraper la nourriture: l'actinie adhère au roc grâce à des disques circulaires: les astéries se retiennent par leurs branches munies de ventouses sous la surface de l'eau; les moules s'y attachent en secrétant un filament visqueux et résistant.

L'Habitation de Québec, 1608-1624 (Archives Publiques du Canada).

1684 Nouvelle guerre des Français contre les Iroquois, alliés des Anglais.

1686 D'Iberville s'empare des forts anglais de la baie d'Hudson.

1687 Denonville détruit le pays des Tsonnontouans.

1689 En guise de représailles contre l'expédition de Denonville, les Iroquois massacrent les habitant de Lachine dans la nuit du 4 au 5 août.

1690 Pour venger Lachine, les Français massacrent à leur tour Corlar, Casco et Salmon Falls.

Au mois d'octobre, Phipps tente en vain de s'emparer de Québec.

1694 D'Iberville prend le fort Nelson à la baie d'Hudson.

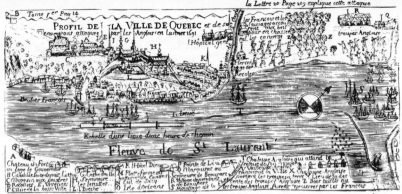

1696 Frontenac détruit le pays des Onontagués et des Oneyouts.

D'Iberville chasse les Anglais de Pemquid et de Terre-Neuve.

1697 Au début de septembre, D'Iberville gagne une bataille navale contre trois navires anglais à la baie d'Hudson et en trois jours reprend le fort Nelson.

1701 Le 4 août, Callières signe avec les Iroquois la Paix de Montréal qui met définitivement fin à la guerre avec les Indiens.

1711 Dans la nuit du 2 au 3 septembre, une puissante flotte anglaise, avec laquelle Walker veut prendre Québec, s'écrase sur les récifs de l'Ile-aux-oeufs.

1737 Construction du chemin du roi entre Montréal et Québec.

1740 Les Canadiens avec leurs alliés indiens entreprennent une guerre d'escarmouches contre les colonies anglaises.

1748 Fin de la guerre entre les colonies par le traité d'Aix-la-Chapelle.

1756 Débuts de la Guerre de Sept ans en Europe, ce qui aura de graves répercussions dans les colonies.

1759 Le 13 septembre, Wolfe met en déroute l'armée de Montcalm sur les Plaines d'Abraham. Québec se rend cinq jours plus tard.

1760 Lévis défait Murray à Sainte-Foy le 28 avril, mais lève le siège de Québec le 9 mai devant l'arrivée de renforts anglais. Vaudreuil capitule à Montréal, le 8 septembre.

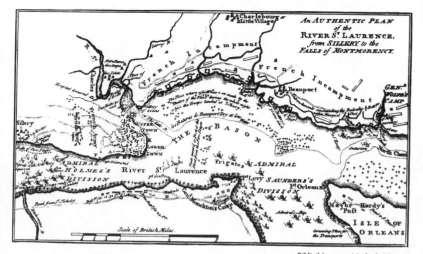

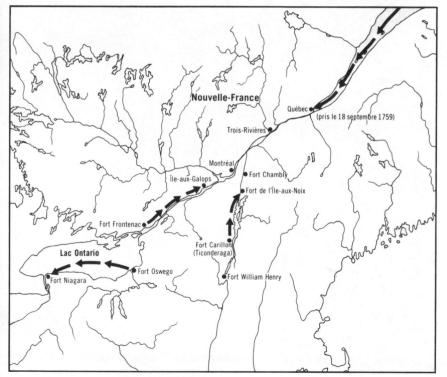

Mouvement général de la campagne anglaise de 1759

803

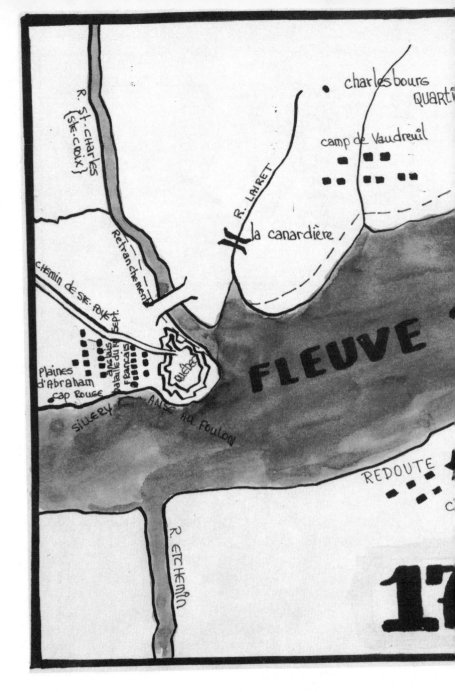

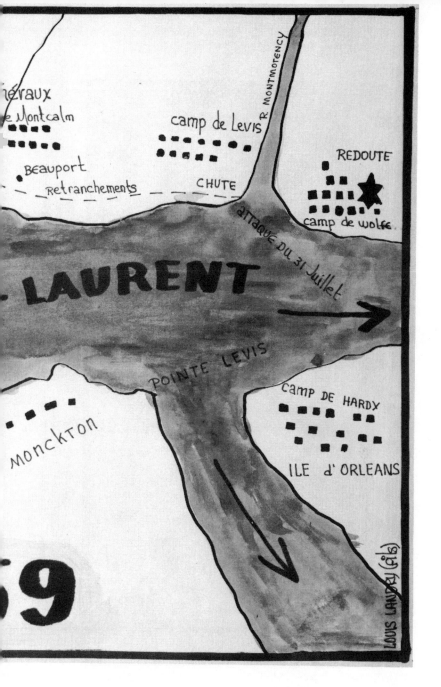

Le 28 juin 1759, Montcalm lança huit brûlots contre la flotte anglaise qui mouillait près de l'île d'Orléans, mais les Anglais évitèrent le désastre assez facilement. Peinture de Dominique Serres (Archives Publiques du Canada).

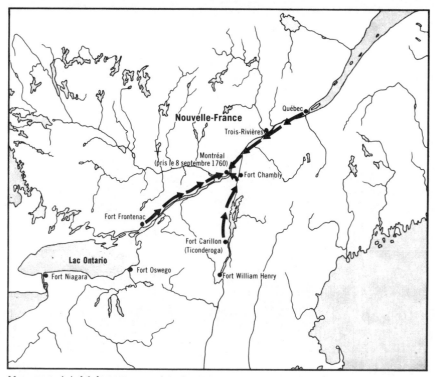

Mouvement général de la campagne anglaise de 1760

1763 Pontiac, un chef algonquin, tente en vain de rétablir la Nouvelle-France.

La Proclamation royale du 7 octobre établit le gouvernement de Québec sous le nom de «Province de Québec».

1774 Signature de l'Acte de Québec qui protège la religion catholique et les lois françaises des Québécois.

1775 Les Américains Arnold et Montgomery envahissent le Québec, le 10 mai, occupent Montréal, puis Trois-Rivières, et attaquent Québec dans la nuit du 31 décembre. Montgomery est tué, mais le siège de la ville continue.

1776 Au début de mai, un renfort anglais met en fuite l'armée américaine qui repasse la frontière.

1783 Le Traité de Versailles accorde l'indépendance aux Américains et leur cède le territoire au sud des Grands-Lacs.

Montréal en 1794.

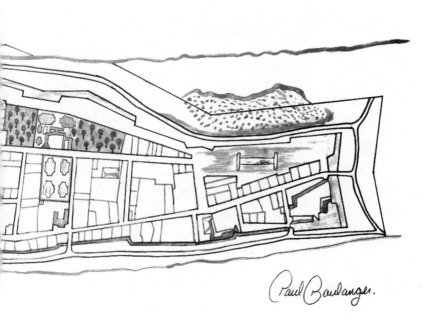

Paul Baulanger.

Sir Amherst

1791 Par l'Acte constitutionnel, le Québec devient le Bas-Canada et obtient une chambre d'assemblée élue par le peuple.

1792 Durant l'été, les premières élections donnent 35 députés francophones et 15 députés anglophones. La première session ouvre le 17 décembre. Et le 18, Jean-Antoine Panet est élu président.

1809 Un an après les élections générales de 1808, Craig proroge les Chambres et annonce de nouvelles élections.

1810 Craig proroge encore les Chambres, commande encore de nouvelles élections, fait envahir le journal «Canadien», embrigade le clergé dans la campagne qu'il entreprend contre le parti des Canadiens, mais celui-ci remporte sa plus éclatante victoire.

1813 Les Américains, conduits par Hampton, envahissent le Bas-Canada, le 26 octobre, mais les Canadiens, conduits par De Salaberry réussissent à les repousser.

1822 Londres rejette un projet d'union du Haut et du Bas-Canada qui déplaît au Bas-Canada et ne plaît pas tellement au Haut-Canada.

1834 Elzéar Bédard présente à l'Assemblée 92 Résolutions proposant, entre autres, que le conseil législatif soit rendu électif.

1837 En mars, lord Russell répond aux 92 Résolutions par 10 résolutions qui ne proposent qu'une réforme mineure. Les Canadiens tiennent de grandes assemblées populaires dont celles de Saint-Ours, de Saint-Laurent et de Saint-Charles.

Le 6 novembre, les membres du «Doric Club» attaquent les Fils de la Liberté, saccagent le Vindicator et menacent la résidence de Papineau.

Le 16 novembre, Gosford émet des mandats d'arrestation contre 26 chefs patriotes. Le même jour, un détachement de la «Montreal Volunteer Cavalry» tombe dans une embuscade entre Chambly et Longueuil.

Le 23 novembre, les Patriotes remportent une bataille à Saint-Denis.

Le 24 novembre, les Patriotes sont défaits à Saint-Charles.

Le 13 décembre, Colborne met le feu à l'église de Saint-Eustache où se sont barricadés les Patriotes sous la direction du docteur Chénier. Ceux-ci sont presque tous tués.

1838 Le 10 février, la Constitution de 1791 est suspendue.

Le 28 février, Robert Nelson proclamme la République du Bas-Canada à Novan puis retourne dans le Vermont.

Le 29 mai, Lord Durham est nommé gouverneur-général et haut-commissaire enquêteur.

Le 28 juin, Durham exile aux Bermudes les huit principaux prisonniers, interdit le retour de ceux qui s'étaient enfuis et amnistie les autres Patriotes.

Le 3 novembre, Durham a terminé son enquête et s'embarque pour l'Angleterre.

Le 7 et le 9 novembre, les Frères Chasseurs, recrutés aux Etats-Unis, entrent au Bas-Canada mais sont tenus en échec à Lacolle et à Odeltown.

Le 21 décembre, pendaison des Patriotes à Montréal.

Saint-Hyacinthe en 1833, (Archives Publiques du Canada).

La bataille de Saint-Charles.

La bataille de Saint-Denis.

La bataille d'Odelltown.

Lord Durham.

Reine Victoria.

L'assemblée des « 6 comtés », tenue
à Saint-Charles, le 23 octobre 1837.
Source: Précis d'Histoire du Canada.

Premiers patriotes morts dans
la bataille de Saint-Eustache.

Citadelle de Québec.

Eglise de Saint-Benoît incendiée
par les soldats anglais.

1839 Le 8 février, le Times de Londres publie le Rapport Durham qui recommande la responsabilité ministérielle, l'union des deux Canadas et la subordination politique des Canadiens français.

1840 Le Haut et le Bas-Canada sont réunis en un seul Canada.

1849 Une loi d'indemnisation des dommages causés au Bas-Canada par les forces britanniques lors de la Rébeillion de 1837-38 amène les protestations des tories et des Orangistes. Ils envahissent le parlement, le 25 avril; le feu se déclare et rase l'édifice.

1854 Abolition de la tenure seigneuriale.

1857 Ottawa devient la capitale du Canada-Uni.

1864 Le 10 octobre, ouverture de la Conférence de Québec où l'on rédige les 72 Résolutions, un brouillon du futur Acte de l'Amérique du Nord britannique.

1867 Le 24 mai, une proclamation royale, l'Acte de l'Amérique du Nord britannique, fait du Québec une des quatre provinces du Dominion du Canada.

1875 Le 7 juillet, le gouvernement conservateur est réélu malgré le scandale des Tanneries (des députés sont impliqués dans des transactions frauduleuses) avec l'appui officiel des évêques Bourget et Laflèche qui présentent les Rouges comme des Libéraux condamnés par le pape.

1878 Le 2 mars, Luc Letellier de Saint-Just, lieutenant-gouverneur, révoque le premier ministre Charles de Boucherville et demande à Henri-Gustave Joly de Lotbinière de former un ministère. Ce ministère résiste aux élections du 1er mai, mais il doit démissionner quelques mois plus tard à cause de l'opposition du Conseil législatif.

1885 Le 22 novembre, au Champ-de-Mars, à Montréal, 50,000 personnes se rassemblent pour protester contre la pendaison de Riel à Régina.

1887 Honoré Mercier, fondateur du Parti National, devient premier ministre, le 9 janvier, après avoir remporté les élections du mois d'octobre précédent.

1891 Le scandale de la Baie des Chaleurs (commission de $100,000 versée au trésorier libéral, Ernest Pacaud) entraîne la chute de Mercier.

1908 Henri Bourassa défait le premier ministre Lomer Gouin dans le comté de Saint-Jacques et fait élire deux autres nationalistes indépendants.

1912 Le Québec obtient le territoire de l'Ungava.

1918 A la fin de mars, des émeutes contre la conscription se succèdent à Québec. Ottawa envoie l'armée. Des combats de rue s'engagent, des soldats sont blessés, puis quatre civils tués.

1927 Le Conseil Privé de Londres déclare que le Labrador appartient à Terre-Neuve.

1933 La Commission Montpetit présente un rapport qui propose une grande réforme de l'assistance sociale.

1935 Le 25 novembre, le gouvernement Taschereau est réélu malgré la forte campagne commune de l'Action Libérale Nationale et des Conservateurs.

1940 Les femmes ont le droit de vote pour la première fois.

1942 En réaction contre la conscription, Maxime Raymond et plusieurs nationalistes fondent le Bloc populaire qui fait élire 4 députés en 1944.

1946 Taschereau démissionne en juin à la suite de l'enquête sur les comptes publics et laisse le poste à Adélard Godbout qui déclenche les élections du 17 août.

Duplessis écrase les Libéraux de même que ce qui reste de l'Action Libérale Nationale de Paul Gouin. C'est la fin d'un régime libéral continu depuis 39 ans.

1948 Québec se donne un drapeau, le fleurdelysé.

1953 La Commission Tremblay étudie l'avenir constitutionnel et culturel des Québécois, mais son Rapport reste longtemps secret.

1959 La mort de Maurice Duplessis, en septembre, est suivie de la mort de son successeur, Paul Sauvé, en décembre.

1960 Le 22 juin, les Libéraux de Jean Lesage prennent le pouvoir après 16 ans dans l'opposition. C'est le début de la Révolution tranquille.

1962 Les Libéraux remportent une grande victoire électorale en novembre en proposant la nationalisation de l'électricité.

1967 Une Exposition internationale est tenue à Montréal sous l'initiative du maire Jean Drapeau.

Le 3 août, le général De Gaulle, président de la France, lance à Montréal le slogan indépendantiste: «Vive le Québec libre!»

1970 Le Parti Québécois de René Lévesque devient le principal parti d'opposition aux élections du 22 avril en recueillant 23.1% du vote, mais ne fait élire que 7 députés. Le Ralliement créditiste de Camille Samson en fait élire 12 avec seulement 11.2% des suffrages.

En octobre, le 5, le Front de Libération du Québec enlève le diplomate britannique, Richard Cross.

Le 10 octobre, le FLQ enlève Pierre Laporte, ministre du travail, qui est trouvé mort, le 17, à Saint-Hubert.

Le 16 octobre, proclamation des mesures de guerre à Ottawa; le F.L.Q. est déclaré hors-la-loi.
Le 3 décembre, Richard Cross est retrouvé vivant.

Principales sources: La Nouvelle France. Denis Héroux, Robert Lahaise et Noël Vallerand.
Canada-Québec, synthèse historique.
Jacques Lacoursière, Denis Vaugeois et Jean Provencher.
Les Canadiens français. Mason Wade.
Almanach des Québecois 1972-1973.

12 octobre 1970
7 heures a.m.

Chérie,

Je suis bien, en bonne santé et ai passé une bonne nuit. J'insiste pour que toi-même et les enfants ne niez les choses de manière à ne pas mettre votre santé en danger.

Je pense à vous trois constamment et cela m'aide à tenir le coup.

L'important c'est que les autorités bougent.

Mon amour à tout le monde

Pierre

Lettre de Pierre Laporte à sa femme, déposée par ses ravisseurs entre les pages d'un bottin téléphonique, à l'angle des rues de la Montagne et Sainte-Catherine, à Montréal (Source: FLQ 70: Offensive d'automne. Jean-Claude Trait).

front de libération du québec

Le 27 octobre 1970
Communique conjoint des cellules Chenier, Liberation et Dieppe.

Le Front de Libération du Québec tient a donner quelques précisions relativement aux idées et aux intentions que les autorites en place lui prêtent.

Tel que défini dans le Manifeste, le Front ne cherche pas le pouvoir politique. Le F.L.Q. est formé de groupes de travailleurs qui ont décidé de faire un pas vers la révolution, seule véritable facon pour les ouvriers d'atteindre et d'exercer le pouvoir. Cette révolution ne se fera pas par une centaine de personnes, comme les autorités en place ont intérêt a le laisser croire, mais par toute la population. Le véritable pouvoir du peuple s'exerce par lui et pour lui. Les coups d'état le F.L.Q. les laisse aux trois gouvernements en place, puisque ceux-ci semblent être passé maître en ce domaine. Nos ancêtres a nous ne sont pas les Pères de la Confédération, ce sont les patriotes de 1837-1838. Nos pères, nos grands frères, nos oncles ce ne sont pas les Borden, les Saint-Laurent, les Duplessis; ce sont les gars qui se sont faits massacrer à Dieppe pour avoir été forcés de servir de cobayes de "cheap labor", ce sont les gars qui se sont faits matraquer a Murdochville et ailleurs pour avoir voulu défendre leur droit a l'existence. Nos frères aujourd'hui ce ne sont pas les Trudeau, les Bourassa, les Drapeau, ce sont les gars de Lapalme, les gars que le Bill 38 assassinera demain, tous les exploités du Québec.

Le F.L.Q. est constitué de groupes de travailleurs qui se sont donné pour objectif de combattre jusqu'au bout les actes quotidiens du terrorisme d'état. Le tort du F.L.Q., aux yeux des autorités en place, ce n'est pas tant d'user de la violence comme d'user de violence contre l'establishement. C'est surtout cela qui est impardonnable. C'est surtout cela qui leur fait peur.

Cette peur l'establissement a tout intérêt à la transmettre a l'ensemble de la population. D'abord pour justifier une intervention armée au Québec, ce qui, pensent-ils, va leur (l'establishement) assurer une certaine protection. Ensuite pour laisser voir au peuple québécois qu'il devrait oublier a jamais toute idée de libération totale.

Mais le Front de Libération du Québec sait que la population n'est pas dupe d'un tel jeu, même si les différents gouvernements mettront tout en oeuvre pour prétendre le contraire. C'est ce qu'ils ont essayé, par exemple, dans le cas des résultats des élections montréalaises.

Là dessus nous tenons a relever brievement quelques faits concluants: le haut pourcentage du vote anglophone exprimé, le taux élevé d'abstentions dans les quartiers populaire et le porcentage du vote accordé aux candidats ouvriers dans ces mêmes quartiers après ces constatations on verra que la Parti (sic) civique et son "cheuf" ont été élus avec le concours d'à peine 10% de la population. C'est cela qu'on ose appeler la démocratie

Québécois le temps des duperies est fini.
Québécois les hautes bourgeoisies anglaises et françaises ont parlé; c'est maintenant a nous d'agir.

Cellules Libération, Chénier, Dieppe
Nous vaincrons
Front de Libération du Québec

P.S: 1: Aucune entrave de la part des autorités policières en place ne devra empêcher la libre publication de ce communiqué.

2: Tant et aussi longtemps que les forces policières appliqueront une censure partielle ou totale à la publication du présent communiqué, aucune communication de la cellule Libération ne leur parviendra.

Une photocopie d'un communiqué conjoint des cellules Chénier, Libération et Dieppe.

DÉSASTRES - ÉVÉNEMENTS INUSITÉS

1638 De fréquentes secousses sismiques se produisent pendant 6 mois de Montréal à Percé.

1663 En février, un tremblement de terre, au Saguenay, transforme le paysage de fond en comble.

1721 Le 17 juin, un incendie détruit 138 maisons à Montréal.

1729 Naufrage de l'Eléphant, le 1er septembre, près de Québec. 150 passagers échappent de justesse à la mort.

Source: Antiquités du Québec, M. Lessard, H. Marquis

Incendie du quartier Saint-Roch de Québec. Huile de Joseph Légaré en 1845 (Musée du Québec).

1765 Conflagration à Montréal, le 18 mai, 215 maisons rasées.

1785 L'année de la grande noirceur. A 3 reprises, en octobre, entre Niagara et Québec, le ciel est obscurci par d'épaisses ténèbres, accompagnées de tonnerre.

1819 Près de Laprairie, le 14 mai, naufrage d'un bateau. Noyade de 36 passagers.

A Montréal, le 8 septembre, un terrible orage laisse sur le sol une poudre noire comme de la suie.

1832 Au printemps, une épidémie de choléra-morbus fait 10,000 morts dans le Bas-Canada.

1845 Le quartier Saint-Roch de Québec est détruit par une conflagration, le 28 juin.

1846 L'incendie du Théâtre Saint-Louis, le 12 juin, à Québec, fait plus de 50 morts.

1852 Le 6 juin, une conflagration détruit le quartier commercial de Montréal, soit une centaine d'établissements, et fait pour $1,000,000 de dommages.

1854 Incendie du Parlement de Québec.

1858 Le 8 juillet, le feu détruit le quart de la ville de Montréal, brûle 1,100 maisons et laisse 10,000 personnes sans abri.

1865 Le 12 avril, une inondation à l'Ile Dupas, en face de Sorel, entraîne la noyade de nombreux habitants.

1866 A Québec, le 14 octobre, le feu détruit 2,129 maisons.

1883 Désastreux incendie du Parlement de Québec, le 19 avril.

1889 Conflagration, le 16 mai, du quartier Saint-Sauveur de Québec. Plus de 500 maisons sont rasées.

1894 Le 27 avril, un glissement de terrain à Saint-Alban de Portneuf cause 4 morts et $1,000,000 de dommages.

1907 Le Pont de Québec, en construction, s'écrase: 75 morts.

1909 Une locomotive traverse la gare Windsor, fait 4 morts et $200,000 de dommages, le 17 mars.

1910 Le 13 juin, un réservoir d'eau s'écrase sur le toit du journal «The Herald», produit un incendie et 33 morts.

1914 Collision et naufrage de l'Empress of Ireland, le 29 mai, dans le Saint-Laurent. 1024 morts.

1916 Deuxième écrasement du Pont de Québec en construction. 13 morts.

1918 Du 15 septembre au 18 décembre, 530,000 Québécois sont atteints de grippe espagnole et 13,800 en meurent.

1927 L'incendie du Théâtre Laurier, le 9 janvier, à Montréal, entraîne la mort de 78 enfants, la plupart écrasés pendant la panique.

1957 Ecrasement d'un avion près de Québec, le 11 août: 79 morts.

1958 Le 8 novembre, 21 personnes périssent dans un incendie à Montréal.

1963 Ecrasement d'un avion à Sainte-Thérèse, le 29 novembre: 118 morts.

1965 Incendie à Ville Lasalle, le 1er mars: 28 morts.

1966 Explosion à Ville Lasalle, le 13 octobre: 11 morts.

1969 Incendie criminel d'un hospice de Notre-Dame-du-Lac, le 2 décembre: 54 morts.

1971 Le 4 mai, 5 morts et 28 disparus dans un glissement de terrain à Saint-Jean-Vianney.

1972 Incendie criminel du Café Blue Bird de Montréal, dans la nuit du 2 au 3 septembre: 37 morts et 53 blessés.

Principales sources: On veut savoir. Léon Trépanier.
Le Boréal Express.
The 1972 World Almanac.

TERRITOIRE - INTRODUCTION

Au premier rang des dix Etats de la fédération canadienne
par l'étendue de son territoire, et ne le cédant qu'à l'Ontario
en population, le Québec est une terre aux attraits mutiples.

Mesurons d'abord son immensité. En comparaison de l'Europe, le Québec contiendrait à la fois l'Espagne, le Portugal,
la France, la Belgique, la Suisse et les deux Allemagnes. En
rapport au continent nord-américain, l'étendue québécoise
équivaut aux superficies combinées des Etats de New York,
du Vermont, du New-Hampshire, du Maine, du Massachusetts, du Rhode-Island, du New-Jersey, de la Pennsylvanie,
de la Californie . . . et du Texas.

Le Québec s'étend au nord du 45° de latitude et à l'est du
79° 30' de longitude. Son littoral baigne dans le golfe du
Saint-Laurent, dans l'Atlantique Nord, dans la baie d'Hudson
et dans la baie James.

Le relief

Le Québec comprend trois grandes régions géographiques
qui sont, du Nord au Sud, le Bouclier canadien — appelé
ainsi à cause de sa forme concave — la plaine du Saint-
Laurent et les Appalaches.

Le Bouclier canadien s'étend de l'extrême Nord jusqu'à la
chaîne des Laurentides, le plus ancien système montagneux
du globe. La *toundra* en occupe la partie nordique. Le sol,
gelé en permanence, ne permet pas aux arbres de subsister:
seuls poussent quelques bouleaux nains, hauts de moins
d'un pied, et surtout des lichens, surnommés «mousse à
caribou». Au Sud de la toundra, c'est la *taiga,* constituée
d'une forêt boréale d'abord clairsemée, avec des arbres
rabougris, puis plus dense et mieux plantée. Si l'on descend
plus au Sud encore, on atteint les territoires du *plateau
laurentien:* c'est la zone forestière la plus productive.

La vallée du Saint-Laurent correspond à une zone d'effon-
drement géologique, entre le Bouclier et les Appalaches.

Principales rivières du Québec

C'est la partie du Québec où l'on trouve les plus fortes concentrations de population et les terres les plus propres à l'agriculture.

La région des Appalaches se compose en général de plateaux, plus ou moins vallonnés, surmontés de massifs plus élevés. Elle couvre l'Estrie, le Sud de l'estuaire du Saint-Laurent et la Gaspésie.

Le territoire est crevé d'un réseau de milliers de lacs et de rivières à un tel point que la superficie des eaux intérieures est de l'ordre de 110,000 milles carrés. Le Saint-Laurent traverse le Sud du Québec, d'ouest en est. Avec une longueur totale de 2,300 milles et un débit de 1,130,000 pi/s, il figure au rang des plus grandes voies d'eau du monde. Au nombre des rivières qu'il draine, mentionnons l'Outaouais (696 milles), le Saguenay (475 milles), le Saint-Maurice (325 milles) et la Manicouagan (310 milles). Il faut mentionner aussi le Richelieu (80 milles), qui relie le Saint-Laurent au lac Champlain.

Source: Gouvernement du Québec. Office d'information et de publicité.

910
TERRITOIRE - ÉTENDUE

Le Québec s'étend au nord du 45° de lattitude et à l'est du 79° 30' de longitude. Son littoral baigne dans le golfe du Saint-Laurent, dans l'Atlantique Nord, dans la baie d'Hudson et dans la baie James. Il est borné à l'Est par le Nouveau-Brunswick, au Sud par les Etats-Unis et à l'Ouest par l'Ontario. Sa superficie, 15.4% du Canada, est de 594,860 milles carrés, dont 523,860 en terre et 71,000 en eau douce. Cela équivaut à l'ensemble de l'Espagne, du Portugal, de la France, de la Belgique, de la Suisse et des deux Allemagnes, ou encore à l'ensemble des états américains de New-York, du Vermont, du New-Hampshire, du Maine, du Massachusetts, du Rhode-Island, du New-Jersey, de la Pensylvanie, de la Californie et du Texas.

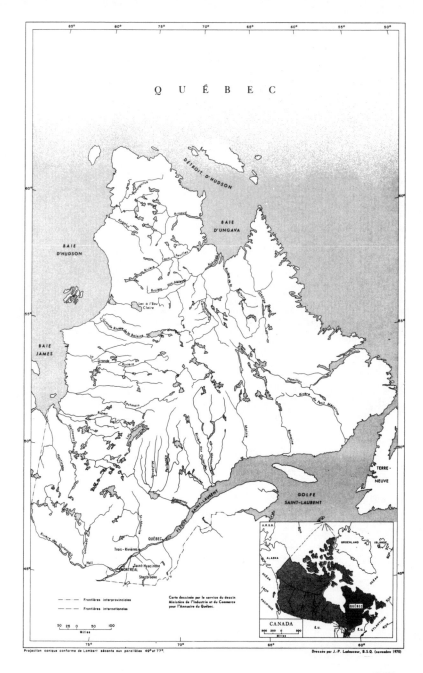

QUÉBEC

Superficie comparée du Québec avec trois pays européens.

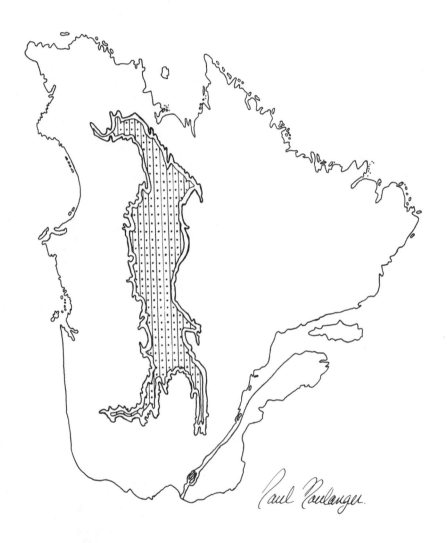

«Italie, Pop: 53,327,461»

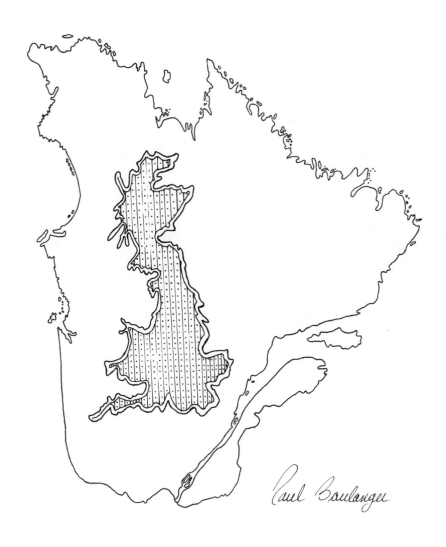

«Grande-Bretagne Pop: 53,266,100»

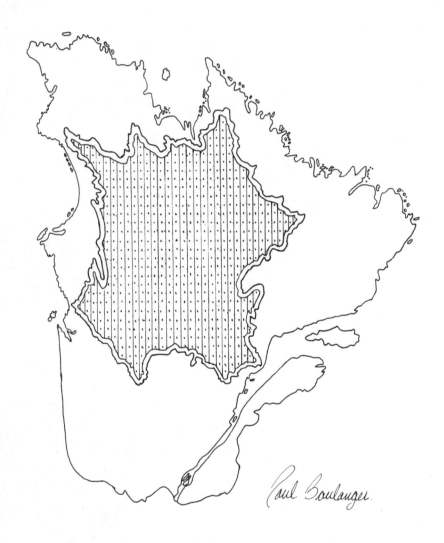

«France Pop: 50,000,000»

832

Montréal 1627-1760

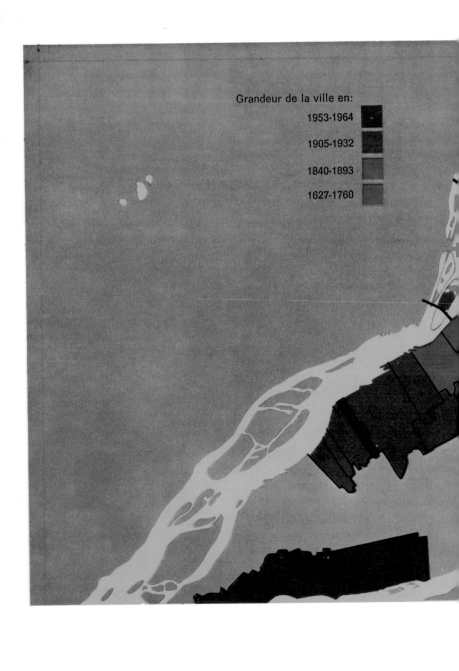

Grandeur de la ville en:

1953-1964

1905-1932

1840-1893

1627-1760

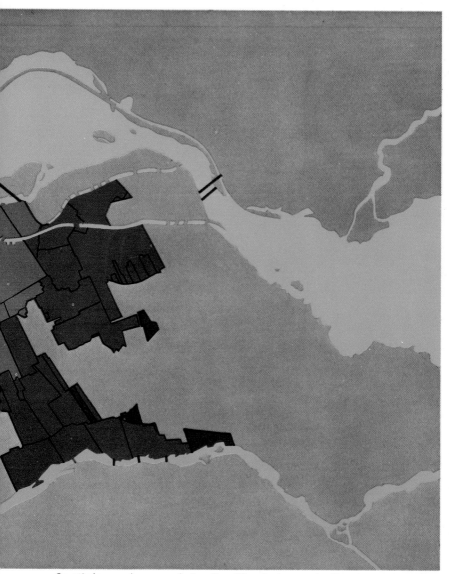

Ce siècle a vu le noyau de la ville s'élargir dans trois directions principales: descendant le fleuve jusqu'à Montréal-Est, montant le fleuve pour suivre le canal Lachine, et à travers l'île jusqu'à Rivière-des-Prairies au nord de Montréal. Toute cette évolution a été déterminée par les accidents du terrain.

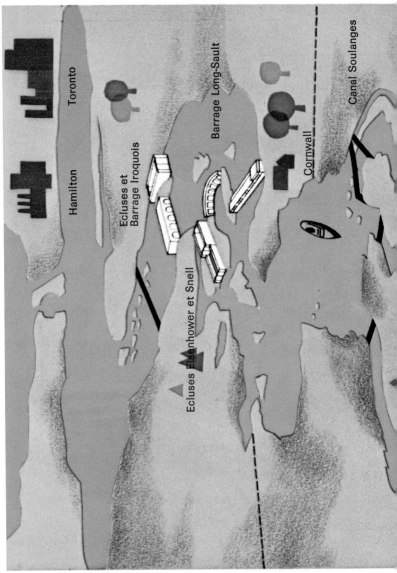

Canal Soulanges

Toronto

Barrage Long-Sault

Cornwall

Hamilton

Ecluses et
Barrage Iroquois

Ecluses Eisenhower et Snell

4 barrages hydro-électriques sont maintenant en opération à Iroquois, Long-Sault, Cornwall et Beauharnois. Le barrage de contrôle «Iroquois» a été conçu pour régulariser le courant qui sort du lac Ontario, ce contrôle étant auparavant exercé par des barrières naturelles qui ont été enlevées pour faciliter la navigation. Celui du Long-Sault, combiné avec celui de Cornwall régularise le niveau de l'eau dans le lac artificiel Saint-Laurent.

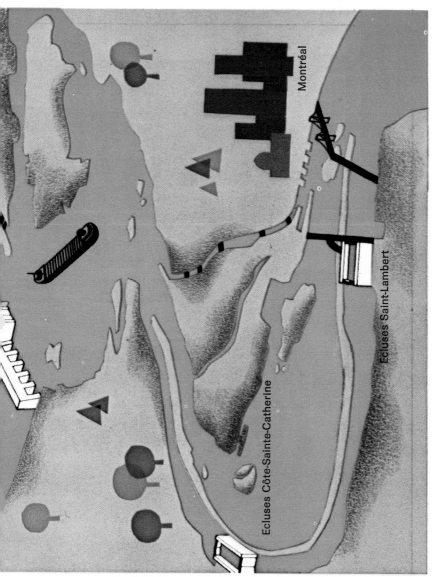

Montréal

Écluses Saint-Lambert

Écluses Côte-Sainte-Catherine

Le barrage Beauharnois, plus en aval, sert de complément pour aider à contrôler le complexe «écluses et canal hydro-électrique» de Beauharnois. D'autres écluses ont aussi été construites dans la partie canadienne de la voie maritime, aidant ainsi les bateaux de fort tonnage à faire la transition entre le bas niveau de l'Atlantique et le plus haut niveau des Grands Lacs.

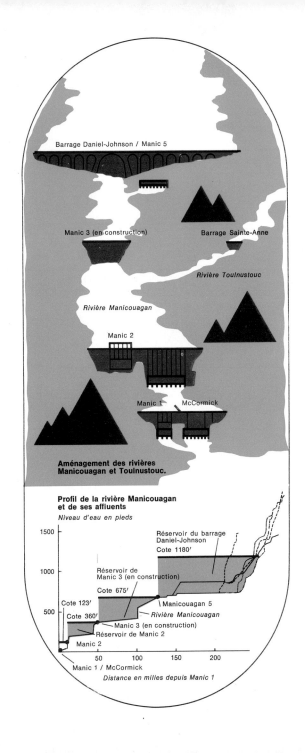

Barrage Daniel-Johnson / Manic 5

Manic 3 (en construction)

Barrage Sainte-Anne

Rivière Toulnustouc

Rivière Manicouagan

Manic 2

Manic 1   McCormick

**Aménagement des rivières
Manicouagan et Toulnustouc.**

**Profil de la rivière Manicouagan
et de ses affluents**

Niveau d'eau en pieds

Réservoir du barrage
Daniel-Johnson
Cote 1180′

Réservoir de
Manic 3 (en construction)

Cote 675′

Manicouagan 5

Rivière Manicouagan

Cote 123′

Cote 360′

Manic 3 (en construction)

Réservoir de Manic 2

Manic 2

Manic 1 / McCormick

Distance en milles depuis Manic 1

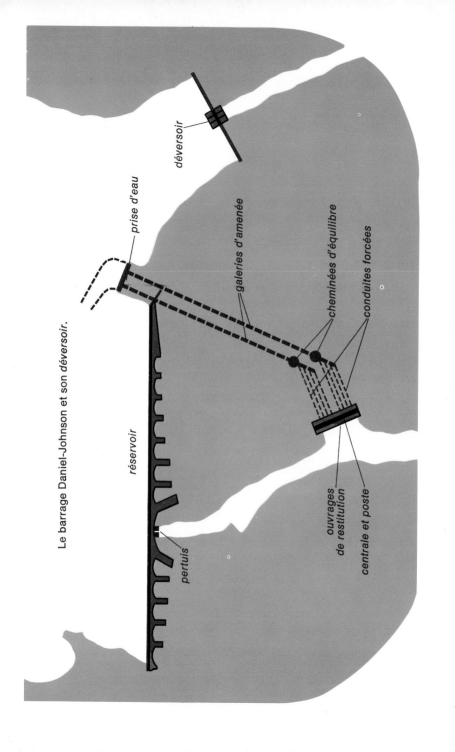

Le barrage Daniel-Johnson et son *déversoir*.

déversoir

prise d'eau

galeries d'amenée

cheminées d'équilibre

conduites forcées

réservoir

pertuis

ouvrages
de restitution

centrale et poste

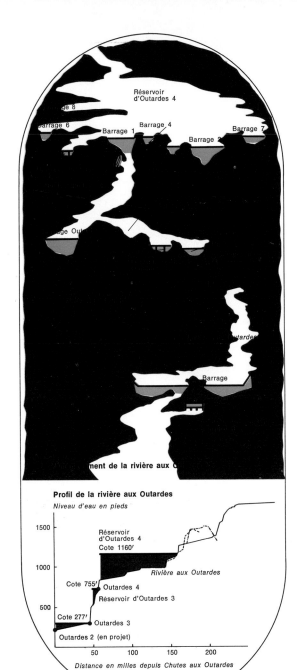

Réservoir
d'Outardes 4

Barrage 8

Barrage 6

Barrage 1   Barrage 4

Barrage 2   Barrage 7

age Out

utardes

Barrage

ment de la rivière aux O

Profil de la rivière aux Outardes

Niveau d'eau en pieds

Réservoir
d'Outardes 4
Cote 1160′

Rivière aux Outardes

Cote 755′   Outardes 4

Réservoir d'Outardes 3

Cote 277′   Outardes 3

Outardes 2 (en projet)

Distance en milles depuis Chutes aux Outardes

RELIEF ET SOMMETS

Source: L'Amérique, Pierre Dagenais. C.P.P.

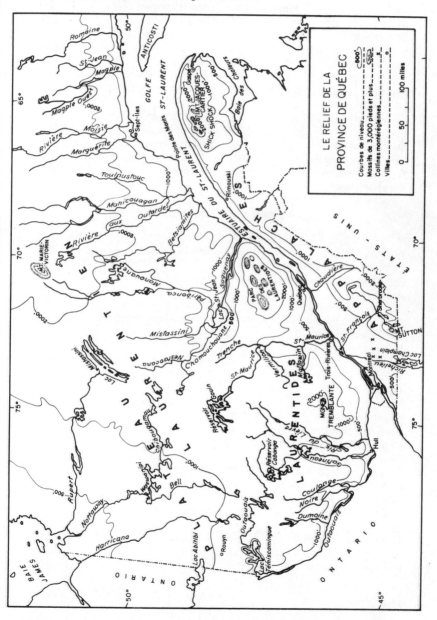

SOMMETS DU QUÉBEC

Au nord du Saint-Laurent

	Altitude-Pieds		Altitude-Pieds
		Laval (Saguenay)	543
Bélair (Portneuf)	1525	Marie-Victorin	3700
Blake (Papineau)	1115	(Nouveau-Québec)	
Blue Sea (Gatineau)	1324	Murray (Charlevoix)	2210
Cap Tourmente	2000	St-Irénée (Charlevoix)	2507
Cap Trinité	1200	St-Simon (Charlevoix)	1935
Cheminis (Témiscamingue)	1662	Ste-Anne (près Beaupré)	2625
Daley (Gatineau)	1377	Sir Wilfrid	2569
Dome (Gatineau)	1505	(près Mont-Laurier)	
Eboulements	2500	Smoky (Abitibi)	1586
Escoumains (Saguenay)	480	Swinging Hills	1639
Hincks (près Kazabazua)	1831	(Témiscamingue)	
Iberville (Saguenay)	577	Tremblant	3150
King (Gatineau)	1129		

Au sud du Saint-Laurent

	Altitude-Pieds		Altitude-Pieds
Adstock	2200	Ste-Marguerite	2250
(entre Black-Lake et		(près St-Sylvestre)	
St-Méthode-de-Frontenac)		Sandy Bay (Matane)	594
Arthabaska	1150	Shefford	1725
(près Victoriaville)		Shipton (Richmond)	1350
Assem (près Routhierville)	1766	Standon (près Armagh)	2900
Bald. Face (Shefford)	1950	Sutton	2750
Barbeau (près Adqui)	1670	Table	3700
Bic (Rimouski)	1137	Thetford (Mégantic)	2250
Brome	1725	Trois (Témiscouata)	549
Bruno	520	Yamaska	1275
Casault (Matapédia)	1856	(près St-Paul d'Abbotsford)	
Castor (près Sayabec)	2310		
Chagnon (près Eastman)	2000	(EN GASPÉSIE)	
Chapais (Kamouraska)	2230		
Chapman (près Bishopton)	2150		Altitude-Pieds
Citadel (Témiscouata)	1722	Albert-Sud	3700
Comis (près Ste-Angèle)	1881	Auclair	3500
Foster (près Bolton-Centre	2300	Barn	3775
Foster (près Knowlton)	2300	Basque	1500
Fournier (L'Islet)	2130	Bayfield	3471
Gosford (près de Woburn)	3875	Béland	3000
Ham (près Ham-Sud)	2310	Berry	1800
Hemmingford	1100	Brown	3000

Altitude-Pieds		Altitude-Pieds	
Hereford	2760	Collins	3400
(près de St-Herménégilde)		Coleman	3000
Johnson (ou Monnoir)	725	Copper	2500
(près St-Grégoire)		Craggy	2823
Joli (Matane)	521	Fortin	3200
Laver (près Causapscal)	2082	Jacques-Cartier	4160
Leverrier	1740	King	2500
(près Bras-d'Apic)		Le Frère de Nicol-Albert	2475
Linière (Frontenac)	2510	Logan (près du Cap Chat)	3768
Louise (près Woburn)	2420	Luall	2840
Mann (Bonaventure)	1559	Magnétique	3625
Matapédia	2135	Mattawa	3370
(près Millstream)		McWirther	3300
Mégantic	3625	Needle	2900
(entre La Patrie et St-Léon)		Nicol-Albert	3000
Montarville (ou St-Bruno)	715	Noble	2100
Moose Hill (près Mégantic)	2910	Pointu	3000
Nemtaye (près Val-Brillant)	2268	Porphyral	2800
Orford	2730	Ramdon	1700
Orignal (entre St-Odilon	2050	Richardson	3885
(et Ste-Germaine)		Rothery	2800
Owl's Head	2425	Serpentine	1700
(près Mansonville)			
Padoue (Matane)	1036		
Parke (Kamouraska)	2165		
Pinnacle	2150		
Pistoles (Rimouski)	880		
Rougemont	1250		
Roundtop (près Sutton)	3175		
St-Armand (près Abercorn)	2200		
St-Hilaire (près Beloeil)	1350		
St-Moïse (Matapédia)	1342		
St-Sébastien (Beauce)	2910		
Ste-Anne (à Percé)	1116		
Ste-Florence (Matapédia)	1488		

Le mont Royal, à Montréal, a 700 pieds, selon l'Annuaire du Canada, et 769 pieds, selon l'Annuaire de la Province de Québec. Et dans une étude du Service Géodésique du Canada (Altitudes dans Québec), on lui donne 763 pieds d'altitude. L'île Sainte-Hélène, à Montréal, a aussi ses montagnes: le mont Boulé, 153 pieds; le mont St-Sulpice, 150; le mont Champlain, 135; le mont Montcalm, 125; le mont Nelson, 105, et le mont Vaudreuil, 125.

Source: Almanach Moderne Eclair 1969.

835

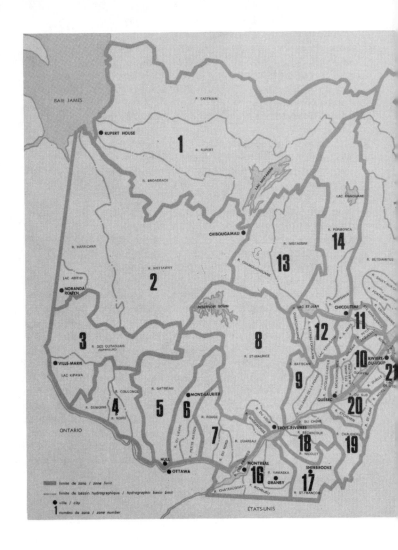

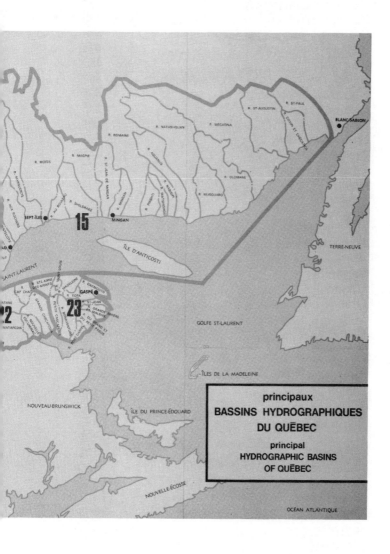

principaux
**BASSINS HYDROGRAPHIQUES
DU QUÉBEC**
principal
**HYDROGRAPHIC BASINS
OF QUÉBEC**

Rang	Fleuve ou Rivière	Longueur en milles
1	Saint-Laurent	1,945
2	Outaouais	696
3	Koksoak-Kaniapiskau	660
4	Kaniapiskau	575
5	Eastman	510
6	Saguney-Péribonca	475
7	Fort George	480
8	Saint-Jean	418
9	Nottaway-Waswanipi	400
10	George-Hubbard	345
11	Orignal	340
12	Saint-Maurice	325
13	Manicouagan	310
14	Péribonca	280
15	Baleine	270
16	Romaine	270
17	Outardes	270
18	Harricana	250
19	Natashquan	241
20	Abitibi	240
21	Bersimis	240
22	Gatineau	240
23	Grande Baleine	230
24	Moisie	210
25	Richelieu	210
26	Hamilton	208
27	La Lièvre	205
28	Mistassini	185
29	Ashuopmouchouan	165
30	Saint-François	165
31	Rivière aux Feuilles	165
32	Coulonge	135
33	Miramichi	135
34	Madawaska	130
35	Sainte-Marguerite	130
36	Chaudière	120
37	Rouge	115
38	Gander	102
39	Mattawin	100
40	Rivière du Nord	70

Source: Almanach Moderne Eclair 1972.

Lac	Superficie en milles carrés	Lac	Superficie en milles carrés
Réservoir Manicouagan	800.0	Lac Chavigny	99.6
Lac Mistassini	731.1	Lac Nantais	99.0
Lac à l'Eau Claire	486.1	Lac Nichicun	99.0
Réservoir Gouin	443.0	Lac au Goéland	95.4
Lac Saint-Jean	402.0	Lac Péribonca	95.3
Lac Bienville	378.5	Lac Matagami	90.6
Réservoir Pipmuacan	297.0	Lac Klotz	90.5
Lac Guillaume-Delisle	272.6	Lac Burton	85.7
Lac Gempt	202.6	Petit lac Manicouagan	83.4
Lac Sakami	201.7	Lac Chibougamau	83.0
Lac aux Feuilles	200.8	Lac Musquaro	78.8
Lac aux Loups-Marins	188.7	Lac Waswanipi	76.0
Lac Minto	188.4	Lac Tasiat	75.9
Lac Payne	187.2	Lac Allemand	70.9
Lac Epans	183.4	Lac Bacqueville	70.2
Lac Manouane	172.4	Lac Tassialue	69.6
Réservoir Cabonga	162.4	Lac Simard	65.6
Lac Caniapiseau	159.7	Lac Champdoré	64.7
Lac Albanel	156.6	Lac Témiscamingue	
Lac Opiscotéo	133.9	(Partie du Québec)	63.1
Lac Plétipi	131.2	Lac du Pélican	61.0
Réservoir Baskatong	112.1	Lac Mesgouez	60.9
Lac Naococane	111.9	Lac Castignon	60.5
Lac Couture	106.3	Lac Low	55.7
Lac aux Goélands	102.1	Lac Boulder	55.4
Lac Kipawa	101.4	Lac Cambrien	52.3
Lac Faribault	99.6	Lac Delorme	52.3
		Lac Otelnue	51.6

Source: Commerce. Octobre 1970.

Un ruisseau des Laurentides (Canadien Pacifique).

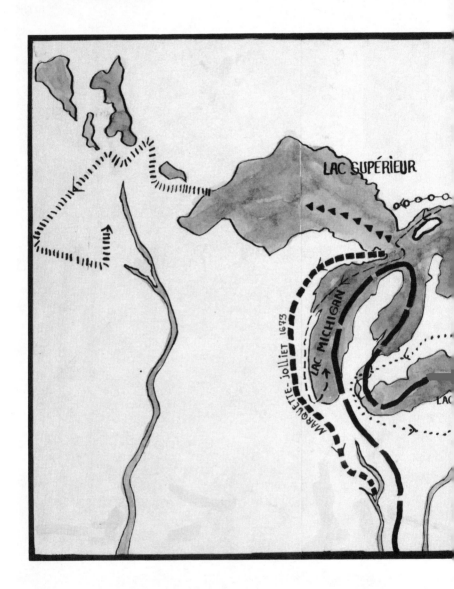

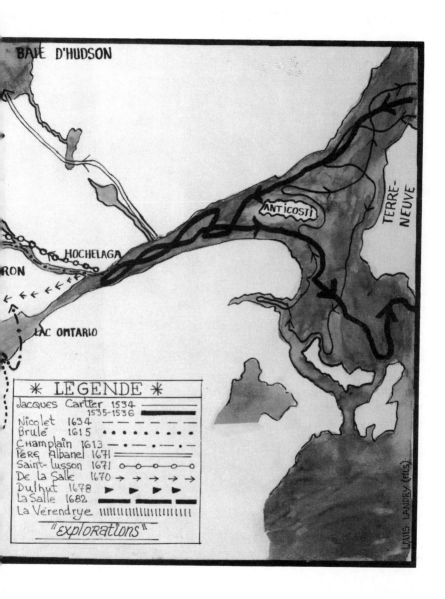

BAIE D'HUDSON

TERRE-NEUVE

ANTICOSTI

HOCHELAGA

RON

LAC ONTARIO

✳ LÉGENDE ✳

Jacques Cartier 1534	———
	1535-1536 ▬▬▬
Nicolet 1634	– – –
Brulé 1615	• • • • •
Champlain 1613	—•—•—•—
Père Albanel 1671	═══════
Saint-Lusson 1671	o—o—o—o
De la Salle 1670	→ → → → →
Dulhut 1678	▶ ▶ ▶ ▶
La Salle 1682	▬▶ ▬▶ ▬▶ ▬▶
La Vérendrye	‖‖‖‖‖‖‖‖‖‖‖‖‖

"explorations"

LOUIS LANDRY (FILS).

911
HISTORIQUE DES FRONTIÈRES
ÉVOLUTION DU TERRITOIRE

Source: Annuaire du Québec 1972.

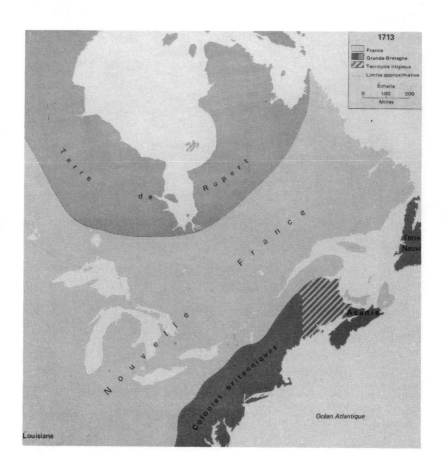

845

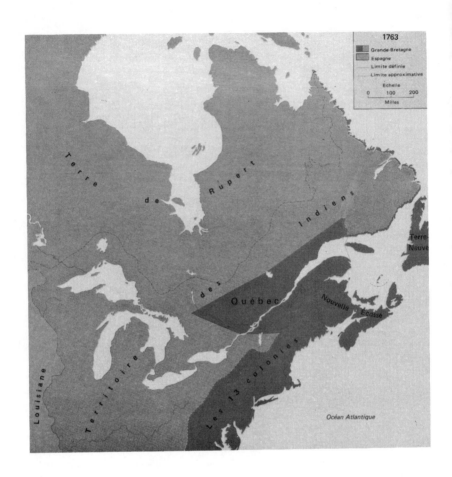

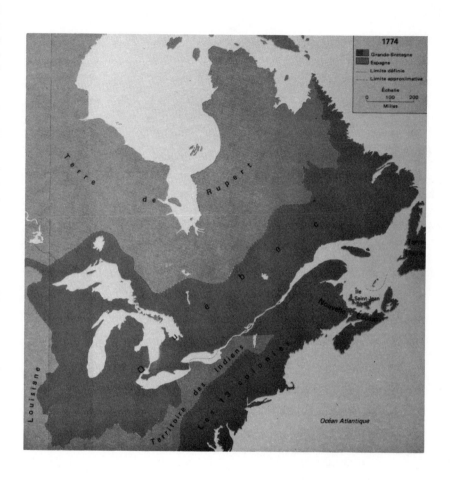

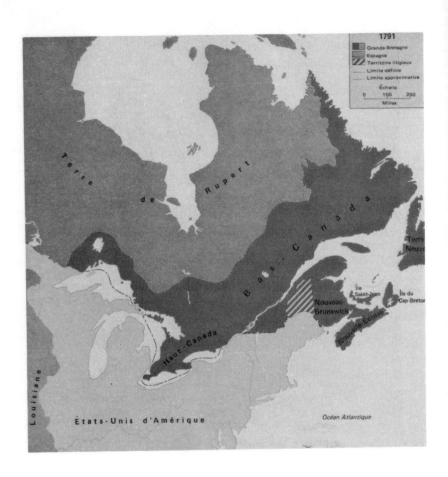

Legend (top right):

1791
- Grande-Bretagne
- Espagne
- Territoire litigieux
- Limite définie
- Limite approximative

Échelle
0   100   200
Milles

Map labels:

Terre de Rupert

Bas-Canada

Haut-Canada

Louisiane

États-Unis d'Amérique

Nouveau-Brunswick

Nouvelle-Écosse

Île Saint-Jean

Île du Cap-Breton

Terre-Neuve

Océan Atlantique

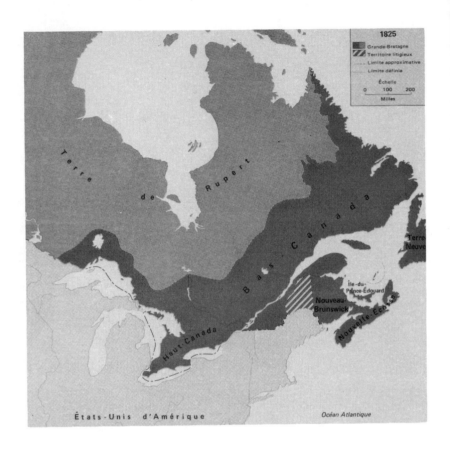

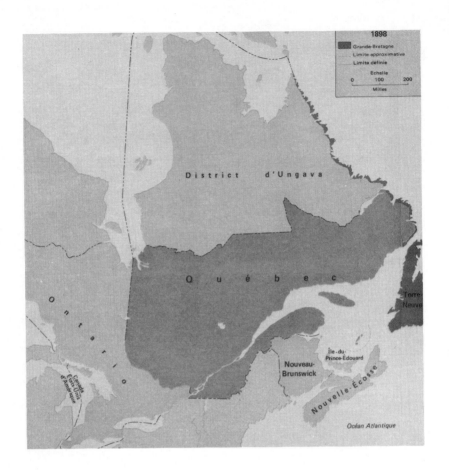

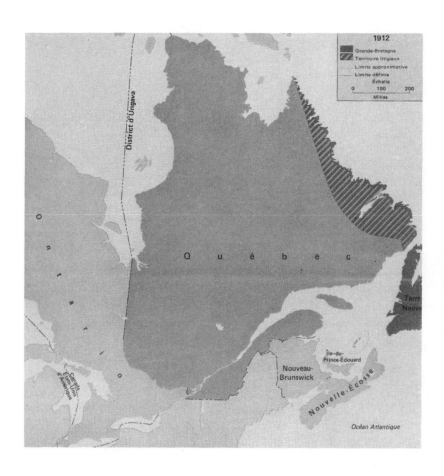

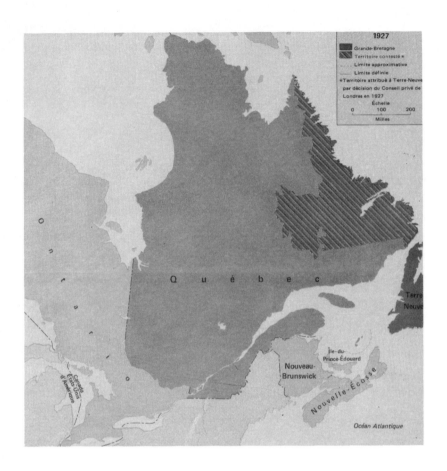

854

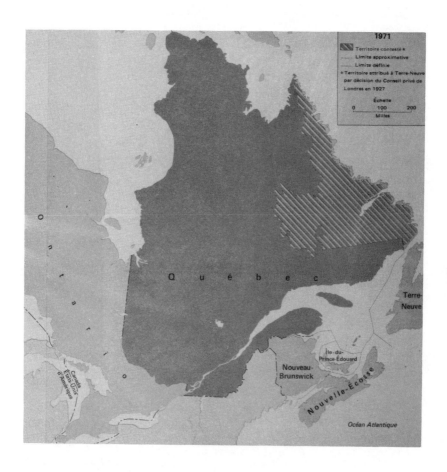

CARTES DES PRINCIPALES VILLES

MONTRÉAL (centre-ville)

MONTRÉAL (métropolitain)

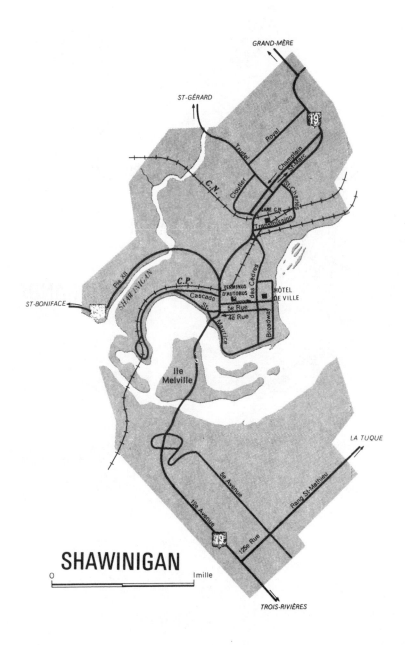

GRAND-MÈRE

ST-GÉRARD

19

Royal

Trudel

Champlain St-Marc

Cloutier

C.N.

St-Charles

GARE C.N.

Transmission

Pie XII

SHAWINIGAN

C.P.

TERMINUS
D'AUTOBUS

des Cèdres

HÔTEL
DE VILLE

ST-BONIFACE

Cascade

St-Maurice

5e Rue

4e Rue

Broadway

Ile
Melville

LA TUQUE

5e Avenue

Pont St-Mathieu

19

12e Avenue

125e Rue

SHAWINIGAN

0   1mille

TROIS-RIVIÈRES

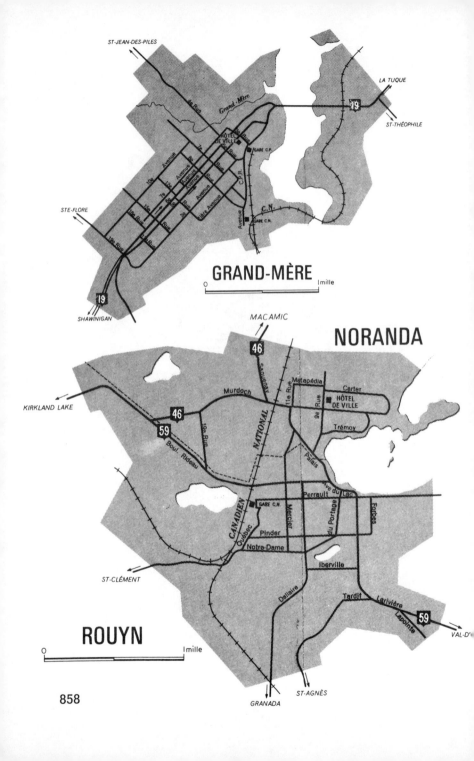

GRAND-MÈRE

ROUYN

NORANDA

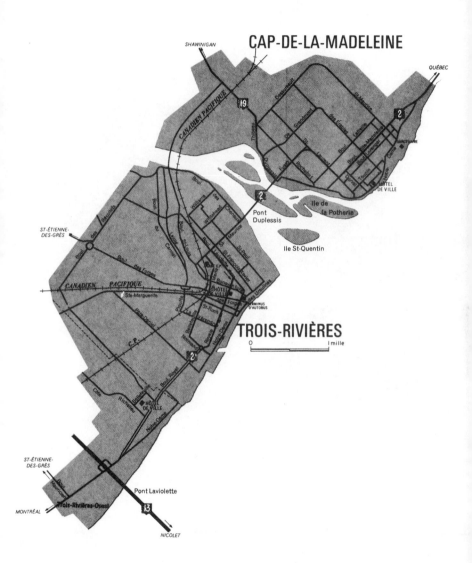

CAP-DE-LA-MADELEINE

TROIS-RIVIÈRES

SHAWINIGAN

QUÉBEC

ST-ÉTIENNE-DES-GRÈS

Pont Duplessis

Ile de la Potherie

Ile St-Quentin

HÔTEL DE VILLE

SANCTUAIRE

CANADIEN PACIFIQUE

CANADIEN PACIFIQUE

C.P.

Ste-Marguerite

TERMINUS D'AUTOBUS

0   1 mille

ST-ÉTIENNE-DES-GRÈS

MONTRÉAL

Trois-Rivières-Ouest

Pont Laviolette

NICOLET

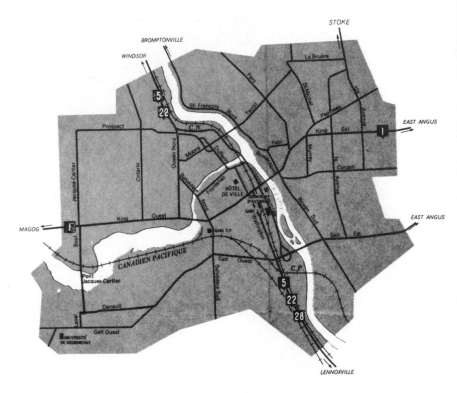

SHERBROOKE

0   1 mille

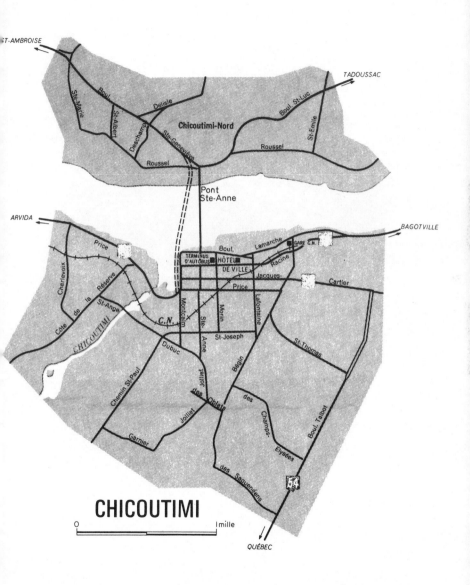

ST-AMBROISE

TADOUSSAC

Ste-Marie
Boul.
Delisle
St-Albert
Déchamps
Ste-Geneviève

Chicoutimi-Nord

Boul. St-Luc
St-Émile
Roussel

Roussel

Pont
Ste-Anne

ARVIDA

BAGOTVILLE

Price
Charlevoix
Côte de la Réserve
St-Ange
CHICOUTIMI
C.N.

Boul.
Lamarche
GARE C.N.
TERMINUS
D'AUTOBUS
HÔTEL
DE VILLE
Racine
Jacques
Price
Cartier

Montcalm
Ste-Anne
Morin
Lafontaine
St-Joseph
St-Thomas

Dubuc
Chemin St-Paul
Joliet
des Oblats
Bégin
des
Champs-Élysées
Boul. Talbot

Garnier

des Sanguenains

54

CHICOUTIMI

0   1 mille

QUÉBEC

861

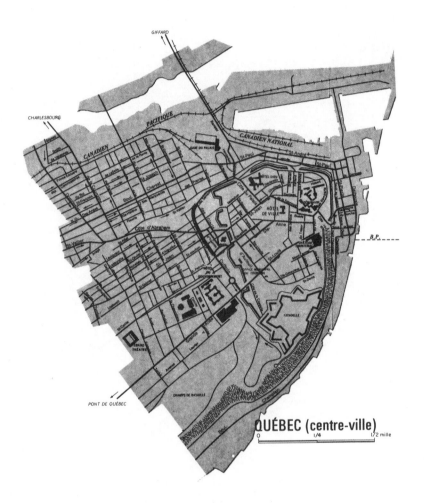

QUÉBEC (centre-ville)

913
ARCHÉOLOGIE

Le travail accompli par les différentes sociétés d'archéologie québécoise a fait l'objet de quelques rapports techniques, mentionnons les plus typiques:

La Chapelle Champlain et Notre-Dame de Recouvrance, 1958, Sylvio Dumas.

Premiers résultats de l'exploration d'un site archélogique à Sillery, 1961, Michel Gaumond.

Grottes d'intérêt historique sur le fjord du Saguenay, 1961, Léo Brassard.

Les Richesses archéologiques du Québec, 1962, par la Société d'archéologie de Sherbrooke.

Les Stations archaïques de Red Mill, 1964, René Ribes.

Le Gisement de Batiscan, 1964, J. Wright et René Lévesque.

La Préhistoire de la Péninsule du Labrador, 1964, William E. Taylor, jr.

Recherches archéologiques au lac Abitibi, 1964, Thomas E. Lee.

Archéologie: Lac Payne, Péninsule d'Ungava, 1964, Thomas E. Lee.

La Maison Fornel, Place Royale, Québec, 1965, Michel Gaumon.

Préhistoire de la région de Trois-Rivières, 1965, René Ribes.

Stations du sylvicole moyen à la Pointe du Lac, 1966, René Ribes.

La première église de Saint-Joachim 1685-1759, Michel Gaumond, 1966.

Archéologie au Saguenay, 1966, J.-Henri Fortin.

Bulletin de la Société d'Archéologie de Québec, 1966, Gérard Laplante, Charles Bernard, C. Martin.

Archéologie au Royaume du Saguenay, 1967, J.-Henri Fortin.

Bulletin d'information, déc. 1966 - juin 1967, Michel Duval, René Ribes. Musée d'Archéologie préhistorique de Trois-Rivières.

Source: Annuaire du Québec 1968-1969.

920
HISTOIRE ET GÉOGRAPHIE - BIOGRAPHIES

Agona, chef indien qui remplaça Donnacona pendant son voyage en France.

Ailleboust de Manthet (Nicolas d'), (1663-1709), né à Montréal, capitaine qui commanda l'attaque contre Corlar (1690).

Arnold (Benedict), (1741-1801), né à Norwick (Connecticut), général américain qui envahit le Canada et participa au siège de Québec (1775).

Aubert de Dieppe (Thomas), le premier, avant Cartier, à amener des Amérindiens du golfe en Europe.

Bédard (Pierre), (1762-1829), né à Charlesbourg, journaliste et député, mis en prison par Craig.

Bienville (Jean-Baptiste Le Moyne de), (1680-1768), né à Montréal, surnommé «Le Père de la Louisiane».

Bouchette (J.-B.), (1736-1804), né à Québec, capitaine qui fit habilement traverser la flotte américaine au général Carleton.

Bourassa (Henri), (1868-1952), né à Montréal, journaliste, fondateur du Devoir, tribun et grand chef nationaliste.

Brien (Jean-Baptiste), (1815-1841), Fils de la Liberté qui trahit les siens en prison.

Brûlé (Etienne), (1591-1633), fameux coureur des bois.

Callières (Louis Hector de), (1646-1703), gouverneur de Montréal qui signa une paix définitive avec les Iroquois.

Cartier (sir Georges-Etienne), (1814-1873), né à Saint-Antoine-sur-Richelieu, premier ministre conjoint du Canada-Uni, et l'un des principaux Pères de la Confédération.

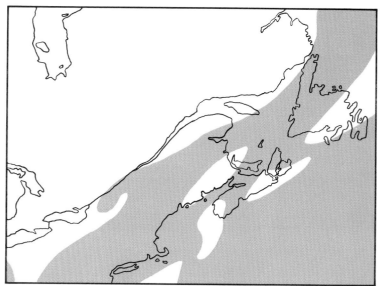

La partie foncée indique la surface occupée par la mer cambrienne, Presque tout le Québec se trouve sur la terre ferme.

La partie foncée indique la surface occupée par la mer dévonienne. Presue toute la vallée du Saint-Laurent est immergée. En se retirant, la mer dévonienne laissera des dénôts qui forment la majeure partie de la structure géologique de la vallée.

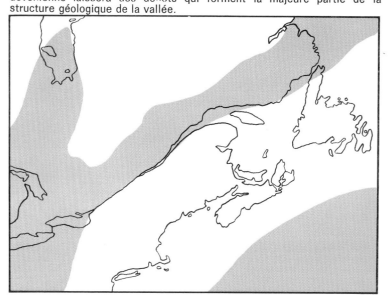

Le mouvement des glaciers à l'époque du pléistocène (période quaternaire). En se retirant, les glaciers laissèrent des dépôts de sable, de
graviers et de rocs sous forme de déjections et de moraines.

Lors du retrait des glaciers, la croûte terrestre, dans la région montréa-
laise, se trouvait écrasée à un niveau inférieur à celui de la mer. Il se
forma un vaste lac, la Mer Champlain, qui se retira peu à peu à mesure
que le poids des glaciers diminuait. A son plus haut niveau, la Mer
Champlain dépassait de 600 pieds [200 m.] le niveau actuel du fleuve
à Montréal. Les rives de la Mer Champlain correspondaient à la présente
ligne des carrières de sable autour de Montréal.

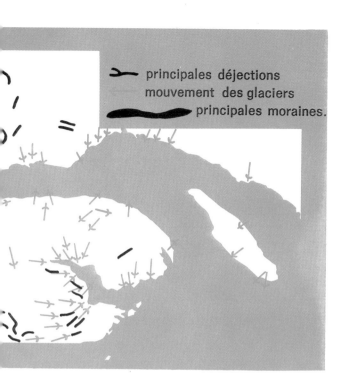

principales déjections
mouvement des glaciers
principales moraines.

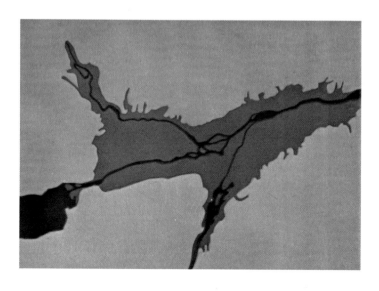

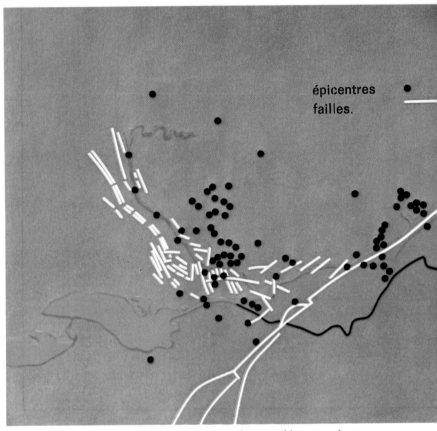

épicentres ●

failles.

Carte illustrant les failles et les épicentres des tremblements de terre
survenus entre 1954 et 1962.

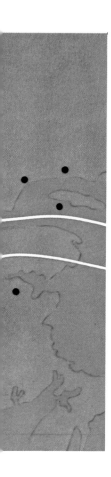

Près de Trois-Rivières, le Saint-Laurent coule sur le lit de l'ancienne mer Champlain. Les rives sont planes, le canal relativement profond et le courant y est plus lent qu'autre-fois.

Dans l'estuaire, le Saint-Laurent devient presque un immense lac. Les rives sont hautes; un courant très lent et la marée causée par l'entrée d'eau salée modifient l'environnement marin.

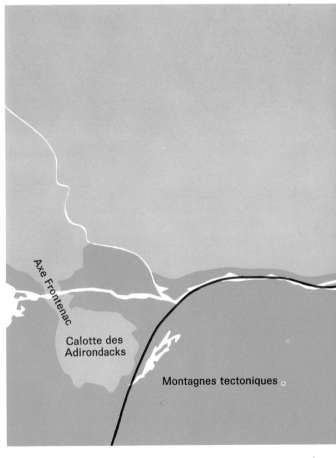

Axe Frontenac

Calotte des
Adirondacks

Montagnes tectoniques

Le Saint-Laurent, sur presque tout son cours, à
l'est de l'axe Frontenac, coule le long de la faille
Logan. La faille Logan, appelée parfois ligne Logan,
date du retrait des glaciers qui creusèrent le lit
du Saint-Laurent.

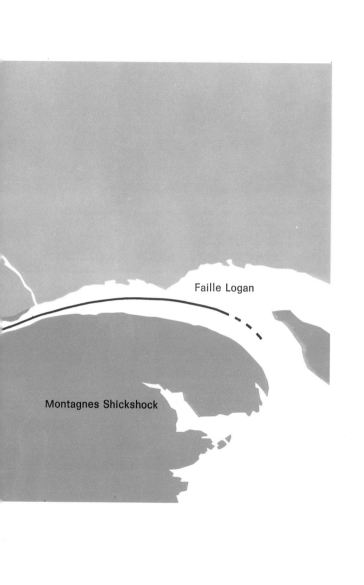

Faille Logan

Montagnes Shickshock

Coupe de la faille Logan à la hauteur de l'Ile d'Orléans. La faille Logan, dont l'origine est encore incertaine, est une brisure dans l'écorce terrestre. Sa ligne correspond sur presque toute sa longueur à la ligne du fleuve Saint-Laurent; elle part aux environs du lac Champlain et se perd dans le golfe. Cette faille rend très fragile le sol de la vallée du Saint-Laurent et en fait une des zones du monde les plus dangereuses quant aux tremblements de terre.

Cartier (Jacques), (1494-1557), né à Saint-Malo (France), découvreur du Canada (1534).

Champlain (Samuel de), (1567-1635), né à Brouage (France), fondateur de Québec (1608), surnommé le «Père de la Nouvelle-France».

Chartier (Etienne), (1798-1853), curé de Saint-Benoît (Deux-Montagnes), prit la part des Patriotes (1837).

Chénier (Jean-Olivier), (1806-1837), né à Lachine, chef des Patriotes de Saint-Eustache, fut tué au cours de la bataille dans ce village (1837).

Closse (Lambert), (1625-1662), né à Mogues (France), défendit Ville-Marie en 1653 contre une attaque d'Iroquois, quatre fois plus forts en nombre.

Colborne (sir John, lord Seaton), (1778-1863), né à Lyndhurst (Angleterre), commandant des forces britanniques au Canada qui a réprimé si durement les Troubles de 1837-1838 qu'il a été surnommé le «Vieux Brûlot».

Cook (James), (1728-1779), né à Marton (Angleterre), explora le golfe Saint-Laurent en 1759.

Daunais (Aimable), (1817-1839), né à L'Acadie, un des 12 patriotes pendus.

Debartzch (Pierre-Dominique), (1782-1846), né à Saint-Charles-sur-le-Richelieu, d'abord Patriote, puis Loyaliste, dont le manoir servit de fort aux Patriotes à Saint-Charles.

Denonville (Jacques-René de Brisay, marquis de), (1642-1710), originaire du Poitou, gouverneur de la Nouvelle-France, dont les expéditions contre les Iroquois entraînèrent le massacre de Lachine (1689).

Dollard des Ormeaux (Adam), (1635-1660), arrivé à Montréal en 1657, surnommé «le héros du Long-Sault», parce qu'il y arrêta, au prix de sa vie, une expédition iroquoise contre Montréal.

Donnacona, chef huron de Stadaconé, qui se rendit en France (1536) avec Jacques Cartier et y mourut bientôt.

Dulhut (Daniel Greysolon), (1639-1710), né à Saint-Germain-

Laval (France), explorateur du pays des Sioux, se rendit jusqu'au Minnesota, aux sources du Mississipi et de la Rivière Rouge.

Duplessis (Maurice Le Noblet-), (1890-1959), né à Trois-Rivières, fondateur de l'Union Nationale, premier ministre pendant 18 ans, se fit grand défenseur de l'autonomie de la province. Son régime a pris le nom de «duplessisme» à cause de son caractère autocratique et des mœurs électorales condamnables qui l'ont maintenu.

Duquet (Joseph), (1816-1838), né à Châteauguay, l'un des 12 Patriotes pendus.

Durham (John George Lambton, lord), (1792-1840), auteur du rapport Durham qui recommanda l'union et l'anglicisation des Canadiens français.

Duval (Jean), (-1608), conspira contre Champlain, il fut exécuté.

Duvernay (Ludger Crevier), (1799-1852), né à Verchères, fondateur de la Société Saint-Jean-Baptiste (1834), Patriote qui se réfugia à Burlington (1838).

Fancamp (Pierre Chevrier, baron, abbé de), un des fondateurs de la Compagnie de Montréal.

Francœur (Joseph-Napoléon Leclerc-), (1881-1965), né au Cap-Saint-Ignace, auteur de motion Francœur (1917) qui proposait la séparation du Québec si le reste du Canada le voulait.

Frontenac (Louis de Buade, comte de Palluau et de), (1620-1698), né à Saint-Germain-en-laye (France), gouverneur général de la Nouvelle-France qui repoussa Phipps attaquant Québec (1690).

Garakonthié (1640-1677), chef iroquois, le premier à se faire baptiser (juillet 1669) et à introduire les Jésuites en son pays.

Girod (Amury), (1805-1837), un des chefs de la Rébellion 1837 à Saint-Charles et à Saint-Eustache d'où il fuit avant la bataille.

Gore (sir Charles), (1793-   ), général anglais battu par les Patriotes à Saint-Denis, mais vainqueur à Saint-Charles.

Gosford (Archibald Atcheson, lord), (1776-1849), gouverneur du Canada, qui se montra sympathique aux Canadiens.

Gosselin (Clément), (1747-1816), originaire de l'Ile d'Orléans, officier favorable à la Révolution américaine (1776).

Groseilliers (Médard Chouart des), (1625-1690), né à Saint-Cyr-en-Brie, beau-frère et compagnon de Radisson, explora les environs du Lac Supérieur, fit la traite des fourrures avec les Anglais.

Guibord (Joseph), (1804-1869), membre de l'Institut canadien dont l'enterrement suscita quatre célèbres procès parce que Mgr Bourget lui refusait la sépulture ecclésiastique. Finalement, le Conseil privé donna raison à la famille Guibord.

Hamelin (François-Xavier), (1817-1839), né à Saint-Philippe-de-Laprairie, un des 12 Patriotes pendus.

Hampton (Wade), (1754-1835), né en Caroline (E.-U.), général américain repoussé par Salaberry à Châteauguay en octobre 1813.

Hart (Ezéchiel), député juif de Trois-Rivières (1807-1809), qui ne put jamais prendre son siège à cause de l'opposition du parti canadien.

Hazen (Moses), (1733 1803), né à Haverville (E.-U.), établi à Iberville, il forma un régiment canadien-français favorable à la Révolution américaine (1775).

Hébert (Louis), (1575-1637), apothicaire, le chef de la première famille à s'établir en Nouvelle-France (1617).

Hertel (François), (1642-1722), officier, héros de Salmon Falls (New-Hampshire), de Casco et de Québec (1690).

Houde (Camillien), (1889-1958), né à Montréal, maire de Montréal pendant plus de 20 ans, incarcéré pendant la guerre (1939-1944) à cause de son opposition à la conscription.

Hudson (Henry), (1685-1611), explorateur qui découvrit (1609) la baie d'Hudson.

Iberville (Pierre Le Moyne d'), (1661-1706), né à Montréal, célèbre par ses exploits à la baie d'Hudson, à Terre-Neuve, à la baie de Fundy, découvrit l'embouchure du Mississipi et fonda la Louisiane (1703).

Jalbert (François), (1780-1854), accusé de l'assassinat du lieutenant Weir, prisonnier des Patriotes à Saint-Denis (1837), il fut par la suite acquitté.

Jolliet (Louis), (1645-1700), né à Québec, découvreur du Mississipi (1673) avec le Père Marquette.

Juneau (Salomon), (1793-1856), né à Repentigny, fondateur de Millwaukee (1830).

Kirke (David), (1596-1653), né à Dieppe (France), soldat au service de l'Angleterre, s'empara de Québec (1629).

Kondiaronk, surnommé Le Rat, chef huron de Michillimaki-nac, signa le traité de paix avec les Français (1701).

Labelle (Antoine), (1834-1891), né à Sainte-Rose-de-l'Ile-Jésus, curé de Saint-Jérôme (1868-1891), surnommé le Roi du Nord à cause de son zèle pour la colonisation.

La Dauversière (Jérôme Le Royer de), (1597-1659), né à La Flèche (France), fondateur de la Société Notre-Dame-de-Montréal responsable de la fondation de Montréal et de l'Hôtel-Dieu de Montréal.

Laflèche (Louis-François Richer-), (1818-1898), né à La Pé-rade, évêque de Trois-Rivières, auteur de la fameuse formu-le: «La langue est la sauvegarde de la Foi».

La Fontaine (sir Louis-Hippolyte Ménard-), (1807-1864), né à Boucherville, premier ministre du Canada-Uni (1848-1851), défenseur de la langue française au Parlement.

Laporte (Pierre), (1921-1970), né à Montréal, journaliste, ministre du Travail, assassiné par le Front de Libération du Québec.

La Salle (Robert Cavelier de), (1643-1687), né à Rouen (France), explorateur, découvrit la Louisiane (9 avril 1682) et lui donna ce nom. Mort assassiné.

Laurier (sir Wilfrid), (1841-1919), né à Saint-Lin-les-Lauren-tides, premier ministre du Canada (1896-1911).

La Vérendrye (Pierre Gaultier de), (1685-1749), né à Trois-Rivières, explora l'Ouest canadien pendant 12 ans. Ses fils découvrirent plus tard les Rocheuses (1743).

Leif, navigateur viking qui a longé le Labrador au XIe siècle.

Le Moyne (Charles), (1625-1685), originaire de Dieppe (France), père de la famille la plus illustre de la Nouvelle-France.

Lesage (Jean), (1912-   ), né à Montréal, premier ministre (1960-1966), période dite de la Révolution tranquille.

Lévis (François-Gaston, duc de), (1720-1787), né à Ajac (France), vainqueur de la bataille de Sainte-Foye (avril 1760).

Lorimier (François-Marie Chamilly de), (1803-1839), né à Saint-Cuthbert, chef patriote de la bataille de Beauharnois (1838) et de la bataille d'Odeltown (1838), pendu le 15 février suivant.

Lotbinière (Louis-Eustache Chartier de), (1716-1784), né à Québec, premier aumônier catholique de l'armée américaine pendant la Révolution.

Mackenzie (sir Alexander), (1764-1820), né à Stornoway (Ecosse), député de Huntingdon (1804), le premier à se rendre jusqu'au Pacifique (1793).

Maisonneuve (Paul de Chomedey de), (1612-1676), né à Neuville-sur-Vanne (France), fondateur de Montréal (1642).

Marquette (Père Jacques), (1637-1675), né à Laon (France), jésuite qui découvrit le Mississipi (1673) avec Louis Jolliet.

McGee (Thomas D'Arcy), (1825-1868), né à Carlingford (Irlande), député de Montréal (1861), un des Pères de la Confédération, assassiné par un Fénien à Ottawa.

Montcalm (Louis-Joseph de Saint-Véran, marquis de), (1712-1759), né à Candiac (France), général vaincu de la bataille des plaines d'Abraham.

Montgolfier (Etienne de), (1712-1791), né à Vienne (France), nommé évêque de Québec (1764) mais dut démissionner à cause de l'opposition des Anglais.

Montgomery (Richard), (1736-1775), né à Dublin (Irlande), général américain, occupa Montréal (1775), et fit le siège de Québec pendant lequel il mourut.

Montigny (Casimir-Amable Testard de), (1787-1863), né à Montréal, pionnier de Saint-Jérôme, fait prisonnier à Saint-Eustache (1837) par les Patriotes.

Montmagny (Charles Huault de), (1553-1654), né à Paris (France), successeur de Champlain, bâtit le fort Richelieu (Sorel) en 1642.

Morin (Augustin-Norbert), (1803-1865), né à Saint-Michel-de-Bellechasse, principal auteur des 92 Résolutions.

Murray (James), (1719-1794), né à Ballencrief (Ecosse), général anglais successeur de Wolfe, premier gouverneur du Régime anglais, se montra sympathique aux Canadiens-français.

Neilson (John), (1776-1848), né à Dornald (Ecosse), d'abord allié de Papineau puis s'en sépara en 1834.

Nelson (Robert), (1794-1873), né à Montréal, chef patriote en 1837 et 1838.

Nelson (Wolfred), (1793-1863), né à Montréal, chef des Patriotes à la bataille de Saint-Denis (1837), exilé aux Bermudes (1838), maire de Montréal (1844-1851).

Nicolet (Jean), (1598-1642), né à Cherbourg (France), découvrit le lac Michigan.

Olier (Jean-Jacques), (1608-1657), né à Paris (France), collaborateur de saint Vincent-de-Paul, fondateur des Sulpiciens (1642) et co-fondateur de la Société Notre-Dame-de-Montréal.

Papineau (Louis-Joseph), (1786-1871), né à Montréal, président de la Chambre de 1815 à 1823, puis de 1825 à 1837, le premier chef Patriote mais qui s'opposa au soulèvement de 1837. Exilé jusqu'en 1845.

Phipps (William), (1651-1695), né à Woolwich (E.-U.), tenta en vain de prendre Québec (1690).

Pontgravé (François du), (1554-1629), né Saint-Malo (France), navigateur qui remonta le fleuve (1603) jusqu'à Caughnawaga.

Pontiac (1720-1769), chef outaouais qui voulut restaurer la Nouvelle-France après 1760.

Portneuf (Philippe-René de), (1707-1759), né à Montréal, curé de Montmorency (1731-1759) qui fut tué en tentant d'empêcher le débarquement des Anglais dans sa paroisse.

Poutré (Félix), (1815-1885), faux patriote de 1837 qui dénonçait secrètement les siens.

Prévost (sir George), (1767-1815), né à New York (E.-U.), successeur de Craig, s'appliqua à corriger les injustices de son prédécesseur.

Prince (Lorenzo), (1872-1940), né à Batiscan, journaliste qui fit le tour du monde en 60 jours (1901).

Radisson (Pierre-Esprit), (1635-1710), né à Paris (France), explorateur qui travailla tour à tour pour la France et pour l'Angleterre, épousa la fille de Kirke (1672).

Raymond (Maxime) (1883-1961), né à Saint-Stanislas de Beauharnois, fondateur du Bloc Populaire canadien et chef de la campagne contre la conscription (1942).

Saint-Castin (Bernard-Anselme d'Abbadie de), (1689-1731), métis, chef des Abénaquis, admis à la noblesse du Béarn en France (1717).

Saint-Laurent (Louis-Stephen), (1882-   ), né à Compton, premier ministre du Canada (1948-1957).

Saint-Ours (Charles-Roch de), (1800-1839), né à Saint-Ours, shérif de Montréal (1837), présida l'exécution de 12 Patriotes.

Salaberry (Charles-Michel de), (1778-1829), né à Beauport, repoussa l'invasion américaine à Châteauguay (1813), surnommé le Léonidas canadien.

Salaberry (René-Léonidas de), (1820-1882), né à Chambly, enquêteur sur l'affaire Louis Riel et fait prisonnier par ce dernier.

Sauvé (Paul), (1907-1960), né à Saint-Benoit (Deux-Montagnes), successeur de Maurice Duplessis à la tête de la province et mort moins de 4 mois plus tard.

Schuyler (le colonel), (1671-1711), officier hollandais qui mit beaucoup d'efforts à raviver la guerre entre les Iroquois et les Français (1709).

Taché (Jean), (1697-1768), né à Cangarvillars (France), signa la demande de capitulation de Québec (septembre 1759).

Talon (Jean), (1625-1694), né à Châlons-sur-Marne (France), intendant de la Nouvelle-France (1665) qui prit un grand essor sous sa direction.

Townshend (George), (1724-1807), général anglais, remplaça Wolfe et termina la bataille des Plaines d'Abraham (1759).

Triquet (Paul), (1908-   ), né à Cabano, reçut la Croix Victoria pour sa bravoure à Casa Berardi (Italie).

Trudeau (Pierre Elliott), (1921-   ), né à Montréal, premier ministre du Canada depuis 1968.

Vaudreuil (Philippe de Rigaud, marquis de), (1643-1725), originaire de Haute-Garonne (France), gouverneur de la Nouvelle-France (1703-1725), eut une heureuse administration.

Vaudreuil-Cavagnal (Pierre de Rigaud, marquis de), (1698-1778), né à Québec, dernier gouverneur général de la Nouvelle-France, le premier de naissance canadienne, passa en France à la capitulation.

Verchères (Madeleine de), (1678-1747), née à Verchères, défendit bravement le fort de son père contre une attaque d'Iroquois (octobre 1692).

Vergor (Louis du Pont du Chambron de), (1713-1775), né à Sérignac (France), capitaine qui s'endormit pendant la garde de l'Anse-au-Foulon, ce qui permit aux Anglais de débarquer (1759).

Viger (Denis-Benjamin), (1774-1861), né à Montréal, un des chefs patriotes (1837).

Viger (Jacques), (1787-1858), né à Montréal, premier maire de cette ville (1833-1836).

Vignau (Nicolas du), imposteur qui se fit guide de Champlain vers la mer du Nord qu'il prétendait connaître.

Vitré (Théodore-Mathieu Denys de), (1724-1763), né à Québec, dut piloter la flotte anglaise vers Québec (1759).

Walker (Hovenden), (1660-1726), né dans le Somerset (Angleterre), amiral qui vit sa flotte se briser sur l'Ile-aux-Oeufs (22 août 1711) en se rendant attaquer Québec.

Wetherall (George Augustus), (1788-1868), né à Penton (Angleterre), défit les Patriotes à Saint-Charles (1837).

Wolfe (James), (1727-1759), né à Westerham (Angleterre), général qui remporta la bataille des Plaines d'Abraham (1759) où il fut tué.

Abercromby (James), (1706-1781), né en Ecosse.

Allen (Ethan), (1737-1789), né à Litchfield (E.-U.).

Amherst (sir Jefferey), (1717-1797), né dans le Kent (Angleterre.

Argenson (Pierre de Voyer, vicomte d'), (1625-1709), originaire de Blois (France).

Avaugour (Pierre du Bois, baron d'), (1634-1664).

Barrette (Antonio), (1900-1968), né à Joliette.

Beaubien (Louis), (1837-1915), né à Montréal.

Beauharnois (Charles, marquis de), (1760-1749).

Beaujeu (Daniel-Hyacinthe Liénard de), (1711-1755), né à Montréal.

Bedout (Jacques), (1751-1818), né à Québec.

Bigot (François), (1703-1778), né à Bordeaux (France).

Bouchard (Télesphore-Damien), (1881-1962), né à Saint-Hyacinthe.

Bougainville (Louis-Antoine), (1729-1811), né à Paris (France).

Bourassa (Robert), (1933-   ), né à Montréal.

Brown (John), (1744-1780).

Brown (Thomas Storrow), (1823-1888), né à St. Andrews (N.-B).

Burgoyne (John), (1723-1792).

Cardinal (Joseph-Narcisse), (1808-1838), né à Saint-Constant.

Carleton (Guy, lord Dorchester), (1724-1808), né à Strabane (Irlande).

Chapais (sir Thomas), (1859-1946), né à Saint-Denis-de-la-Bouteillerie (Kamouraska).

Chapleau (sir Adolphe), (1840-1898), né à Sainte-Thérèse-de-Blainville.

Charest (Etienne), (1717-1766), né à Québec.

Chauveau (Pierre-Joseph-Olivier), (1820-1890), né à Québec.

Cherrier (Côme-Séraphin), (1798-1885), né à Repentigny.

Chèvrefils (Ignace-Gabriel), (1796-1841).

Dalhousie (George Ramsey, lord), (1770-1838), originaire d'Ecosse.

Daniel (Charles), (1592-1661), né à Dieppe.

Denys (Nicolas), (1598-1688), né à Tours (France).

Doutre (Joseph), (1825-1886), né à Beauharnois.

Drapeau (Jean), (1916-   ), né à Montréal.

Drouin (Mark), (1903-1963), né à Québec.

Drummond (Lewis Thomas), (1813-1882), originaire d'Irlande).

Duchesneau (Jacques), (1650-1683), originaire de Tours.

Dumouchel (Louis), (1800-1840).

Dupuy (Claude-Thomas), (1686-1737), originaire de l'Auvergne (France).

Duquesne (Ange de Menneville, marquise de), (1702-1778), né à Toulon (France).

Du Tremblay (Pamphile-Réal), (1879-1955), né à La Pérade.

Estève (François), (1727-1767), originaire du Languedoc.

Favreau (Guy), (1917-1967), né à Montréal.

Fitzpatrick (sir Charles), (1853-1942), né à Québec.

Franquelin (J.-B.), (1652-1718), né à Vilberny (France).

Fraser (Simon), (1726-1782).

Gage (Thomas), (1721-1787), né à Firle (Angleterre).

Gagnon (Julien, dit Lucien), (1793-1842), né à Laprairie.

Galinée (René-François Bréhaut de), (-1678), né en Bretagne.

Gaudais-Dupont de Neuville (Nicolas), (1632-1716).

Girard (Marc-Amable), (1822-1892), né à Varennes.
Godbout (Adélard), (1892-1956), né à Saint-Eloi de Témiscouata.

Godu (Toussaint-Hubert), (1793-1879), né à Saint-Denis-sur-Richelieu.

Gouin (sir Lomer), (1861-1929), né à Grondines.

Gugy (Bartolomew Augustus), (1796-1876), né à Trois-Rivières.

Hainault (Louis), (1815-1880).

Haldimand (Frederick), (1718-1791), né à Yverdon (Suisse).

Haviland (1735-1760).

Hébert (Augustin), (1620-1651).

Hennepin (Louis), (1640-1705), né à Ath (Belgique).

Henry (Alexandre), (1739-1824), né à New-Jersey (E.-U.).

Hertel (Jean-Baptiste), (1668-1722), né à Trois-Rivières.

Hocquart (Gilles), (1694-1783), né à Mortagne (France).

Holmes (Charles), (1711-1761).

Howe (William), (1729-1814).

Hull (William), (1753-1825), né à Derby (Conn., E.-U.).

Jodoin (Tancrède), (1875-1951), né à Boucherville.

Joutel (Henri), (1665-1723).

Jumonville (Joseph Coulon de Villiers de), (1718-1754), né à Verchères.

La Balme (Augustin Mottin de), (1732-1780), originaire de Romans (France).

La Barre (Antoine Lefebvre de), (1622-1688), né à Paris (France).

La Corne-Saint-Luc (Luc de), (1711-1784), né à Contrecoeur.

La Jonquière (Jacques-Pierre de Taffenel, baron de Castelnau, marquis de), (1685-1752), né à Graulhet (France).

La Périère (François-Clément Boucher de), (1708-1759), né à Boucherville.

La Roche (Troïlus du Mesgouez, marquis de), (1540-1606), né à La Roche-coatarmoal (France).

Laurendeau (André), (1913-1968), né à Montréal.

Lavergne (Armand), (1880-1935), né à Arthabaska.

Le Ber-Duchesne (Jean), (1666-1691), né à Montréal.

Le Mercier (François), (1722-1761).

Lesueur (Pierre-Charles), (657-1704), né à Heudin (France).

Letellier de Saint-Just (Luc), (1820-1881), né à Rivière-Ouelle.

Lévesque (René), (1921-   ), né à New-Carlisle.

Ligneris (Constant Le Marchand de), (1663-1732), originaire de Tours (France).

Longtin (Joseph-Marie), (1755-1839).

Longueuil (Charles Le Moyne, premier baron de), (1656-1729), né à Soulanges.

Longueuil (Joseph-Dominique-Emmanuel Le Moyne de), (1738-1807), né à Soulanges.

Lorimier (Guillaume de), (1655-1709), né à Paris (France).

Lorimier (Claude-Nicolas-Guillaume de), (1705-1770), né à Lachine.

Lorimier (Claude-Nicolas-Guillaume de), (1744-1825), né à Lachine.

Mackay (François-Samuel), (1865-1946), né à Papineauville.

Macomb (Alexander), (1782-1841), né à Détroit (E.-U.).

Malartic (Hippolyte de Maurès de), (1730-1800), né à Montauban (France).

Malhiot (Edouard-Elisée), (1814-1875), né à Saint-Pierre-les-Becquets.

Malhiot (François), (1733-1808), né à Montréal.

Marchand (Félix-Gabriel), (1832-1900), né à Saint-Jean-d'Iberville.

Marchesseau (Siméon), (1805-1855), né à Saint-Ours.

Marquis (Calixte Canac-), (1821-1904), né à Québec.

McCormick (Robert Rutherford), (1881-1935).

Meloizes (Nicolas Renaud d'Avène des), (1729-1803), né à Québec.

Membré (le P. Zénobe), (-1687), né à Bapaume (France).

Mercier (Honoré), (1840-1894), né à Iberville.

Mondelet (Charles), (1801-1876), né à Saint-Marc-sur-Richelieu.

Monet (Dominique), (1865-1923), né à Saint-Michel-de-Napierville.

Nelson (John), (1654-1734).

Niverville (Claude Boucher de), (1715-1804), né à Chambly.

Noyon (Jacques de), (1668-1726), né à Trois-Rivières.

Ogden (Charles-Richard), (1791-1866), né à Québec.

Ogden (Peter Skene), (1794-1854), né à Québec.

Panet (Jean-Antoine), (1751-1815), né à Québec.

Panet (Philippe), (1791-1855), né à Québec.

Papineau (Joseph), (1752-1841), né à Montréal.

Paquin (Jacques), (1791-1847), né à Deschambault.

Patenaude (Esioff Léon), (1875-1963), né à Saint-Isidore-de-Laprairie.

Péan (Michel-Hugues), (1723-1782), né à Saint-Ours.

Pelissier (Christophe), (1730-1780), né à Québec.

Perrot (François), (1644-1691).

Perrot (Nicolas), (1638-1717).

Portneuf (Pierre Robineau de), (1659-1728), né à Québec.

Pouchot (Pierre), (1712-1767), né à Grenoble (France).

Prévost (Jules), (1826-1904), né à Sainte-Anne-des-Plaines.

Prieur (François-Xavier), (1814-1891), né à Soulanges.

Prudhomme (Louis), (1692-1769), né à Montréal.

Quesnel (Frédéric-Auguste), (1785-1865), né à Montréal.

Quesnel (Jules-Maurice), (1786-1842), né à Montréal.

Quirouet (François), (1795-1844).

Raby (Augustin), (1792-1782), né à Québec.

Raffeix (Pierre), (1635-1724), né à Clermont (France).

Ramezay (Claude de), (1659-1724), né à Lagesse (France).

Ramezay (Nicolas-Rock), (1708-1777), né à Montréal.

Razilly (Isaac de), (1587-1635), originaire de Chinon (France).

Ryland (Herman Witsius), (1760-1838), né à Northampton (Angleterre).

Sabrevois (Jean-Charles de), (1667-1727), originaire de Garancière-en-Beauce (France).

Saint-Denis (Louis Juchereau de), (1676-1744), né à Québec.

Saint-Ours (Paul-Roch de), (1747-1814).

Saint-Sauveur (André Grasset de), (1720-1794), né à Montpellier (France).

Salières (Henri de Chastelard, marquis de).

Salm-Salm (Princesse, née Agnès-Elisabeth Leclercq), (1840-1912), née à Philipsburg.

Savard (Logan), (1921-1943), né à Québec.

Schuyler (Philip John), (1733-1804), né à Albany (E.-U.).

Senezergues (Etienne de), (1709-1759), né à Aurillac (France).

Sewell (Jonathan), (1766-1839), né à Boston (E.-U.).

Smith (William), (1728-1793), né à New York (E.-U.).

Sorel ou **Saurel** (Pierre de), (1628-1682), né à Grenoble (France).

Stuart (Andrew), (1785-1840), né à Kingston.

Subercase (Daniel Auger de), (1663-1732), originaire du Béarn (France).

Taché (sir Etienne-Pascal), (1795-1865), né à Montmagny.

Taschereau (Antoine-Charles), (1797-1862), né à Québec.

Taschereau (Louis-Alexandre), (1867-1952), né à Québec.

Tellier (sir Mathias), (1861-1952), né à Sainte-Mélanie de Joliette.

Tracy (Alexandre de Prouville, (marquis de), (1602-1670), originaire de Noyon (France).

Troyes (Pierre, dit le chevalier de), (1665-1688).

Turgeon (Adrien), (1846-1917), né à Terrebonne.

Vallières de Saint-Réal (Rémi), (1787-1847), né à Carleton.

Varin de la Marre (Jean-Victor), (1708-1780), originaire de Niort (France).

Vauquelin (Jean), (1727-1772), né à Dieppe.

Viger (Bonaventure), (1804-1877), né à Boucherville.

Villiers (François Coulon de), (1715-1794), né à Contrecoeur.

Walker (Thomas), (1718-1785).

Warner (Seth), (1743-1784), né à Roxbury (E.-U.).

Wooster (David), (1710-1777), né à Stratford (E.-U.).

Yorke (Charles), (1722-1770).

929
GÉNÉALOGIE - PREMIERS ANCÊTRES
DE QUELQUES FAMILLES

Ailaire (Jean), (-1673), né à Saint-Philibert-du-Pont-Charrault (France), arrivé à Québec le 6 août 1658, ancêtre aussi des Dallaire.

Allard (François), (-1726), originaire de Notre-Dame-de-Blacqueville (France), marié à Québec en 1670.

Amyot (Philippe), (1600-1636), originaire de Soissons (France) à la Grande-Allée de Québec (1635).

Arbec, voir Herbeck.

Archambault (Jacques), (1605-1688), originaire de Dompierre (France), à Québec (1646).

Arseneau (François), (-1669), mort à Batiscan.

Asselin (Jacques), (-1713), originaire de Normandie (France), marié à Château-Richer en 1662.

Aubin (Michel), originaire de Tourouvre (France), marié à Sainte-Famille de l'Ile d'Orléans en 1670.

Auclair, voir Ouellet.

Audet (Nicolas), (-1700), originaire de Poitiers (France), portier de Mgr Laval, marié à Québec en 1670.

Baby (Jacques) (1633-1688), originaire d'Agen (France), à Champlain en 1670.

Baillargeon (Jean), originaire de Londigny (France), à Québec en 1650.

Banlier (Mathurin), (1645-1720), à Saint-Ours en 1672.

Barbeau-Boisdoré (Jean), (1660-1714), originaire de Saint-Vivien-du-Pont (France), en Nouvelle-France en 1686.

Baronet, voir Papin.

Barsalou (Girard), (1672-1721), originaire d'Agen (France), à Montréal en 1700.

Baudreau-Graveline (Urbain), (1633-1695), à Montréal en 1664.

Bazinet (Antoine), (1644-1729), originaire de La Tour Blanche (France), à Montréal en 1674.

Beauchamp (Jacques), (1635-1693), originaire de Larochelle (France), à Montréal vers 1659.

Beauchemin, voir Petit.

Beaudoin (Jean), (1638-1713), né à Tasdon (France), marié au Québec en 1663.

Beaudry (Urbain, dit La Marche), (1615-1682), originaire de Luché (France), mort à Trois-Rivières.

Beaulieu (Charles), (1702-), originaire de Notre-Dame-de-Bayonne (France), marié à Montréal en 1726.

Beauregard, voir Jarret de Beauregard.

Beauvais (Jacques), (1624-1691), originaire d'Igé (France), à Montréal en 1654.

Bédard (Isaac), (1615-1689), originaire de Paris (France), au Québec en 1645.

Bélanger (François), originaire de Lisieux (France), arrivé en Nouvelle-France en 1634.

Bélanger (Jacques), (1612-1672), originaire de Touques (France), à Château-Richer en 1637.

Bellefeuille, voir Rivard (Robert).

Bellerive, voir Crevier.

Benoist (Abel), originaire de Saint-Armand (France), marié à Château-Richer en 1665.

Bergeron (André), originaire de Saint-Saturnin-du-Bois (France), au Québec vers 1666.

Bergevin (Jean Brechevin, dit), (1636-1703), originaire d'Angers (France), à Québec en 1668, ancêtre aussi des Langevin.

Berloin-Nantel (Jean), (1670-1748), originaire de Nanteuil (France), à l'Ile Jésus en 1695.

Bernier (Jacques), (-1713), né à Paris (France), marié à Québec en 1656.

Bérubé (Damien), (1647-1688), né à Roquefort (France), arrivé en Nouvelle-France en 1671.

Bertrand (Jean), (1667-), né à Matha (France), à Charlesbourg en 1685.

Besset (Jean), (1624-1707), né à Cahors (France), à Chambly en 1668.

Bétourné (Adrien), (1642-1722), à Repentigny vers 1668.

Bissonnet (Pierre), devint en 1679 meunier de la seigneurie de Beaupré.

Blain, voir Hablin.

Blanchet (Pierre), originaire de la Picardie (France), marié à Québec en 1670.

Bleury, voir Sabrevois.

Boivin (Jacques, dit Panse), originaire de Sainte-Colombe près de La Flèche, marié à Montréal en 1665.

Bolduc (Louis), (1648-1689), né à Paris (France), à Québec en 1665.

Bonin (Nicolas), (1655-1721), originaire de l'île de Ré, marié à Contrecœur en 1731.

Bouchard-Dorval (Claude), (1626-1699), originaire de Saint-Cosme (France), marié à Québec en 1654.

Boulay, voir Boulé.

Boulé (Robert), (1630-1707), à Château-Richer en 1664.

Bourassa (François), (1659-1708), originaire de Luçon (France), à Laprairie en 1685.

Bourdeau (Pierre), (1659-1713), originaire du Puy-de-Dôme (France), marié à Laprairie en 1689.

Bourdon (Jacques), (1650-1720), originaire de Rouen (France), marié à Boucherville en 1672.

Boyer (Charles), (1631-1702), né à Vançay (France), marié à Montréal en 1666.

Boyer, voir Poyer.

Brosseau (Denis), (1644-1711), originaire de Nantes (France), marié à Trois-Rivières en 1670.

Brunet (Antoine), (1644-   ), né à La Rochelle (France), marié à Montréal en 1663.

Cantin, voir Quentin.

Casavant (Jean), (1649-1712), marié à Contrecœur en 1681.

Chagnon (François), à Verchères vers 1681, ancêtre aussi des Chaillon.

Chalifour (Paul), (1625-1673), né à Epannes (France), marié à Québec en 1648.

Chalifoux, voir Chalifour.

Champagne (Jean-Baptiste, dit Saint-Martin), (-1721), originaire de l'île de Ré, marié à Québec en 1703.

Chaput (Nicolas), (1659-1707), originaire de Besançon (France), marié à Pointe-aux-Trembles en 1689.

Charbonneau (Olivier), à Pointe-aux-Trembles vers 1659.

Charron (Claude, sieur de la Barre), marié à Québec en 1684.

Chartier de Lotbinière (Théandre), originaire de Paris (France), arrivé en Nouvelle-France vers 1650.

Chaumont (Nicolas-Augustin, Guillet de), (1695-1765), à Montréal en 1720 et marié dans cette ville en 1737.

Cherrier (François-Pierre), (1717-1793), né à Sauvigné-l'Evêque (France), à Longueuil en 1737.

Chicoyne (Pierre, dit Dozois), (1642-1692), né à Chaunay (France), marié à Montréal en 1670, à Bellevue entre Verchères et Contrecoeur en 1678.

Cicot (Jean), (1631-1667), né à l'Ile d'Oléron (France), marié à Montréal en 1662.

Clermont, voir Dubord.

Cloutier (Zacharie), (1590-1677), originaire du Perche, à Québec en 1634.

Côté (Jean), (1615-1661), marié à Québec en 1635.

Couillard (Guillaume), (-1663), marié à Québec en 1621.

Cousineau (Jean), originaire du Périgord (France), à Ville-Marie vers 1688.

Coutelet (Louis), (1714-1795), né à Paris (France), marié à Montréal en 1742.

Coutlée, voir Coutelet.

Crevier (Christophe), (1620-1660), originaire de La Rochelle, (France), à Trois-Rivières en 1640.

Crochet, voir Ouellet.

Cuillerier (René), (1640-1712), originaire de Clermont (France), marié à Montréal en 1665.

Cusson (Jean), (1636-1718), né à Rouen (France), marié à Trois-Rivières en 1656.

Dagenais, ou **Dagenet** (Pierre, dit Lépine), (1631-1688), né à La Rochelle (France), à Québec en 1664, marié à Montréal en 1665.

Danis, voir Danny.

Danny (Honoré), (1630-1690), à Montréal en 1653.

Deblois (Grégoire), (-1705), originaire du Poitou (France), établi dans l'Ile d'Orléans en 1668.

De La Voye, voir Lavoie.

Delorme, voir Simon.

Denis, voir Véronneau et Jean.

Desjardins, voir Roy.

Desruisseaux, voir Houde.

Dion, voir Guyon.

Dionne (Antoine, dit Sansoucy), (1641-   ), à l'île d'Orléans en 1663. Voir aussi Guyon.

Domingue, voir Ostilly.

Doucet (Germain), arrivé à La Hève, en Acadie, en 1632, rentra en France en 1654, laissant un fils, Pierre, ancêtre de tous les Doucet canadiens.

Dozois, voir Chicoyne.

Drouin (Robert), (1606-1685), originaire de Pin-la-Garonne (France), à Beauport en 1634.

Drolet (Christophe), originaire de Paris, à Lorette vers 1654, rentra en France en laissant un fils, Pierre , ancêtre des Drolet du Québec.

Dubeau (Toussaint), (1641-1693), au Québec vers 1675.

Dubord (Guillien), (1625-1705), originaire de Thiviers (France), marié à Champlain en 1670.

Ducharme (Fiacre), (-1677), originaire de Paris (France), marié à Ville-Marie en 1659.

Dufresne, voir Rivard (Nicolas).

Duhamel (Thomas), (1660-1730), originaire de Bolbec (France), marié à Champlain en 1698.

Dumontier, voir Guyon.
Duquet (Denis), (1605-1675), marié à Québec en 1638.

Dupuis (Paul), (-1713), officier du régiment de Carignan, seigneur de l'Ile-aux-Oies, marié à Québec en 1668.

Duval (Pierre), son quatrième fils fut brûlé vif dans un incendie à l'Ile d'Orléans en 1663.

Duvernay, voir Crevier.

Eno, voir Hainaut-Deschamps.

Ethier (Léonard), (1641-1690), originaire du Limousin, marié à Montréal en 1670.

Fafard (Bertrand), (1620-1660), à Trois-Rivières en 1645, tige aussi des familles Laframboise et Longval.

Fafard (François), (1630-1711), originaire d'Evreux (France), marié à Trois-Rivières en 1656, tige aussi de la famille Joinville.

Faille (Claude), (1665-1708), originaire de l'Auvergne, marié à Laprairie en 1688.

Faribault (Barthélemy), (1713-1801), originaire du Mans, à Québec en 1754.

Filiatrault (René), (1632-1678), originaire du Poitou, marié à Montréal en 1658.

Fontaine-Bienvenu (Pierre), (1660-1738), originaire d'Orléans, en Nouvelle-France en 1687, assista Madeleine de Verchères dans la défense de son fort.

Fortin-Bellefontaine (Julien), (1621-1687), né à Notre-Dame du Vair (France), marié au Cap Tourmente en 1652.

Fournier-Belval (Pierre), (1664-1752), originaire de l'Orléanais, (France), marié à Québec en 1693.

Franchère (Jacques), (1720-1770), originaire d'Angers (France), marié à Québec en 1748.

Gadbois, voir Van Dandaigue.

Gadois (Pierre), (1594-1667), originaire d'Igé (France), à Montréal en 1642 avec Maisonneuve, tige aussi de la famille Mauger.

Gagné (Pierre), originaire de Courcival (France), marié à Laprairie en 1670.

Gagnier, voir Gagné.

Gagnon (Jean), (1611-1670), originaire de Tourouvre (France), marié à Sainte-Anne-de-Beaupré en 1640.

Gagnon (Pierre), (1616-1699), originaire de Tourouvre (France) marié à Québec en 1642, frère du précédent.

Gagnon (Mathurin), (1606-1690), originaire de Tourouvre (France), marié à Québec en 1647, frère du précédent.

Gagnon (Robert), (1632-1703), originaire du Perche, marié à Québec en 1657.

Gariépy (François), (1630-1706), originaire de Montfort (France), marié à Québec en 1657.

Garigue (Jean), (1681-1726), né à Castres (France), marié à Québec en 1719.

Gastonguay, voir Guay.

Gauthier (Philippe), deux de ses fils se sont mariés à Québec au 17e siècle. Le nom varie en Gautier, Gaultier, et Gontier.

Gautron (Michel), (1643-1719), originaire de La Rochelle (France), établi à Saint-Michel-de-Bellechasse vers 1692, tige aussi des Larochelle.

Gauvreau (Etienne), (1690-1750), originaire de La-Roche-sur-Yvon, marié à Québec en 1712.

Gendron ou Gendreau (Nicolas), (-1671), originaire de la Charente (France), marié en Nouvelle-France vers 1656.

Genest-Labarre (Jacques), (1636-1706), pionnier de l'Ile d'Orléans.

Gervais, voir Gervaise et Talbot.

Gervaise (Jehan), (1621-1690), originaire d'Angers (France), marié à Montréal en 1654.

Gingras (Sébastien), originaire de Saint-Michel-le-Clou (France), marié à Québec en 1665.

Gipoulon (Pierre), (1659-1754), originaire d'Agen (France), marié à Batiscan en 1688.

Girard (Joachim), originaire d'Evreux (France), marié à Québec en 1660.

Giroux (Toussaint), (1636-), originaire du Hameau-du-Bignon (France), marié à Québec en 1654.

Globensky (August-Franz), (1754-1830), né à Berlin (Allemagne), au Québec en 1777.

Godard (Etienne), (1656-1724), originaire de Senlis (France), marié à Sainte-Anne-de-Beaupré en 1687, ses descendants prirent le nom de Lapointe.

Godbout (Nicolas), (1634-1672), né à Berneval (France), marié à Québec en 1662.

Goisneau (Nicolas-Charles), (1734-1811), à Longueuil en 1759.

Gosselin (Gabriel), (1621-1697), originaire de Sées, marié à Québec en 1653.

Gravel (Massé), (1616-1686), marié à Québec en 1644.

Grignon (Jacques), (1662-1722), originaire de Vendée (France), marié à Batiscan en 1692.

Grisé (Antoine), (1690-1781), originaire de Villefranche (France), marié à Chambly en 1728.

Grou (Jean), (1649-1690), originaire de Rouen (France), marié à Montréal en 1671.

Guay (Gaston), (1630-1682), marié à Québec en 1655; ses descendants prirent son nom au complet pour nom de famille.

Guertin (Louis), (1635-1688), originaire de Daumeray (France), à Montréal en 1653.

Guimond (Louis), (1625-1660), originaire du Perche (France), marié à Québec en 1653.

Guyon (Jean), (1579-1663), né à Tourouvre (France), au Québec en 1637, tige aussi des familles Dion, Dionne, Dumontier et Lemoine.

Hablin (François), (1645-1708), né à Bignay (France), marié à Contrecœur en 1681, tige de la famille Blain.

Haguenier (Légier), (1623-1663), marié à Montréal en 1658.

Hainaut-Deschamps (Toussaint), (1628-1676), originaire de Beauvais (France), marié à Montréal en 1654, tige aussi des familles Eno, Héneau et Huneau.

Hardy (Jean), (1647-1715), marié à Pointe-aux-Trembles de Québec en 1669.

Hay (Pierre), (1661-1708), originaire d'Auxerre (France), marié à Montréal en 1696.

Héneau, voir Hainault-Deschamps.

Herbeck (Nicolas), (1670-1766), originaire de Cambrai (France), marié à Québec en 1698, aussi appelé Arbec.

Hianveu-Lafrance (Mathieu), (1724-1793), originaire de Gisors (France), marié à Québec en 1752.

Hoélet, voir Ouellet.

Hotte (Pierre), (1655-1692), originaire d'Anfreville, marié à Québec en 1676.

Houde (Louis), originaire de Manou (France), marié à Québec en 1655, tige aussi des familles Desruisseaux et Houle.

Hubout-Deslongchamps (Mathieu), (1628-1678), né à Mesnildurand (France), marié à Québec en 1649.

Huguet (Etienne), (1695-1755), originaire de Charleville (France), marié à Montréal en 1718.

Huneau, voir Hainaut-Deschamps.

Huot (Mathurin), (1645-1695), originaire de l'Anjou (France), marié à L'Ange-Gardien en 1671.

Huot-Saint-Laurent (Nicolas), (1629-1713), né à Paris (France), marié à Québec en 1662, tige de la famille Saint-Laurent.

Hurteau (Jean), (1710-1751), originaire de Nanterre (France), marié à Québec en 1734.

Imbault-Mantha (Guillaume), (1669-1719), marié à Montréal en 1698.

Isabel (Adrien), (1631-1676), originaire de Lisieux (France), marié à l'Ile d'Orléans en 1669.

Jacques, voir James.

James (William, dit Guillaume Jacques), (1682-1722), originaire de Dorchester (Angleterre), marié à Montréal en 1703, ses descendants s'appelèrent Jacques, Jemme et Sansouci.

Jamme-Carrière (Pierre), (1675-1720), originaire de Bayeux, (France), marié à Lachine en 1690.

Janot-Lachapelle (Marin), (1625-1664), originaire de Lachapelle-Monthodon (France), marié à Montréal en 1655.

Janson-Lapalme (Pierre), (1661-1743), originaire de Paris, marié à Québec en 1689.

Jarret de Beauregard (André), (1644-1692), originaire de Vienne (France), aux îles de Verchères en 1672.

Jean (Denis), (1635-1700), originaire de Taillebourg (France), marié à Québec en 1655, tige aussi de la famille Denis.

Jemme, voir James.

Jetté (Urbain) (-1684), originaire de Saint-Pierre-de-Verrin (France), à Montréal en 1653.

Jodoin (Claude), (1636-1686), originaire de Poitiers (France), marié à Montréal en 1666.

Joinville, voir Fafard (François).

Joyal, voir Joyelle.

Joyelle (Jacques), (1642-1696), marié à Trois-Rivières en 1669; ses descendants s'appellent aussi Joyal.

Juchereau, voir Saint-Denis.

Jusseaume (Léonard), (1679-1749), originaire de Saintenge, (France), marié à Montréal en 1713.

Kemner, voir Quemeneur.

Labat (Mathieu), (-1654), originaire de Saint-Gilles (France), au Québec en 1649.

Labelle (Guillaume), (1650-1710), originaire de Lisieux (France), marié à Montréal en 1671.

La Berge (Robert de), (1638-1712), né à Colombières-sur-Thaon (France), à l'Ange-Gardien vers 1659.

Laboissière (Philippe-Jacques), (1732-1767), né à Quimper (France), marié à Montréal en 1757.

Labonté, voir Véziard.

Lacelle (Jacques de), (1670-1720), originaire de Savigny-sur-Oise (France), marié à Montréal en 1698.

Lachapelle (Marin Janot), marié à Montréal en 1655.

Lacoursière, voir Rivard (Nicolas).

Lacoste (Alexandre), (1665-1705), originaire de Nimes, (France), marié à Boucherville en 1690, ses descendants s'appelèrent aussi Langudoc.

Lacroix-Langevin (Mathurin), (1634-1718), originaire de Lude (France), marié à Québec en 1674.

Laferté, voir Théroux.

Laflamme, voir Quemeneur.

Lafontaine, voir Dubord.

Laframboise, voir Fafard (Bertrand).

Lagueux (Pierre), (1735-1766), marié à Petite-Rivière en 1756.

Lahaie (Jean Lehays, devenu), (1670-1736), originaire d'Irlande, marié à Québec en 1697.

Lajimonière, voir Le Comte Lavimodière.

Lalonde (Jean), (1640-1687), originaire du Havre (France), marié à Sorel en 1669.

Lalumière, voir Petit.

Lambert (Eustache), (1618-1713), marié au Québec en 1655.

Lamorille, voir Le Maistre.

Lamoureux (Louis), (1640-1715), à Montréal en 1669.

Landry (Guillaume), (1626-1689), né à Ventrouze (France), à l'Ile d'Orléans en 1656.

Langelier (Sébastien), (1645-1680), originaire de Rouen (France), marié à Québec en 1665.

Langevin, voir Bergevin et Lacroix.

Langis (Léon-Joseph Levrau de), (1680-1740), originaire de Poitiers (France), marié à Batiscan en 1705.

Langlois (Noël), (1605-1684), originaire de l'Orne (France), marié à Québec en 1634.

Languedoc, voir Garigue et Lacoste.

Lanouette, voir Rivard (Nicolas).

Laparre (Elie), (1720-1765), originaire d'Agen (France), marié à Québec en 1751.

Lapointe, voir Godard et Simon.

Lapointe-Saint-Georges (Jacques de), (1626-1688), originaire de Bellesme, marié à Montréal en 1657.

Lapré, voir Petit.

Larchevêque (Claude), (1625-1659), originaire de Caux (France), marié à Québec en 1645.

Larochelle, voir Gautron.

Larocque, voir Roquebrune.

Larocquebrune, voir Roquebrune.

La Touche (Etienne Pezard de), (1624-1697), né à Blois (France), successeur de Maisonneuve à Ville-Marie en 1664.

Latour (François Beaume-Jérôme), (1675-1745), originaire de Saint-Malo (France), marié à Montréal en 1705.

Latourelle, voir Dubord.

Laurent-Lortie (Jean), (1634-1711), originaire de la Vendée (France), marié à Québec en 1680.

Lauzière, voir Pinard.

Lauzon (Gilles), originaire de Saint-Julien-de-Caën (France), au Québec en 1653.

Lavigne, voir Tessier.

Lavoie (René de), originaire de Rouen (France), marié à Sainte-Anne-de-Beaupré en 1656.

Le Ber (François), (1626-1694), originaire de Pitre-sur-Andelle (France), marié à Québec en 1662.

Lebeuf-Laflamme (Julien), (1695-1771), originaire de Guingamp (France), marié à Montréal en 1725.

Leblanc (Jacques), (1636-1710), originaire de Pont-L'Evêque (France), marié à Montréal en 1666.

Le Bourdais (Julien), (1730-1763), marié à l'Islet en 1756.

Le Brice De Keroac (Alexandre), (1706-1736), originaire de Cornouailles (France), marié au Cap-Saint-Jacques en 1732.

Leclair-Bouteleau (Jean), (1639-1708), à l'Ile d'Orléans vers 1657.

Leclerc, voir Leclair.

Lecomte-Lavimodière (Samuel), (1667-1715), originaire de Saint-Lô (France), marié à Château-Richer en 1695, tige aussi des Lajimonière.

Lecours (Michel), (1638-1685), marié à Québec en 1667.

Leduc (Jean), (1624-1702), marié à Montréal en 1652, tige aussi des Saint-Omer.

Lefebvre (Pierre), (1617-1669), né à Sceaux (France), prisonnier des Iroquois en 1648.

Lefort (Jean), (1650-1725), originaire de Saint-Jean-d'Angely, à Pointe-aux-Trembles de Montréal en 1686.

Legault (Noël, dit Deslauriers), (1674-1747), originaire de Cornouailles, marié à Montréal en 1698.

Léger (Pierre), (1680-1725), né à Paris (France), marié à Québec en 1706.

Legras (Jean), (1656-1715), originaire de Caen (France), marié à Montréal en 1677.

Lemaire-Saint-Germain (Charles), (1676-1751), originaire d'Irlande, marié à Lachine en 1707.

Lemaistre (François), (1632-1666), originaire de Picardie (France), marié à Trois-Rivières en 1654, surnoms: Lamorille et Lottinville.

Le Marié (Jacques), (1628-1708), marié à Québec en 1653; les descendants prirent le nom de Marier.

Lemay (Michel, dit Le Poudrier), (1630-   ), né à Chenehutte-les-Tuffeaux (France), arrivé au Québec et marié au Cap-de-la-Madeleine, en 1659.

Lemieux (Pierre), (1616-   ), né à Rouen (France), arrivé en Nouvelle-France en 1643.

Lemire (Jean), (1626-1684), originaire de Rouen (France), marié à Québec en 1653, tige aussi des Marsolais.

Lemoine, voir Guyon.

Leprohon (Jean-Philippe), (1731-1771), originaire du Havre (France), au Québec en 1756.

Leriger de Laplante (Clément), (1662-1742), marié à Laprairie en 1700.

Lesieur (Charles), (1647-1697), originaire d'Osville (France), marié au Cap-de-la-Madeleine en 1671.

Lespérance, voir Ouellet.

Lessard (Etienne), (1623-   ), né en Normandie (France), établi à Québec en 1646.

Letellier (Pierre-François), (1663-1741), marié à Québec en 1700, tige aussi des Tellier.

Letourneau (David), (1616-1670), originaire de l'Aunis (France), à Québec en 1660.

Levasseur (Jean), (1622-1686), originaire de Boisguillaume (France), marié à Québec en 1652.

Lévesque (Robert), (1641-1699), originaire de Rouen (France), marié à L'Ange-Gardien en 1679.

Linctot (Jean-Baptiste Godfroy de), (1608-1681), originaire de Normandie (France), au Québec en 1626, tige aussi des Vieux-Pont, Saint-Paul, Roquetaillade et Normanville.

Longval, voir Fafard (Bertrand).

Loranger, voir Rivard (Robert).

Lottinville, voir Lemaistre.

Lussier ou L'Huissier (Jacques), (1645-1713), originaire de Paris (France), au Québec en 1665 avec le régiment de Carignan.

Maguet (Pierre), (1621-1724), originaire de Paris (France), marié à Montréal en 1686, tige aussi des Maillé.

Maheust des Hazards (Pierre), (1630-1717), originaire de Mortagne (France), à Québec en 1655; le nom est devenu Maheux.

Maillé, voir Maguet.

Maillou Des Moulins (Pierre), (1631-1699), originaire de Bourg (France), marié à Québec en 1661.

Mallet (Pierre), (1631-1676), originaire de Dol, marié à Montréal en 1662, tige aussi des Mallette.

Malouin, voir Rinfret.

Marchand (Jean), (1646-1700), originaire de La Rochelle (France), marié à Québec en 1681.

Marchesseau (Jean), (1685-1732), marié à Québec en 1710.

Marcou (Pierre), (1631-1699), originaire de Tonnerre (France), marié à Québec en 1662.

Marier, voir Le Marié.

Marsolais, voir Lemire.

Martel (Honoré), (1645-1708), originaire de Paris, marié à Québec en 1668.

Martin (Antoine), (1623-1659), originaire de Montpelier (France), marié à Québec en 1646.

Masse (Pierre), (1620-1660), marié à Québec en 1644.

Massicot (Jacques), (1658-1738), né en Charente (France), marié à Batiscan en 1696, tige aussi des Massicotte.

Masson (Gilles), (-1715), originaire du Poitou (France), marié à Québec en 1668.

Massy (Jacques), (1664-1747), originaire de Tarbes (France), marié à Québec en 1689.

Maugenet (Germain), (1740-1780), originaire de Saint-Amand (France), marié à Montréal en 1764, tige aussi des Mongenais.

Mauger, voir Gadois.

Maupetit (Pierre), (1660-1689), originaire de Fontenaye-le-Comte (France), marié à Lachine en 1683.

Ménard La Fontaine (Jacques), (1629-1707), originaire de Mervan (France), marié à Trois-Rivières en 1657.

Mercereau (Pierre), (1650-1714), marié à Montréal en 1680.

Mercier (Julien), (1626-1676), originaire de Toulouse (France), marié à Québec en 1654.

Michon (Abel), (1672-1749), originaire d'Angers (France), marié à Québec en 1699.

Miville (Pierre), (1602-1669), originaire de Fribourg (France), au Québec en 1645.

Mongenais, voir Maugenet.

Monminy, voir Montmesnil.

Montendre, voir Rivard (Robert).

Montmesnil (Guillaume), (1662-1703), marié à l'Ile d'Orléans en 1688.

Montpetit, voir Maupetit.

Montreuil, voir Sedilot.

Morin (Noël), (1616-1680), originaire de Saint-Etienne-le-Comte (France), marié à Québec en 1640.

Nantel, voir Berloin-Nantel.

Navers (Jean-Baptiste), (1654-1722), originaire de Tarbes (France), marié à Québec en 1687.

Normanville, voir Linctot.

Ostiguy, voir Ostilly.

Ostilly (Dominique), (1722-1795), originaire d'Accous (France), marié à Saint-Mathias de Richelieu en 1756.

Ouellet (René), (-1722), originaire de Paris (France), marié à Québec en 1666, tige aussi des Auclair, Crochet, Lespérance, Voyer, Ouellette, Hoélet, Oylet.

Ouimet (Jean), (1634-1687), originaire de Reims (France), marié en 1660.

Oylet, voir Ouellet.

Papillon (Etienne), (1636-1710), originaire de Coigne (France), marié à Pointe-aux-Trembles de Québec en 1691.

Papin (Pierre), (1631-1715), originaire du Sablé (France), marié à Montréal en 1665, tige aussi des Baronet.

Papineau (Samuel), (1670-1737), originaire de Montigny-en-Vendée (France), à Rivière-des-Prairies vers 1690.

Paquet ou Paquette, voir Pasquier.

Paradis (Pierre), (1605-1675), marié à Québec en 1653.

Parent (Pierre), (1610-1698), originaire de Mortagne (France), marié à Québec en 1654.

Pasquier (Méry), établi près de Bourg-Royal en 1667, ancêtre aussi des Paquet et des Paquette.

Pasquin (Nicolas), originaire de Normandie (France), à Sainte-Famille de l'Ile d'Orléans en 1681.

Patenaude, voir Patenostre.

Patenostre (Nicolas), (1626-1679), originaire de Berville (France), marié à Québec en 1651; le nom changea en Patenaude.

Paumereau (Jacques-Pierre), (1677-1754), originaire de La Rochelle, marié à Montréal en 1701.

Payet (Pierre), (1649-1719), originaire de Libourne (France), marié à Montréal en 1671.

Peladeau (Jean), (1640-1719), au Québec en 1665 avec le régiment de Carignan.

Pepin (Guillaume), (1610-1697), originaire de Charente (France), à Trois-Rivières en 1635.

Perras (Pierre), (1636-1684), originaire de La Rochelle, marié à Montréal en 1660.

Perrault, voir Perrot.

Perrot (Nicolas), (1638-1717), au Québec en 1660.

Petit (Nicolas), (1631-1697), originaire de l'Aunis (France), marié à Trois-Rivières en 1656, tige aussi des Lapré, Lalumière et Beauchemin.

Petitclerc (Pierre), 1650-1711), originaire de Poitiers (France), marié à Québec en 1673.

Petrimoulx (Pierre-Michel), (1691-1750), né à Fontenay-le-Comte (France), marié à Québec en 1726.

Picard (Hugues), (1628-1707), originaire du Pont de Gennes (France), marié à Montréal en 1660.

Pichet (Jean), (1636-1699), à l'Ile d'Orléans en 1680.

Picoté de Belestre (Pierre), (1631-1679), à Montréal en 1677.

Pinard (Louis), (1635-1695), originaire de La Rochelle (France), marié à Trois-Rivières en 1658, tige aussi des Lauzière.

Pinsonneau (François), (1646-1731), à Contrecœur en 1674.

Plamondon (Philippe), (1641-1691), originaire de Pérouges (France), marié à Laprairie en 1680.

Plante (Jean), marié à Québec en 1650.

Poirier (Vincent, dit Bellepoire), (-1703), originaire de Paris (France), marié à Québec en 1655.

Poissant (Jacques), (1660-1734), originaire de Marennes (France), à Pointe-aux-Trembles de Montréal en 1685.

Pomerleau, voir Vachon.

Poulin (Claude), (1615-1687), né à Rouen (France), arrivé à Québec le 11 juin 1636.

Pouliot (Charles), (1631-1687), originaire de l'Angoumois (France), marié à Québec en 1668.

Poupart (Pierre), (1653-1699), originaire de Saint-Denis (France), marié à Laprairie en 1682.

Poyer (Jacques), (1680-1748), à Chambly en 1707, nom devenu Boyer vers 1690.

Prénovost, voir Rouillard.

Prévile, voir Rivard (Nicolas).

Primeau (François), (1665-1725), marié à Laprairie en 1687.

Quemeneur (François), (1672-1728), né à Ploudaniel (France), marié à l'Ile d'Orléans en 1700, tige aussi des Laflamme et des Kemner.

Prud'homme (Louis), originaire de l'Ile-de-France (France), marié à Montréal en 1650.

Quentin (Nicolas), (1633-1683), né à Gonneville-sur-Honfleur (France), marié à Québec en 1660, tige aussi des Cantin.

Racicot (Jacques), (1688-1774), originaire de Château-Gonthier (France), marié à Québec en 1715.

Racine (Etienne), (1607-1689), originaire de Normandie (France), marié à Québec en 1638.

Rainville (Paul de), (1616-1686), originaire de Touques (France), à Québec en 1666.

Rapin (André), (1640-1694), originaire de Luçon (France), marié à Montréal en 1669.

Raynaud-Blanchard (Jean), (1650-1690), originaire de Bussière (France), marié à Montréal en 1671.

Réaume (René), (1643-1722), originaire de Cogne (France), marié à Québec en 1665, tige aussi des Rhéaume.

Regneau-Lachapelle (Pierre), (1707-1761), marié à Saint-Laurent en 1732.

Reguindeau (Joachim), (1640-1714), à Boucherville en 1671, nom devenu Riendeau.

Rhéaume, voir Réaume.

Ricard, voir Riquart.

Riendeau, voir Reguindeau.

Rinfret (Jean), (1662-1717), originaire de Saint-Malo, marié à Lévis en 1693, tige aussi des Malouin.

Riquart (Jean), (1646-1726), au Québec vers 1664, nom devenu Ricard.

Rivard (Nicolas), (1624-1701), au Québec en 1680, tige aussi des Dufresne, Lanouette, Lacoursière et Prévile.

Rivard (Robert), (1638-1699), mort à Batiscan, tige aussi des Loranger, Bellefeuille et des Montendre.

Rivet (Maurice), (1640-1695), marié à Québec en 1664.

Robidas (Jacques), (1656-1741), originaire du Mans (France), au Québec en 1684, tige aussi des Manseau.

Robidoux (André), (1642-1678), originaire de Burgos (France), marié à Québec en 1667.

Robillard (Claude), (1650-1710), à Champlain en 1679.

Robin (Jean), (1640-1690), originaire d'Auxerre, marié à Québec en 1667.

Robitaille (Jean), (-1715), originaire d'Auchy-au-Bois (France), à Québec vers 1670.

Roch, voir Roquebrune.

Roque, voir Roquebrune.

Roquebrune (Philibert Couillaud-), (1647-1697), au Québec en 1665 avec le régiment de Carignan, tige aussi des Larocque, Larocquebrune, Roch et Roque.

Roquetaillade, voir Linctot.

Rottot, voir Trefflé.

Rouillard (Mathieu), (1645-1695), à Batiscan en 1682, tige aussi des Prénovost et des Saint-Cyr.

Rousseau (Symphorien), (-1688), originaire de Mortagne (France), à l'Ile d'Orléans en 1667.

Roy (Antoine), (1636-1684), originaire de Joigny, au Cap-de-la-Madeleine en 1667, tige aussi des Desjardins et des Lauzier.

Sabourin (Jean), (1645-1695), originaire de Mont-Jean (France), à Montréal vers 1681.

Sabrevois (Jean-Charles de), (1667-1727), originaire de Garancière-en-Beauce, au Québec en 1685, tige aussi des Bleury et des Sermonville.

Saint-Cyr, voir Rouillard.

Saint-Laurent, voir Huot-Saint-Laurent.

Sainte-Marie (Louis), (1645-1702), originaire de Tours (France), marié à Montréal en 1667.

Saint-Omer, voir Leduc.

Saint-Paul, voir Linctot.

Salaberry (Michel d'Irumberry de), (1735-1768), né à Cibour (France), à Québec en 1735.

Sanche, voir Sanchez.

Sanchez (Alexandre), (1735-1768), originaire de Léon (Espagne), marié à Repentigny en 1757.

Sansouci, voir James.

Sauriol, voir Sorieul.

Sauvé (Pierre), (1652-1737), originaire de Libourne (France), marié à Lachine en 1696.

Sedilot (Louis), (1600-1672), originaire de Montreuil (France), à Québec en 1637, tige aussi des Montreuil.

Séguin (Jean), originaire de Laferté-sur-Amance (France), débarqué et marié à Québec en 1669.

Sermonville, voir Sabrevois.

Sicotte, voir Cicot.

Simard (Noël), (1640-1715), originaire de Puymoyen (France), à Beaupré en 1657.

Simon (Hubert), (1637-1704), marié à Québec en 1659, tige aussi des Lapointe et des Delorme.

Sorieul (Pierre), (1678-1748), originaire de. Rennes (France), marié à Montréal en 1718, nom devenu Sauriol.

Supernant (Jacques), (1650-1710), originaire du Perche, marié à Laprairie en 1678, nom devenu Surprenant.

Surprenant, voir Supernant.

Sylvestre (Nicolas), (1645-1729), originaire de Champagne (France), marié à Québec en 1667.

Tabaut (Pierre), (1634-1723), originaire de la Saintonge (France), marié à Montréal en 1672, nom devenu Tabeau.

Tabeau, voir Tabaut.

Taché (Jean), (1697-1768), né à Carganvillars (France), au Québec en 1730.

Taillefer (Pierre), (1664-1734), originaire de Lisieux (France), marié à Montréal en 1699.

Talbot (Jacques), (1678-1756), originaire de Rouen (France), tige aussi des Gervais.

Tartre (Guillaume), (1663-1743), originaire de Saintes (France), marié à Montréal en 1698.

Taschereau (Thomas-Jacques), (1680-1749), né à Tours (France), marié à Québec en 1728.

Tassé (Charles), (1715-1785), originaire de Coutances (France), marié à Sainte-Foye en 1753.

Taupier, voir Vigeant.

Tellier, voir Letellier.

Terroux, voir Théroux.

Tessier-Lavigne (Urbain), (1624-1689), originaire d'Angers (France), marié à Québec en 1648, tige aussi des Lavigne.

Tétreau (Louis), (1634-1699), originaire du Poitou (France), marié à Trois-Rivières en 1663.

Themens, voir Timmins.

Théroux (Antoine), (1677-1759), originaire du Languedoc (France), marié à Montréal en 1706, tige aussi des Terroux et des Laferté.

Thibault (Guillaume), (1618-1686), né à Rouen (France), marié à Beaupré en 1655.

Thibierge (Hippolyte), (1630-1700), originaire de Blois (France), à Château-Richer en 1663, nom devenu Thivierge.

Thiboutot (1648-1688), originaire de Rouen.

Thifaut (Jacques), (1665-1717), originaire de Bazas (France), marié à Batiscan en 1687.

Thivierge, voir Thibierge.

Thouin (Roch), (1645-1690), marié à Boucherville en 1673.

Timmands, voir Timmins.

Timmins (Noah), (1739-1813), originaire de Philadelphie, marié à Montréal en 1767, tige aussi des Timmands et des Themens.

Tougas (Guillaume), (1675-1768), originaire de Lisieux (France), marié à Montréal en 1698.

Tousignan (Pierre), (1645-1681), originaire de Blaye (France), marié à Québec en 1668.

Trefflé-Rottot (François), (1635-1705), originaire de Rouen (France), marié à Québec en 1659, tige aussi des Rottot.

Tremblé, voir Tremblay.

Tremblay (Pierre), (1626-1677), originaire de Randonnai (France), marié à Québec en 1657.

Trottier (Jules), (1590-1655), originaire d'Igé (France), à Trois-Rivières vers 1640.

Trudel (Jean), (1629-1699), né à Parfonval (France), marié à Québec en 1655.

Turgeon (Charles), (1625-1670), originaire de Séez (France), au Québec vers 1660.

Truteau (Etienne), originaire de Notre-Dame-de-Cogne (France), marié à Montréal en 1667. Le nom est devenu Trudeau.

Turpin (Alexandre), (1641-1706), à Montréal vers 1665.

Vachon (Paul), (1630-1703), originaire de Conches-sur-mer (France), marié à Québec en 1653, tige aussi des Pomerleau.

Vaillancourt (Robert), (1640-1699), originaire de Rouen (France), établi à l'Ile d'Orléans.

Valade (Guillaume), (1645-1712), originaire de La Rochelle (France), marié à Québec en 1669.

Valière (1648-1681), originaire de Segonzac (France), marié à Québec en 1670.

Valin (Nicolas), (1659-1699), établi à Lorette.

Valiquet (Jean), (1632-1692), originaire d'Angers (France), à Montréal en 1653.

Vanasse (François-Noël), (1639-1692), originaire de Rouen (France), établi à Trois-Rivières.

Van Dandaigue (Joseph), (1653-1725), originaire de Bruxelles (Belgique), marié à Québec en 1678, tige aussi des Gadbois.

Vanier (Germain), (1650-1697), originaire de Honfleur (France), marié à Québec en 1672.

Varin (Nicolas), (1669-1737), originaire de Rouen (France), marié à Boucherville en 1697.

Vaudry (Jacques), (1636-1687), originaire de Bacqueville (France), marié à Trois-Rivières en 1661.

Végiard (Raymond), (1653-1737), établi à Verchères, tige aussi des Labonté.

Veilleux, voir Vérieul.

Venne, voir Voyne.

Verieul (Nicolas), (1634-1714), au Québec en 1657, nom devenu Veilleux.

Vermet (Antoine), (1644-1688), originaire d'Arras, marié à l'Ile d'Orléans en 1669.

Veronneau (Denis), (1648-1708), originaire du Poitou (France), à Pointe-aux-Trembles de Montréal en 1689, tige aussi des Denis.

Verreau (Barthélemy), (1632-1700), originaire de Dijon (France), marié à Château-Richer en 1665.

Verret (Michel), (1646-1724), originaire de Saintes (France), marié à Québec en 1669.

Vésinat (Jacques), (1611-1681), originaire du Puyravaut (France), à L'Ange-Gardien en 1660, nom devenu Vézina.

Vézina, voir Vésinat.

Viau (Jacques), (1644-1723), originaire de Clisson (France), marié à Montréal en 1670.

Vieux-Pont, voir Linctot.

Vigeant (Jean), (1690-1756), originaire de Monlieu (France), marié à Laprairie en 1713, tige aussi des Taupier.

Villeneuve (Mathurin), (1636-1715), originaire de l'Ile de Ré (France), marié à Québec en 1669. Voir aussi Amyot.

Vincelet (Geoffroy), (1673-1703), mort à Montréal.

Vincelotte, voir Amyot.

Voyer (Jacques), (1655-1705), originaire d'Aubigny (France), marié à Québec en 1683. Voir aussi Ouellet.

Voyne (Jean), (1655-1712), marié à Pointe-aux-Trembles de Montréal en 1685, nom devenu Venne.

Vuatier (Thomas), (1722-1788), originaire de Laon (France), marié à Sainte-Anne (de Bellevue) en 1749. Nom devenu Watier.

Watier, voir Vuatier.

Weilbrenner (Pierre), (1728-1802), établi à Boucherville vers 1755.

Principales sources: Dictionnaire Beauchemin canadien. La Brasserie Labatt Limitée.

Avec les hommages de la Brasserie Labatt Limitée

Allaire-Dallaire

Fils de Sébastien Allaire et de Perrine Fleurisson, de Saint-Philibert-du-Pont-Charrault, Vendée au Poitou, Jean arriva à Québec, avec son frère Charles, sur le vaisseau Le Taureau, le 6 août 1658. Il s'établit sur une ferme, le 22 juin 1667, dans la paroisse Saint-Jean de l'Ile d'Orléans. Il mourut en avril 1673 et fut inhumé le 3 à Sainte-Famille de l'Ile d'Orléans. Les noms Allaire et Dallaire sont deux lignées de valeureux travailleurs dont le Canada peut s'enorgueillir.

906

Avec les hommages de la Brasserie Labatt

François Allard

Etabli en banlieue de Québec, à Charlesbourg, François Allard venait de Notre-Dame de Blacqueville, en Seine-Inférieure. Il épousa à Québec, le 1er novembre 1670, Jean Anguille (ou Languille) qui lui donna huit enfants dont cinq fils qui se marièrent à leur tour. François Allard fut parmi les plus vaillants défricheurs de la Nouvelle-France. Il s'éteignit à Charlesbourg en 1726.

Avec les hommages de la Brasserie Labatt Limitée

Philippe Amyot

Originaire des environs de Soissons, serait venu au pays vers 1636, avec son épouse, Anne Convent, d'Estrées, arrondissement de Saint-Quentin, et deux enfants, Jean et Mathieu. Philippe Amyot eut une courte existence en Nouvelle-France, sa veuve convolait en secondes noces, en 1639, avec Jacques Maheu, donnant ainsi un nouveau chef à sa petite famille de trois fils qui perpétuèrent le nom Amyot dans notre pays.

Avec les hommages de La Brasserie Labatt Limitée

Jacques Archambault

Laboureur originaire de Lardillierre en Charente Maritime, débarqua à Québec en 1645 avec sa femme Françoise Tourault et ses six enfants. Il s'établit sur une terre à Montréal quelques années plus tard, où il mourut en 1688 à l'âge de 84 ans. Ses enfants transmirent les noms d'Archambault et Archambeault à une nombreuse descendance.

Avec les hommages de la Brasserie Labatt Limitée

Francois Arseneau

L'ancêtre François Arseneau épousait, à l'automne de 1665, Suzanne Lecomte qui mourut le 24 décembre 1666 en donnant naissance à un fils qu'on nomma Michel, au baptême. L'existence, au Canada, de François Arseneau fut de courte durée, il succombait à un flux de sang, le 10 février 1669, à Batiscan.

Avec les hommages de la Brasserie Labatt Limitée

Jacques Asselin

Originaire de Normandie, Jacques Asselin, fils de Jacques et de Cécile Olivier, épousait Louise Roussin, à Château-Richer, le 29 juillet 1662. Il s'établit à Ste-Famille de l'Ile d'Orléans, près de l'église, sur une terre qu'il acheta de Denis Guyon, par contrat signé le 24 juin 1659, devant Me Audouart, notaire. Il fut inhumé à Sainte-Famille de l'Ile, le 27 janvier 1713.

Michel Aubin

Fils de Jacques Aubin et de Jacqueline Cornilleau, de Tourouvre, Orne, Michel se marie à la paroisse Sainte-Famille de l'Ile d'Orléans, le 11 juin 1670, avec Marie Prévost, veuve de Maurice Berthelot. Charles de Lauzon lui concède une terre à l'Ile d'Orléans, le 6 septembre 1664. On ne lui connaît pas d'autre métier que celui de cultivateur.

Nicolas Audet

Nicolas Audet, dit Lapointe, partit du diocèse de Poitiers vers le milieu du 17e siècle, pour venir s'établir à Québec. Portier au "château" de Mgr de Laval, Nicolas Audet épousa, le 15 septembre 1670, Madeleine Després. Il mourut en 1700, sur l'Ile d'Orléans, après avoir élevé une famille de douze enfants dont les descendants fournirent de nombreux sujets d'élite au Canada français.

Avec les hommages de la Brasserie Labatt

Jean Baillargeon

Né de Louis Baillargeon et de Marie Fovier de Londigny, en Angoumois, Jean Baillargeon vint en Nouvelle-France, où il épousa, le 20 novembre 1650, Marguerite Guillebourday. Métayer de métier, Jean Baillargeon se fit défricheur: il s'établit dans la seigneurie de Sillery et plus tard dans l'Ile d'Orléans. Ses deux fils transmirent le nom de Baillargeon à une nombreuse descendance.

Avec les hommages de la Brasserie Labatt Limitée

Jacques Beauchamp

de Larochelle, Aunis, vint à Montréal vers 1659 âgé de vingt-quatre ans, avec son épouse, Marie Dardeyne, et un fils, Jacques. Charpentier de son métier, Jacques Beauchamp devint agriculteur et s'engagea dans la dix-huitième escouade de la milice de la Sainte-Famille. Il est décédé à la Pointe-aux-Trembles, Montréal, le 8 février 1693.

Avec les hommages de la Brasserie Labatt

Jean Beaudoin

Jean Beaudoin était originaire de Tasdon en Charente-Maritime où il naquit en 1638. Venu à Montréal, il se fait membre de la septième escouade de la milice de la Ste-Famille et se signale dans de nombreux faits d'armes. Le 27 novembre 1663, il épousa la petite Charlotte Chauvin, âgée de 12 ans. Il s'éteignit en 1713 et fut inhumé à la Pointe-aux-Trembles. Ses nombreux descendants font la gloire et l'orgueil du Canada français.

Avec les hommages de la Brasserie Labatt

Urbain Beaudry

Urbain Beaudry, qui portait le surnom de La Marche, est né le 6 janvier 1615 à Luché, en Anjou. En Nouvelle-France, il devint le beau-frère du futur gouverneur de Trois-Rivières, Pierre Boucher, dont il épousa la soeur, Madeleine. Taillandier de son métier, il exerça son métier à Québec, Trois-Rivières et au Cap-de-la-Madeleine. Il mourut et fut inhumé à Trois-Rivières en 1682, après avoir élevé une famille de 11 enfants dont les nombreux descendants font la gloire et l'orgueil du Canada français.

Avec les hommages de la Brasserie Labatt Limitée

Charles Beaulieu

né en 1702, fils d'Etienne, avocat, et de Marie Dupont, de Notre-Dame de Bayonne en Biscaye, épousa à Montréal, le 4 mars 1726, Marie, fille de Jean Augé et de Marie (Charlotte) Glory qui lui donna huit enfants. Charles Beaulieu, sergetier, s'établit à Ville-Marie et se livra à la culture du sol.

Avec les hommages de la Brasserie Labatt Limitée

Isaac Bédard

Isaac Bédard était maître-charpentier de son métier. Il avait épousé Marie Girard en 1644 à La Rochelle en France. On le retrouve au Canada avec toute sa famille vers 1663 où il est établi sur une terre à Notre-Dame-des-Anges près de Québec. L'ancêtre Bédard s'éteignit paisiblement à Charlesbourg où il fut inhumé le 15 janvier 1689, laissant une fille mariée et deux fils, Jacques et Louis. Ils eurent une nombreuse descendance qui fait l'orgueil du Canada français.

François Bélanger

François Bélanger était originaire de Lisieux, en Normandie. Il arriva en Nouvelle-France en 1634, et s'établit aux environs de Québec. Maçon expérimenté, il savait bâtir avec la pierre et le mortier des habitations frustes mais solides. Son habileté fut un précieux atout pour la colonie. Il existe encore quelques vestiges du style normand apporté en Nouvelle-France par François Bélanger. Le 12 juillet 1634, il épousait Marie Guyon, dont il eut treize enfants. Ses cinq fils furent les ancêtres, à la deuxième génération, des familles du Québec qui portent encore aujourd'hui le beau nom canadien-français de Bélanger.

Abel Benoist

Fils de Samuel Benoist (Benoit) et de Gillette Garin, de la paroisse Saint-Armand en Vendée, Abel passe contrat de mariage, le 18 octobre 1665, devant Auber, avec Marthe Pointel, et se marie à Château-Richer. Le couple Benoist s'en va s'établir, vers 1669, dans la paroisse Sainte-Famille de l'Ile d'Orléans et y demeure jusqu'à la fin de ses jours.

Avec les hommages de la Brasserie Labatt Limitée

André Bergeron

originaire de Saint-Saturnin-du-bois, en Charente Maritime, vint au
Canada vers 1666 et s'engagea comme domestique à Lauzon, sur la ferme
d'Eustache Lambert, et devint par la suite propriétaire d'une concession
à Lauzon. Ses descendants occupaient encore la terre ancestrale en 1909
alors que l'un d'eux fut inscrit au Livre d'Or de la noblesse rurale.

Avec les hommages de la Brasserie Labatt

Jacques Bernier

Jacques Bernier dit "Jean de Paris" fut parmi les plus valeureux colons de Nouvelle-France. Fils de Yves Bernier et de Michelle Treuillet, il avait vu le jour à Paris. Jacques épousa à Québec le 23 juillet 1656 Antoinette Grenier et s'établit sur l'Ile d'Orléans. Plus tard, en 1683, il acheta à Cap St-Ignace la seigneurie de la Pointe-au-Foin. Inhumé en 1713, il laissa onze enfants dont les descendants font l'orgueil du Canada français.

Avec les hommages de la Brasserie Labatt Limitée

Jean Bertrand

laboureur, originaire du Bourg de Matha où il est né en 1667, s'engageait à Larochelle en 1683 pour trois ans à Le Breton, de Québec. Il vint au pays avec son épouse, Renée Boucherot, et un fils né en France. Il devint agriculteur à Charlesbourg.

Avec les hommages de la Brasserie Labatt

Damien Bérubé

L'ancêtre Bérubé avait été baptisé à Roquefort en France, le 2 février 1647. A son arrivée en Nouvelle-France en 1671, il collabora à la fondation de la seigneurie de la Bouteillerie, à Rivière-Ouelle. Marié le 22 août 1679 à Jeanne Savonnet, il eut sept enfants. Une mort prématurée vint l'enlever à l'affection des siens le 7 mars 1688. On compte au Canada français de nombreuses familles Bérubé qui font l'honneur et la gloire de notre patrimoine.

925

Avec les hommages de la Brasserie Labatt Limitée

Jean Besset

Venu en Nouvelle-France comme soldat du célèbre régiment de Carignan, y demeura après le licenciement des troupes et s'établit dans la seigneurie de son ancien capitaine, M. de Chambly. Jean Besset était originaire de Cahors, en Guyenne, il épousa au fort Chambly, en 1668, Anne le Seigneur, qui lui donna une nombreuse famille dont trois ou quatre garçons qui assurèrent la permanence des foyers Besset.

Pierre Bissonnet

Meunier de son métier, est venu seul de sa famille en Nouvelle-France. Après avoir été fermier, il prit à bail le moulin des Jésuites à Sillery, et devint en 1679, par contrat, meunier des moulins de la côte et seigneurie de Beaupré, à l'Ile d'Orléans, puis du moulin de François Berthelot. Il possédait, en 1681, sept arpents en valeur et deux bêtes à cornes.

Pierre Blanchet

fils de Noël Blanchet et de Madeleine Valet, était originaire de la Picardie. Il se marie à Notre-Dame de Québec, le 17 février 1670, avec Marie Fournier, fille de Guillaume, seigneur du fief Saint-Joseph à Québec, et de Françoise Hébert. Tisserand de son métier, il devint agriculteur dans la seigneurie de son beau-père puis s'établit par la suite à la Pointe-à-la-Caille et à la Rivière-du-Sud où il mourut.

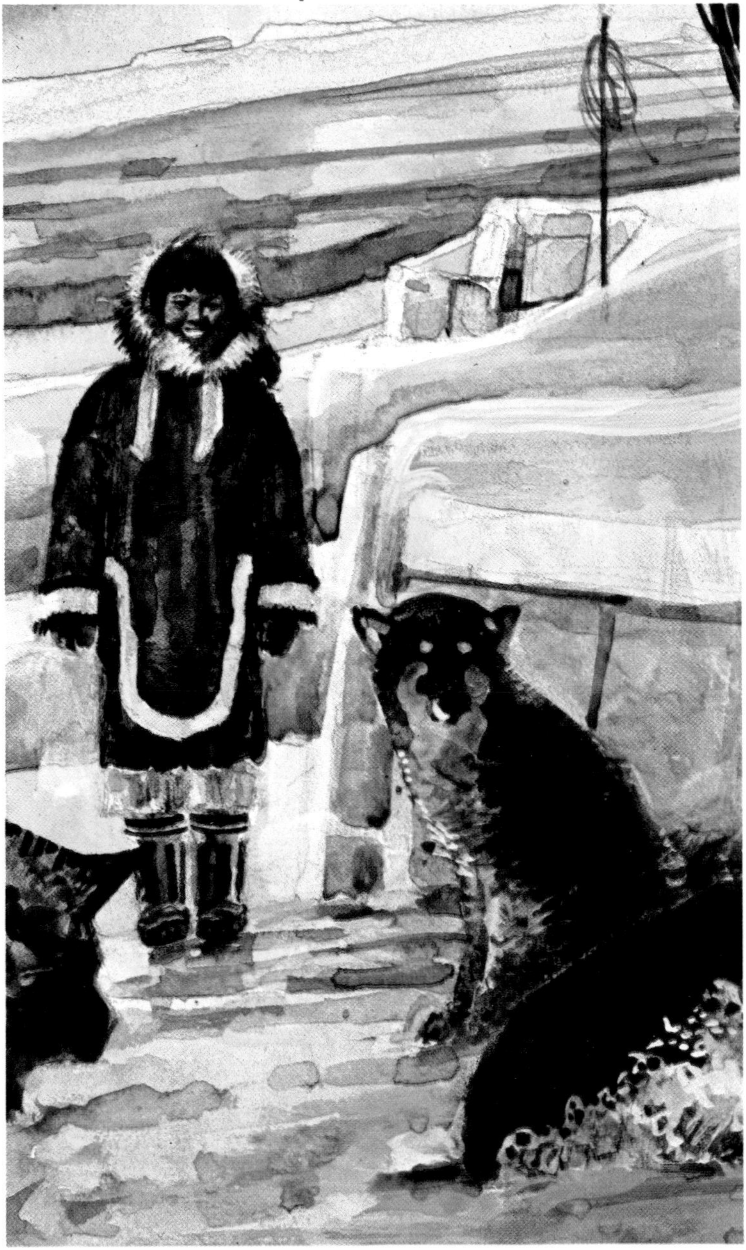

Gerfaut

Renard blanc.

Belette.

Harfang des neiges

Lièvre arctique.

Lagopède des rochers. Pendant l'hiver, le plumage du lagopède des rochers recouvre ses pieds.

Quelques mammifères changent de couleur en hiver afin de se confondre avec la neige. Le pelage d'été, comme l'indique l'illustration des belettes, est beaucoup plus foncé. Le renard de l'arctique a une fourrure très épaisse et un supplément de graisse pour mieux le protéger contre le froid. Pendant l'hiver, l'air gonfle la fourrure du lièvre arctique et de la belette.

Les insectes sont de loin la forme de vie la plus prolifique de l'Arctique. L'œstre du caribou, une véritable calamité pour cet animal, devient nymphe ou chrysalide dans la terre. Les moustiques prennent le sang de presque tous les mammifères arctiques.

Les plantes de l'Arctique sont parmi les plus résistantes de la flore. Les lichens forment la denrée principale du régime du caribou. Les Esquimaux mangent plusieurs des plantes naturelles; toutes les plantes arctiques sont comestibles.

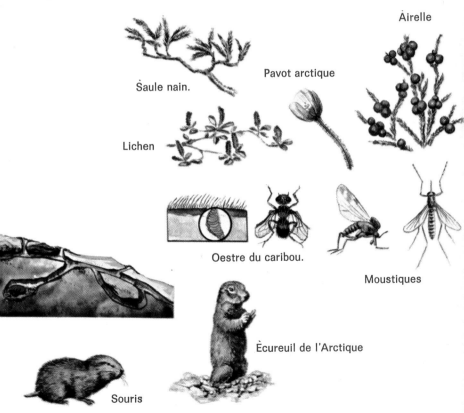

Airelle

Pavot arctique

Saule nain.

Lichen

Oestre du caribou.

Moustiques

Écureuil de l'Arctique

Souris

L'un des plus fameux mammifères de l'Arctique, le caribou fournit à l'Esquimau pratiquement tout ce dont il a besoin. L'animal vit uniquement de lichens.

grizzly

Crin de caribou.

Carcajou

Caribou

Grand Corbeau

Lichen des rennes.

Un incendie de la toundra peut causer plus de dommages qu'un incendie dans les épaisses forêts plus au sud. L'incendie ne tue pas seulement le tendre lichen mais il peut détruire aussi la mince couche de sol. Les dommages d'un seul incendie se répercutent parfois sur une centaine d'années.

L'ours blanc, le roi des mammifères arctiques, passe sa vie à la mer sur les immenses banquises à la chasse aux phoques qui constituent presque toute sa nourriture. En cas de disette, il vit dans son antre pendant des jours sur les réserves de sa propre graisse. L'ours blanc est craint par tous, mais il n'a pas d'ennemi naturel, sauf l'homme. Il devient de plus en plus rare.

Les pieds de l'énorme ours blanc sont assez larges pour lui permettre de répartir son poids sur une grande surface et, ainsi, de marcher sur la neige.

Huart à gorge rousse

Chenillette

Ours blanc

Le loup est un maître prédateur qui poursuit sans cesse les troupeaux de caribous, guettant l'occasion d'attaquer un flâneur. Il peut aussi vivre d'écureuils, de lemmings et d'œufs d'oiseaux.

Ombre de l'Arctique

Loup

Morue du Pôle.

Le plancton, formé de millions de formes de vie marine, sert de nourriture à la baleine et constitue la base du cycle alimentaire de l'océan.

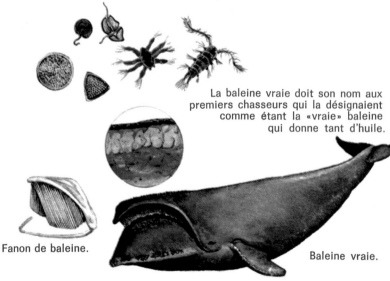

La baleine vraie doit son nom aux premiers chasseurs qui la désignaient comme étant la «vraie» baleine qui donne tant d'huile.

Fanon de baleine.

Baleine vraie.

Même si la gueule de la baleine vraie peut contenir un bœuf adulte, sa gorge n'a que quelques pouces de diamètre. La baleine nage assez lentement. De nature pacifique, elle prodigue beaucoup de soins à son baleineau de l'année. La chasse de cette baleine a quasiment amené son extinction.

Le marsouin blanc est un petit cétacé de dix à quinze pieds de long qui possède des dents. Il vit de poisson. Il est le cétacé le plus nombreux de l'Arctique.

Marsouin blanc

Bien qu'il passe presque toute sa vie dans la mer, le phoque est un mammifère qui doit respirer l'air. Afin de s'assurer l'air nécessaire à sa respiration, lorsque la glace se forme au-dessus de lui, le phoque entretient continuellement une cheminée vers la surface en brisant la glace à mesure qu'elle se forme.

Phoque

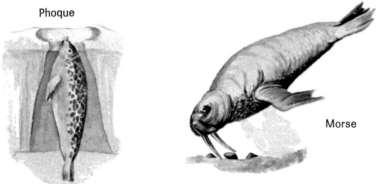

Morse

Le morse atteint 12 pieds de long et peut peser jusqu'à 2½ tonnes. Son cuir dur résiste aux lames les plus tranchantes. Il n'y a que la baleine qui se hasarde à l'attaquer dans l'eau.

Source: The Illustrated Natural History of Canada. N.S.L. Natural Science of Canada Limited 1970.

Jacques Boivin

Jacques Boivin qui portait le surnom de Panse, de la paroisse Sainte-Colombe près de La Flèche, était le fils de Jacques Boivin et de Jacqueline Delanne, de Jerzé en Anjou. Il épouse à Notre-Dame de Montréal, le 17 novembre 1665, Marguerite Pelois (ou Blois), fille de Jacques et de Françoise Masson, de Saint-Julien de Laferté-Bernard, au Maine, France. Engagé comme défricheur, il s'établit à la Côte Sainte-Marie, Montréal, "au bord de l'essor de la grande rivière."

Avec les hommages de la Brasserie Labatt Limitée

Louis Bolduc

Parisien d'origine, épousa à Québec, le 20 août 1668, Elisabeth, fille de Claude Hubert et d'Isabelle Fontaine, de Saint-Gervais, de Paris; il s'établit à Québec. En 1676, il était adjoint de M. de Lotbinière comme procureur du Roi. Il décédait à Québec, en 1702, laissant une belle famille qui perpétua son nom en Nouvelle-France.

Avec les hommages de La Brasserie Labatt Limitée

Claude Bouchard

Chirurgien originaire de la Picardie, il arriva à
Québec au milieu du XVIIième siècle et, le 20 novembre 1651, il y épousa la charmante Marguerite
Bénard, dont il eut plusieurs enfants. Deux de ses
fils, Jean et Paul-Claude, transmirent à leur
descendance les noms de Bouchard et de Dorval.

Avec les hommages de la Brasserie Labatt Limitée

Antoine Brunet

L'ancêtre Antoine Brunet était d'origine Rocheloise. Il est né en 1644 dans la paroisse Saint-Nicolas de Larochelle, du mariage de Mathurin Brunet et de Marie Brunet. Il épousa à Montréal, le 28 novembre 1663, Françoise Moisan, fille d'Abel et de Marie Simotte.

Avec les hommages de La Brasserie Labatt Limitée

François Chagnon

Cardeur de son métier, s'établit à Verchères où il cultiva la terre. Il épousa Catherine Charon en 1681 dont il eut quatre fils. Trois d'entre eux fondèrent un foyer et plusieurs de leurs descendants s'établirent à l'Assomption et à Verchères. C'est à la troisième génération que surgit la nouvelle orthographe de Chaillon chez quelques-uns des descendants.

Jean-Baptiste Champagne

Originaire de l'Ile de Ré, Jean-Baptiste Champagne, sergent dans un détachement de la marine, portait le surnom de St-Martin. Il épousa, à Québec, le 29 octobre 1703, Marguerite, fille de Michel Legardeur et de Marguerite Gambier, et veuve de Charles Fontaine. Devenu veuf, il épouse en secondes noces, Marie-Angélique Brisval. Le nom de Champagne se transmit de père en fils et leurs descendants fournirent des sujets d'élite au Canada français.

Olivier Charbonneau

Arrivé en Nouvelle-France en 1659, il s'installa aux environs de Pointe-aux-Trembles. Il entreprit aussitôt la construction du premier moulin à eau de la région, pour ensuite y exercer son métier de meunier. De ses cinq enfants, deux fils, Jean et Joseph, se marièrent et transmirent le nom de Charbonneau à de multiples descendants.

Avec les hommages de la Brasserie Labatt Limitée

Claude Charron

Claude Charron, Sieur de la Barre, marchand, époux de Claude Camus, épousa en secondes noces, le 21 août 1684, à Québec, Elizabeth Damours, fille de Mathieu, Sieur de Chaufours, C.R., et de Marie Marsolet, de Québec. En 1653, il habitait l'Ile d'Orléans puis en 1663, on le retrouve à Québec où il est élu second échevin.

Avec les hommages de la Brasserie Labatt Limitée

Théandre Chartier

L'ancêtre Théandre Chartier de Lotbinière, vint s'établir en Nouvelle-France vers 1650 avec son épouse et ses deux enfants. Il était originaire de Paris. L'ancêtre Chartier fut lieutenant-général de la prévôté de Québec. L'unique fils de Théandre Chartier — René-Louis — fut militaire à son tour. Marié à Marie-Madeleine Lambert, il eut dix enfants dont six fils qui firent grandement honneur à ce beau nom en Nouvelle-France.

Zacharie Cloutier

originaire de Mortagne au Perche où il avait épousé Xainte Dupont, vint au pays en 1634 avec son épouse et ses cinq enfants. Il s'établit à Beauport en 1644, dans la seigneurie de Robert Giffard puis alla par la suite se fixer à Château-Richer où il mourut en septembre 1677 âgé de quatre-vingt-sept ans.

Jean Côté

Pionnier intrépide, il vint s'établir aux environs de
Québec, peu après 1630. Il épousa Anne Martin le
17 novembre 1635, en l'église Notre-Dame, à Québec.
Cinq de leurs fils devinrent des chefs de familles
nombreuses, dont les descendants portent encore
fièrement le beau nom canadien-français de Côté.

Jean Cousineau

L'ancêtre des familles Cousineau canadiennes, était originaire du Périgord, en France, et vint au Canada vers 1688. Maçon et tailleur de pierre, il exerça son métier à Ville-Marie. Il s'établit ensuite à Saint-Laurent sur une terre de soixante arpents en superficie où il travailla ferme pour gagner la subsistance de sa belle famille de neuf enfants.

Grégoire Deblois

Venu du Poitou, ce défricheur s'établit
dans l'Ile d'Orléans en 1668. Il mourut
en 1705 et fut inhumé dans le cimetière
paroissial de Ste-Famille.

Antoine Dionne

Antoine Dionne et son épouse, Catherine Yvory s'établirent, en 1663, dans la paroisse Sainte-Famille de l'Ile d'Orléans sur une terre concédée par Charles de Lauzon Charny. Ils élevèrent une belle famille de douze enfants dont la plupart des descendants s'établirent dans différentes paroisses du comté de Kamouraska. Nombreuses sont les familles qui portent aujourd'hui le beau nom de Dionne.

Germain Doucet

L'unique ancêtre de ce nom, arriva à La Hève, en Acadie, en 1632, avec le commandeur Isaac de Razilly, où on le retrouve en juillet 1640, avec le titre de "capitaine d'armes de Pentagouët"; il reçut les honneurs de la guerre contre les Bostonnais et rentra en France, en 1654, laissant deux enfants mariés en Acadie dont un fils, Pierre, qui est l'ancêtre de tous les Doucet canadiens.

943

Christophe Drolet

L'ancêtre Christophe Drolet était un mouleur d'origine parisienne. On retrouve son nom pour la première fois dans les registres de la Nouvelle-France alors, qu'en 1654, il fait baptiser son fils, Pierre, dans la paroisse Notre-Dame-de-la-Conception, à Lorette, près de Québec. Christophe Drolet était marié à Jeanne Levasseur. Il exerça le métier de maçon et cultiva son lopin de terre pendant une douzaine d'années, alors que lui et son épouse décidèrent de s'en retourner en France. Leur fils, Pierre, demeuré au Canada, épousa Catherine Routhier; ils eurent de nombreux enfants dont les descendants font honneur au Canada français.

Robert Drouin

Natif de la paroisse du Pin au Perche, Robert Drouin, Me briquetier, fils de Robert et de Marie Dubois, épouse à Québec, le 12 juillet 1637, Anne, fille de Zacharie Cloutier et de Xainte Dupont. Devenu veuf le 2 février 1648, il convole en secondes noces, avec Marie Chapelier, veuve de Pierre Petit et fille de Jean Chapelier et de Marguerite Dodier, de Saint-Etienne Comte-Robert-en-Brie. Il eut sa sépulture à Château-Richer, le 1er juin 1685.

René Dubois

Originaire du Poitou, s'établit à la Canardière et fonda un foyer en novembre 1665, avec Anne Julienne Dumont, fille de Samuel et de Marie-Anne d'Anglure, de Notre-Dame de Metz, en Lorraine. Il eut huit enfants et ses descendants essaimèrent dans diverses régions de la province et de tout le Canada.

Avec les hommages de la Brasserie Labatt

Fiacre Ducharme

Fiacre Ducharme est né en 1623. Il était le fils de Toussaint Ducharme et de Jacqueline De Roy, qui vivaient à Paris. Il vint au Canada vers 1653 à titre de "compagnon menuisier" tout en faisant partie de la recrue levée par le gouverneur de Montréal pour combattre les Iroquois. Fiacre Ducharme épousa à Ville-Marie, en 1659, Marie Pacrau, dont il eut sept enfants. Il s'éteignit à Ville-Marie en 1677.

Avec les hommages de la Brasserie Labatt Limitée

Paul Dupuis

Officier du régiment de Carignan, Paul Dupuis, après son licenciement de l'armée, devint seigneur de l'Ile aux Oies, il fut aussi procureur du roi et enseigne d'une compagnie. Il était à sa mort, arrivée à Québec en décembre 1713, lieutenant général de la Prévôté de Québec. Il avait épousé, à Québec, le 22 octobre 1668, Jeanne, fille de Louis Couillard et de Geneviève Després.

Avec les hommages de la Brasserie Labatt Limitée

Pierre Duval

Venu au pays avec son épouse, Jeanne Labarbe, et ses six enfants, s'établit à Québec. Deux de ses fils, Pierre et Romain moururent noyés tandis qu'un troisième, Marin, fut victime de la flèche iroquoise deux ans après son mariage; le quatrième fut brûlé vif dans l'incendie qui détruisit la maison de son bourgeois à l'Ile d'Orléans, en 1663.

Pierre Gagné

Fils de François Gagné, de Courcival, évêché du Mans, province de Sarthe, Pierre épousa, à Laprairie de la Madeleine, le 19 novembre 1670, Catherine Daubigeon, fille de Julien et de Perrine Le Meunier. Pierre Gagné fut un pionnier dans la seigneurie des Révérends Pères Jésuites, à Laprairie. Cinq fils qui se marièrent furent les ancêtres d'une nombreuse descendance qui porte fièrement le nom de Gagné.

Jean Gagnon

Ce robuste pionnier vint s'établir au village de Ste-Anne de Beaupré. Avec sa femme Marguerite, qu'il avait épousée le 29 juillet 1640, il éleva huit enfants, dont les descendants portent fièrement le vieux nom canadien-français de Gagnon.

Avec les hommages de La Brasserie Labatt Limitée

Philippe Gauthier

Parmi les noms qu'on retrouve dès les premières années de la Nouvelle-France figure celui de Gauthier. Deux fils de Philippe Gauthier, de Paris, et de Marie Pichon, de Saint-Etienne du Mont, sont venus se marier à Québec au 17e siècle. L'orthographe de ce nom de famille varie en Gautier, Gaultier, Gauthier, Gontier, de Gontier; de nombreux surnoms sont aussi venus s'y ajouter.

Avec les hommages de la Brasserie Labatt Limitée

Nicolas Gendron

L'ancêtre Nicolas Gendron (Gendreau) était Charentais. On le retrouve en Nouvelle-France vers 1656, alors qu'il épouse la Champenoise Marie-Marthe Hubert. Le couple s'établit à l'Ile d'Orléans. Leurs nombreux descendants se répandirent dans les paroisses Ste-Famille, St-François et St-Laurent de l'Ile d'Orléans, à St-Thomas de Montmagny et dans la seigneurie Delorme à St-Hyacinthe. Nicolas finit ses jours à l'Ile d'Orléans le 16 janvier 1671.

Jean Gervais

Né d'Urbain Gervais et de Jeanne Pebise, de Sainte-Geneviève, évêché d'Angers, Jean Gervais est venu à Montréal avec la recrue de 1653, levée par M. de Maisonneuve, en France. Les registres de Ville-Marie contiennent à la date de 3 février 1654, son acte de mariage avec Anne, fille de Jacques Archambault et de Françoise Toureau. Boulanger et défricheur, Jean Gervais devint procureur fiscal et juge intérimaire. Il mourut à Montréal, en 1690, et fut inhumé le 12 mars.

Avec les hommages de la Brasserie Labatt Limitée

Sébastien Gingras

Fils de Hilaire Gingras et de Françoise St-Lo, de Saint-Michel-le-Clou, diocèse de La Rochelle, Aunis, Sébastien Gingras est apparu en notre pays vers la fin du XVIIe siècle. Il épousa, le 17 novembre 1665, à Québec, Marie-Geneviève, fille de Charles Guillebout (Guillebourg) et de Françoise Bigot, de Québec. Il s'établit comme cultivateur à la Côte Saint-François-Xavier, Québec.

955

Joachim Girard

Joachim Girard, fils de Michel et de Françoise Auceaume, venait d'Evreux en France. Il vint en Nouvelle-France à titre de colon comme tant d'autres de ces valeureux pionniers qui s'exercèrent au défrichement et à la culture du sol. Joachim épousa à Québec, le 27 septembre 1660, Marie Halay. De ce premier mariage naquirent trois fils et quatre filles. Devenu veuf, il se remaria en 1676 à Jeanne Chalut, qui lui donna quatre fils et cinq filles. Après une paisible et fructueuse vie de colon, il s'éteignit laissant une belle famille qui n'a cessé de fournir au Canada français des descendants dignes de leurs ancêtres.

Avec les hommages de la Brasserie Labatt Limitée

Toussaint Giroux

Né en 1636, Toussaint Giroux était le fils de Jean Giroux et de Marguerite Quilleron du Hameau du Bignon au Perche. Il vint au Canada vers 1654, où il exerça le métier de tisserand tout en étant défricheur et fermier. En 1654, il épousa à Québec, Marie Godard, qui lui donna douze enfants. Devenu veuf, il épousa en secondes noces, en 1686, à Beauport, Thérèse Leblanc. Toussaint Giroux laissa une descendance nombreuse qui fait aujourd'hui l'honneur et la fierté du Canada français.

Gabriel Gosselin

L'ancêtre Gabriel Gosselin, établi dans la cité de Champlain vers le milieu du XVIIe siècle, était originaire de Normandie. Il épousa à Québec, le 18 août 1653, Françoise Lelièvre; le ménage s'établit dans la paroisse Ste-Famille de l'île d'Orléans. Devenu veuf avec neuf enfants, Gabriel épousa en secondes noces Louise Guillot, qui lui donna quatre fils. Cette nombreuse famille lui assura une descendance dont le Canada français est toujours fier.

Joseph Macé Gravel

né à Dinan, Bretagne, en 1616, arriva à Québec en 1641 où il épousa Marguerite Tavernier âgée de dix-sept ans, originaire de Randonnay au Perche. Il s'établit à Château-Richer dont il fut l'un des fondateurs à titre de colon et où il mourut en avril 1686.

Avec les hommages de la Brasserie Labatt Limitée

Louis Guertin

Louis Guertin dit le Sabotier se trouvait au nombre de la recrue levée en France par Maisonneuve et de la Dauversière pour la défense du pays, et qui arriva à Ville-Marie en 1653. Il partit du bourg de Parcé, en Sarthe, près de la Flèche et reçut une concession à Ville-Marie le 10 décembre 1656. Il épousa à la date du 26 janvier 1659, Elisabeth Le Camus, fille de Pierre, médecin de Paris, et de Jeanne Charles dont il eut onze enfants. Il est décédé en 1687 laissant une belle famille pour assurer la continuité de la famille et de son beau nom.

Flotteur et harpon: la pointe en ivoire du harpon est rattachée au flotteur en peau de phoque.

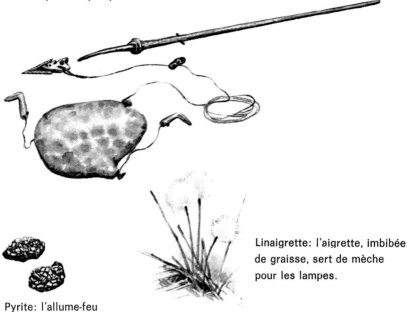

Linaigrette: l'aigrette, imbibée de graisse, sert de mèche pour les lampes.

Pyrite: l'allume-feu traditionnel des primitifs.

Phoque: source première de gras et de nourriture: sans phoque, il n'y aurait sans doute plus de chasseurs esquimaux.

Stéatite: sert à fabriquer des vases pour la cuisine ou l'éclairage.

Narval: «Licorne» des mers arctiques; l'épiderme, le muktuk, contient de la vitamine C; la défense d'ivoire sert à fabriquer des pointes de harpons.

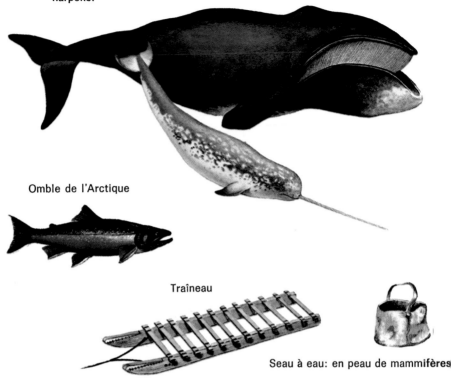

Omble de l'Arctique

Traîneau

Seau à eau: en peau de mammifères

Chien esquimau: son harnais est de cuir de morse

Morse: cuir résistant utilisé pour couvrir l'umiak, pour fabriquer des harnais, de la ligne à harpon et de la corde à traîneau.

Caribou: «supermarché» de la toundra; il fournit de la viande comme nourriture, de la peau pour les vêtements, des os et des bois pour les couteaux, des nerfs pour le cordage.

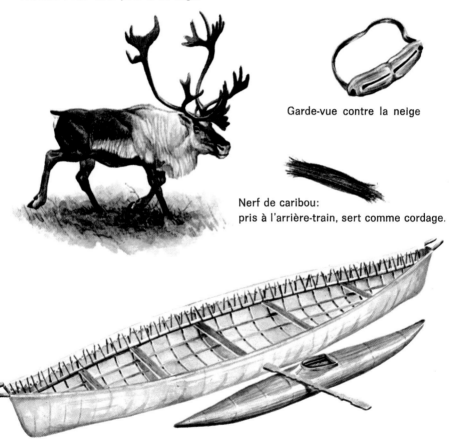

Garde-vue contre la neige

Nerf de caribou:
pris à l'arrière-train, sert comme cordage.

Kayak: embarcation classique de l'Esquimau: treillis de bois recouvert de peau de phoque ou de peau de caribou.

Glouton

Perdrix des neiges: viande comme nourriture, peau et plumes comme serviette, os pour fabriquer des aiguilles, les pattes comme jouet.

Vêtement d'été: parka en peau de phoque ou en peau de vieux caribou; pantalons, bottes et gants en peau de phoque; chaussettes en peau d'oiseau ou de lapin.

Vêtement d'hiver. Deux habits complets en peau de caribou, l'un avec la fourrure à l'intérieur, sur la peau, l'autre avec la fourrure à l'extérieur; ces habits sont légers, aérés et très chauds.

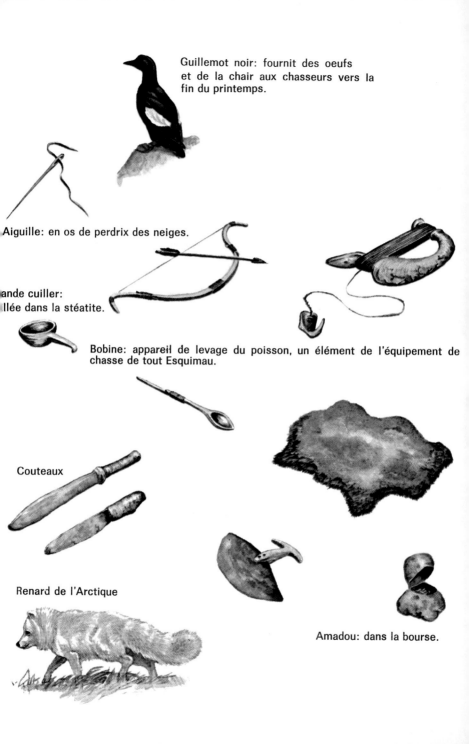

Guillemot noir: fournit des oeufs et de la chair aux chasseurs vers la fin du printemps.

Aiguille: en os de perdrix des neiges.

ande cuiller:
llée dans la stéatite.

Bobine: appareil de levage du poisson, un élément de l'équipement de chasse de tout Esquimau.

Couteaux

Renard de l'Arctique

Amadou: dans la bourse.

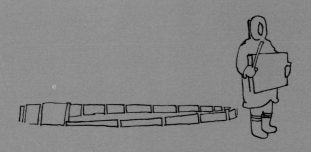

L'iglou est construit d'une seule traite. Lorsqu'il a trouvé un banc de neige de la dureté requise, l'Esquimau taille des blocs de neige qu'il dispose en cercle. Il passe de nouveau le couteau dans ces blocs de façon à créer le début d'une spirale qui supportera les blocs suivants pour former une coupole. L'Esquimau ne se taillera pas de sortie tant qu'il n'aura pas posé le bloc servant de clef de voûte.

Source: The Arctic Coast. The Illustrated Natural History of Canada.

Louis Guimont

Louis Guimont traversa l'Atlantique entre les années 1640 et 1652 pour venir s'établir sur une ferme de la Nouvelle-France, plus précisément dans l'actuelle paroisse de Ste-Anne-de-Beaupré à Québec. Il épousa en 1653 Jeanne Bitouset. Deux de leurs fils contractèrent des mariages qui furent la source d'une nombreuse postérité dans notre pays. Valeureux défenseur de la colonie, Louis Guimont mourut aux mains des Agniers, probablement scalpé.

Avec les hommages de la Brasserie Labatt Limitée

Houde-Houle

Le Percheron Louis Houde, fils de Noël et de Anne Lefebvre, de Manou au Perche, en outre d'être agriculteur, exerça le métier de maçon en Nouvelle-France. Il épousa à Québec, le 12 janvier 1655, Madeleine, fille de Marin Boucher et de Perinne Mallet, qui lui donna treize enfants dont neuf fils. Il s'établit dans la paroisse de Sainte-Famille de l'Ile d'Orléans. Les familles Houde et Houle se trouvent en grand nombre dans la province de Québec et sont représentatives des meilleurs éléments de la population canadienne-française.

André Jarret de Beauregard

L'officier Jean Jarret, sieur de Beauregard, lors de son licenciement du régiment de Carignan, s'établit dans la seigneurie de son frère, François, seigneur de Verchères. Fils de Jean Jarret et de Pérette Sermette, deRoye, en Dauphiné, il contractait devant le notaire Basset, le 12 janvier 1676, avec Marguerite Anthiaume, fille de Michel, exempt du Grand Prévost de l'hôtel de Paris, et de Marie Dubois, de la paroisse Saint-Nicolas des Champs, de Paris.

Guillaume Labelle

Fermier de l'Ile Jésus originaire de Saint-Eloi en
Normandie, épousa Anne Charbonneau à Montréal,
le 23 novembre 1671. L'unique ancêtre de ce nom en
Nouvelle-France eut onze enfants et cinq de ses fils se
marièrent et s'établirent à St-François de l'Ile Jésus.

Robert de La Berge

L'ancêtre Robert de La Berge vint en Nouvelle-France vers 1659, alors âgé de vingt et un ans. Il était né à Colombières-sur-Thaon. Marié à Françoise Gausse en 1663, il passa la majeure partie de sa vie à l'Ange Gardien, près de Québec, où il se fit fabricant et vendeur de chaux. C'est d'ailleurs dans cette paroisse que Robert de La Berge finit ses jours le 2 avril 1712. Il a laissé de nombreux descendants illustres au Canada français.

Marin Janot Lachapelle

Marin Janot Lachapelle épousa à Montréal, le 30 août 1655, Françoise Besnard. Charpentier de son métier, l'ancêtre Lachapelle exerça aussi celui de cultivateur-défricheur et ajouta à ces deux fonctions celle de soldat dans la dix-septième escouade de la milice de la Sainte-Famille fondée par Maisonneuve pour la défense de Ville-Marie.

Jean de Lalonde

Originaire du Hâvre de Grâce dans l'évêché de Rouen, il épousa Marie Barbary en 1669 et s'établit par la suite à la Côte St-Pierre sur l'île de Montréal. Quatre enfants, dont trois fils et une fille vinrent bénir leur union. Jean fut tué au cours d'une escarmouche avec les Iroquois en septembre 1687. Ses fils, Jean-Baptiste et Guillaume assurèrent par leurs nombreux descendants, la survivance du beau nom de Lalonde au Canada.

Guillaume Landry

originaire du Perche, fils de Mathurin Landry, tailleur d'habits, et de Damiane Desavin, épousa à Québec, le 14 octobre 1659, Gabrielle, fille de Jacques Barré et de Judith Dussault. Il s'établit à l'Ile d'Orléans, le 2 avril 1656, en acceptant une concession du sieur Charles de Lauzon Charny. Il y demeura sa vie durant et y mourut ainsi que son épouse, lui en 1689, elle en 1688.

Avec les hommages de la Brasserie Labatt Limitée

Mathurin Langevin

L'ancêtre Mathurin Langevin (dit Lacroix) venait de l'arrondissement de la Flèche en France. Il vint au Canada à titre de recrue, levée par M. de Maisonneuve pour défendre Ville-Marie. En 1654, il épousa Marie Renaudet de Saint-Paul, évêché d'Orléans; il épousa en secondes noces en 1674, Thérèse Martin. Il eut quatre fils de cette deuxième union, dont trois fondèrent un foyer à Montréal et eurent une nombreuse postérité qui n'a pas cessé de faire honneur au Canada français.

969

Langlois-Langlais

Vaillant marin originaire de France, Noël Langlois s'établit
à Beauport en 1634. Il épousa Françoise Garnier à Québec,
le 25 juillet de la même année. De leur union naquirent
dix enfants. Noël fut le premier ancêtre de cette nombreuse lignée qui porte encore fièrement les beaux noms
canadiens-français de Langlois et de Langlais.

Gilles Lauzon

Originaire de la paroisse Saint-Julien de Caën, en Normandie, Gilles Lauzon, maître chaudronnier, vint au pays avec la recrue de M. de Maisonneuve, en 1653. Fils de Pierre Lauzon et d'Anne Boivin, Gilles épousa, à Montréal, le 27 novembre 1656, Marie, fille de Jacques Archambault et de Françoise Toureau qui lui donna treize enfants dont trois fils furent des chefs de familles nombreuses qui portent fièrement le nom de Lauzon.

Avec les hommages de La Brasserie Labatt Limitée

Lavoie - de la Voye

René de la Voye originaire de la Ville de Rouen en Normandie,
arriva en Nouvelle-France au XVIIe siècle et épousa Anne Godin
à Sainte-Anne-de-Beaupré le 14 avril 1656. Ils eurent cinq fils
dont on retrouve les descendants en plus grand nombre à la
Rivière-Ouelle, Kamouraska, L'Ile-aux-Grues, Cap St-Ignace, et
l'Islet. Ils peuvent être fiers du beau nom qui leur a été transmis.

Jean Leclerc

Jean Leclerc dit le Bouteleau épousa en 1657, Marie, fille d'Adrien Blanquet dit La Fougère qui exerçait le métier de sellier. Il s'établit dans la paroisse Saint-Pierre de l'Ile d'Orléans, et en 1667, il possède déjà treize arpents en valeur et six bestiaux, dans l'arrière fief Beaulieu. Il eut une belle famille de neuf enfants dont cinq fils.

Jean Leduc

Originaire d'Ingré et scieur de son métier, il arriva en Nouvelle-
France en 1652 et, le 11 novembre de la même année, il
épousa la charmante Marie Soulinie. Le 20 août 1655, les
seigneurs de l'Ile de Montréal lui concédèrent un arpent
de terre. Jean et Marie eurent dix enfants, dont six fils qui
transmirent le nom de Leduc à une nombreuse descendance.

Avec les hommages de La Brasserie Labatt Limitée

Pierre Lefebvre

Originaire de Sceaux, ce colon intrépide arriva en
Nouvelle-France vers 1640. En 1646, il épousa à
Trois-Rivières la jolie Jeanne Auneau, dont il eut huit
enfants. Capturé par les Iroquois en 1648, il parvint à
s'évader et à réintégrer son foyer. Pierre fut le premier
ancêtre des Lefebvre, Lefaivre et Lefèvre au Canada.

Avec les hommages de la Brasserie Labatt Limitée

Noël Legault

né en 1674, fils de Roch Legault et de Marie Galion, d'Ervillac, évêché de Cornouailles, épousa à Montréal, le 18 novembre 1698, Marie Besnard, veuve de François Gloria et fille de Mathurin Besnard et de Marguerite de Viart, de Brie-Comte-Robert, Paris. Noël Legaud dit Deslauriers, soldat de M. Leverrier, eut sa sépulture à Pointe-Claire, le 11 avril 1747.

Avec les hommages de la Brasserie Labatt

Michel Lemay

Michel Lemay portait le surnom de Le Poudrier. Il était né en 1630 à Chenehutte-les-Tuffeaux, sur la rive gauche de la Loire, dans le beau pays d'Anjou. Il s'embarqua pour la Nouvelle-France vers 1659 et, c'est au cours de cette même année, qu'il épousa, au Cap-de-la-Madeleine, Marie Dutost. Ils eurent une nombreuse postérité qui se répandit particulièrement dans la région de Trois-Rivières.

Pierre Lemieux

Né à Rouen en Normandie, en 1616, Pierre Lemieux portait le même nom que son père; sa mère était Marie Luguen (Lugan). Arrivé en Nouvelle-France en 1643, son contrat d'engagement le dit "tonnelier de la ville de Roan". Il épousa à Notre-Dame de Québec Marie Bénard, qui lui donna sept enfants, dont quatre fils. Pierre Lemieux se livra, comme tout bon colon, au défrichement et à la culture du sol, en plus d'exercer son métier de tonnelier. Il mourut dans son pays d'adoption, laissant une nombreuse descendance qui, depuis, a fait l'honneur et la gloire du Canada français.

Jean Lemire

L'ancêtre Jean Lemire, maître-charpentier, fils de Mathurin et de Jeanne Bouvier, était originaire de Rouen, Normandie. Il épousa en l'église de Québec, le 20 octobre 1653, Louise, fille de Nicolas Marsolais et de Marie la Barbide, aussi de Rouen, Normandie. En plus de son métier qu'il exerça à Québec, Jean Lemire s'adonna à la culture et fit fructifier la terre qu'il possédait.

Etienne Lessard

Né en 1623 en Normandie, Etienne de Lessard s'établit à Québec en 1646. Enseigne de milice de la côte de Beaupré, il devint co-seigneur du fief de Lanoraie en 1688. Marié à Marguerite Sévestre, Etienne de Lessard eut une nombreuse famille dont six fils et deux filles qui lui survécurent.

Avec les hommages de La Brasserie Labatt Limitée

Jean Levasseur

Sculpteur de talent, originaire de Bois-Guillaume de Rouen, arriva à Québec en 1651 avec sa femme Marguerite Richard et ses deux enfants. C'est à Notre-Dame de Québec que naquirent dix autres enfants qui transmirent le nom de Levasseur à de nombreux descendants parmi lesquels il y eut trois générations de sculpteurs.

Avec les hommages de la Brasserie Labatt Limitée

Robert Lévesque

D'origine normande, Robert Lévesque, charpentier de son métier, fils de Pierre et de Marie Caumont, de Saint-Sulpice de Rouen, épousa, à l'Ange-Gardien, le 22 avril 1679, Jeanne Le Chevalier, fille de Jean et de Marguerite Romian, de Saint-Nicolas de Coutances, Marne. Il éleva six enfants dont trois fils sur cinq se marièrent et perpétuèrent le nom de Lévesque dont la nation canadienne peut être fière.

Avec les hommages de la Brasserie Labatt Limitée

Lussyer-Lussier

Jacques Lussyer, fils de Jacques et de Marguerite Darmine (Domine), de Saint-Eustache de Paris, épousa, à Québec, le 30 septembre 1669, Charlotte De la Marche, fille de François et de Suzanne Bourgeois, aussi de Paris mais de la paroisse Saint-Jacques-de-Haut-Pas. Devenu veuf en 1671, habitant de Varennes, il épouse en secondes noces, à Québec, le 12 octobre 1671, une autre conci-toyenne, Catherine, fille de Pierre Clérice et de Marie Lefebvre, de la paroisse Saint-Sulpice de Paris. Le parisien Jacques Lussyer a donc laissé derrière lui une forte descendance de Canadiens courageux et laborieux dont le nom de famille a connu les variantes d'orthographe suivantes: Lussier, Lucier, l'Huissier, et qui est attaché à un éventail encore plus varié de professions et de métiers.

983

Gilles Masson

Le poitevin Gilles Masson, fils de Pierre et de Françoise Gendrineau, de la paroisse d'Angeville au Poitou, épousa à Québec, le 17 octobre 1668, Jeanne-Marie, fille d'Honoré Gaultier et de Jacqueline Mabille, de la paroisse de Doma (Domats), en Bourgogne. Lors du recensement de 1681, à Chavigny, Québec (Sulte V), l'ancêtre Gilles Masson possède trois arpents en valeur et 1 fusil. Il eut sa sépulture à Sainte-Anne-de-la-Pérade, le 27 mars 1715.

Jacques Ménard-Lafontaine

Fils de Jean Ménard et d'Anne Savinelle, de Mervent, en Vendée, Jacques Ménard (dit Lafontaine) vint s'établir en Nouvelle-France, où il épousa Catherine Fortier, en 1657. D'abord établit à Trois-Rivières, on le retrouve à Boucherville en 1681, où il exerce le métier de charron. Il mourut le 15 janvier 1707 en léguant à son pays d'adoption une descendance aussi nombreuse que distinguée.

Avec les hommages de La Brasserie Labatt Limitée

Ouellet-Ouellette

Parmi plusieurs colons venus de France au 17e siècle qui s'établirent dans l'Ile d'Orléans, on trouve René Ouellet qui s'établit tout d'abord dans la Paroisse Ste-Famille.

Six fils de l'unique ancêtre perpétuèrent le nom par une nombreuse descendance dont notre pays s'enorgueillit.

Samuel Papineau

Né à Montigny, au Poitou, en 1670, du mariage de Samuel
Papineau, commerçant de la Papinière, et de Marie Delain, Samuel
Papineau fut soldat, de M. Charles Henry d'Alogny, marquis de
la Grois, et plus tard major des troupes, il servit sous M. le Comte
de Frontenac et sous M. de Callières. Il épousa, à la Rivière-
des-Prairies, le 6 juin 1704, Catherine Quevillon fille d'Adrien
et de Jeanne Hunault, de Saint-Ouen-le-Mauger, évêché de Rouen.

Paquet, Paquette, Pasquier

Méry Pasquier, maître tisserand, s'établit près de
Bourg-Royal en 1667. Ses deux fils, Maurice et
René, l'avaient accompagné en Nouvelle-France
et ils furent les premiers ancêtres de nombreuses
familles qui portent aujourd'hui les beaux noms
canadiens-français de Paquet et de Paquette.

Pierre Paradis

Coutelier de son métier, ce vaillant pionnier
vint s'établir à Beauport en 1653, et il épousa
Barbe Guyon. Il mourut en 1675, à l'Ile
d'Orléans, mais le beau nom canadien-français
de Paradis s'est perpétué jusqu'à nos jours.

Pierre Parent

Originaire de Mortagne, au Perche, Pierre, fils d'André Parent et de Marie Coudray, épousa, à Québec, le 9 février 1654, en la maison du Sieur Giffart, Jeanne Badeau, fille de Jacques et d'Anne Ardouin, de Beauport. Pierre Parent exerça le métier de Boucher, au pays. Les nombreux descendants de douze fils sur quatorze qui se marièrent assurèrent la survivance du beau nom de Parent.

Avec les hommages de la Brasserie Labatt Limitée.

Nicolas Pasquin

Venu de Normandie au XVIIe siècle, Nicolas Pasquin était maître-menuisier de son métier. Marié à Françoise Plante, on le retrouve en 1681 dans la paroisse Ste-Famille de l'Ile d'Orléans. Malgré le généreux rendement que lui donnait la culture d'une terre riche, Nicolas continuait d'exercer le métier de menuisier afin de pourvoir aux besoins de sa famille de 13 enfants, dont six fils. Les nombreuses familles issues de Nicolas Pasquin sont de celles qui font la prospérité et la gloire du Canada français d'aujourd'hui.

Avec les hommages de la Brasserie Labatt Limitée

Jean Plante

Fils de Nicolas et d'Elisabeth Chauvin, épousa à Québec, le 1er septembre 1650, Françoise Boucher, fille de Marin et de Perrinne Mallet. Jean Plante s'adonna au défrichement et à la culture du sol d'abord sur la côte de Beaupré puis à Château-Richer, et laissa une nombreuse famille qui perpétua les traditions françaises et le beau nom de Plante en notre pays.

Avec les hommages de la Brasserie Labatt Limitée

Poirier

Vincent Poirier, dit Bellepoire, fils de François et de Michelle
Bonar de Saint-Nicolas-des-Champs, Paris, vint en Nouvelle-France
au 17e siècle, et épousa à Québec Françoise Pinguet en 1655, et
en secondes noces, le 6 décembre 1662, Judith Renaudeau de
Québec. Vincent Poirier, premier ancêtre de ce nom en Nouvelle-
France mourut à Québec. Sa sépulture eut lieu le 28 avril 1703.

Claude Poulin

Arrivé à Québec le 11 juin 1636, à bord du vaisseau du sieur Courpon, Claude Poulin fut au nombre des premiers colons de la Côte de Beaupré. Il était originaire de Rouen, Normandie, où il est né en 1615. Il épousa à Notre-Dame de la Recouvrance, Québec, le 8 août 1639, Jeanne Mercier. Il retourna sans doute en France car, de 1639 à 1648, les registres restent muets à son sujet. Il eut sa sépulture à Sainte-Anne le 17 décembre 1687.

Avec les hommages de la Brasserie Labatt Limitée

Louis Prud'homme

Originaire de l'Ile de France, Louis Prud'homme, brasseur, fils de Claude et d'Isabelle Alionet, de Pomponne, proche de Lagny sur Marne, épousait à Montréal, le 30 novembre 1650, Roberte, fille de Pierre Gadois et de Louise Mauger, de la paroisse Saint-Germain de Fresney, au Perche. Le Gouverneur de Montréal lui fit une concession de terre de trente arpents lorsqu'il passa son contrat de mariage, le 22 octobre 1650.

Jean Robitaille

originaire d'Auchy-au-bois, Pas de Calais, vint s'établir à Québec vers 1670. Trois de ses frères y vinrent aussi et comme lui, fondèrent un foyer et sont les ancêtres des nombreuses familles Robitaille canadiennes. Jean Robitaille eut sa sépulture à Québec, le 23 mars 1715.

Avec les hommages de la Brasserie Labatt Limitée

Symphorien Rousseau

Symphorien Rousseau reçut de Mgr Laval, le 23 juin 1664, une concession de trois arpents de terre, à l'Ile d'Orléans. Le saintongeois Symphorien Rousseau, fils de défunt Mathurin Rousseau et de Françoise Cormeron, du bourg de Saint-Roman de Beaumont de la Chastele, de Mortagne en Saintonge, épousait, à Québec, le 7 novembre 1658, Jeanne Sinnalon (Civalon), fille de Pierre et de Louise Pillot, de la paroisse Saint-Maurice près de La Rochelle au pays d'Aunis.

997

Avec les hommages de La Brasserie Labatt Limitée

Roy-Desjardins

Antoine Roy, tonnelier originaire de Bourgogne,
débarqua à Québec en juin 1665. Il s'établit aux
environs de Batiscan et, le 11 septembre 1668,
épousa Marie Major. Il mourut à Lachine le
10 juillet 1684, laissant un fils, Pierre.

Avec les hommages de la Brasserie Labatt Limitée

Jean Séguin

Débarqué en Nouvelle-France vers 1669, Jean Séguin venait de Laferté-sur-Amance, en Normandie. Il épousa à Québec, le 26 août 1669, Lucrèce, fille de Marin Bellot et de Marie Laquerre. Ils eurent cinq enfants, dont trois fils, qui assurèrent la survivance de ce beau nom en notre pays.

Noël Simard

Parti de Puymoyen en Charente, le 21 juin 1657, il arrivait
à Québec où il épousa Madeleine Racine le 22 novembre 1661.
Il se construisit par la suite un moulin à Baie-Saint-Paul et
c'est là que naquirent six de ses douze enfants qui transmirent
le nom de Simard à une fructueuse descendance.

Guillaume Thibault

originaire de Rouen, Normandie, où il est né en 1618, vint s'établir à la Côte de Beaupré, Québec, où il épousa, le 11 janvier 1655, Marie-Madeleine le François. Il exerça le métier de boulanger et de tailleur d'habits tout en se livrant à la culture du sol. Il mourut à Château-Richer en août 1686.

Avec les hommages de La Brasserie Labatt Limitée

Pierre Tremblé

Hardi pionnier épris d'aventure, il débarqua
à Québec le deux octobre 1657; il venait dé-
fricher le lopin de terre qui lui avait été con-
cédé par le roi de France. Aujourd'hui, 300
ans plus tard, ses descendants sont répandus
dans tout le Canada.

Etienne Truteau

ancêtre des nombreuses familles canadiennes Trudeau, était un charpentier originaire de Notre-Dame de Cogne, Larochelle, Aunis. Il
épousa à Montréal, le 10 janvier 1667, Adrienne Barbier qui lui
donna quatorze enfants. Il devint agriculteur et apparaît comme un
citoyen à l'aise dans la nouvelle colonie de Ville-Marie. Il
fit partie de la sixième escouade de la milice de la Sainte-Famille.

Avec les hommages de la Brasserie Labatt Limitée

Robert Vaillancourt

Originaire de Saint-Nicolas d'Aliermont, en Normandie, Robert Vaillancourt, fils de Robert et de Jacqueline Papin, s'établit, avant 1669, sur une terre que lui concédait Mgr de Laval, dans la paroisse Sainte-Famille de l'Ile d'Orléans. Il avait épousé, en 1668, à Québec, Marie, fille de Jean Gobeil et de Jeanne Guiet, de la côte et seigneurie de Beaupré où il éleva une belle famille de douze enfants qui laissèrent une postérité nombreuse dont notre pays peut s'enorgueillir

Jean Valiquet

Jean Valiquet, qui portait le surnom de Laverdure, avait été baptisé dans la paroisse de Saint-Vincent de Lude le 14 juillet 1632. On le retrouve en Nouvelle-France vers 1653, où il exerce son métier d'armurier et de serrurier, tout en s'adonnant à la culture du sol. Il obtint par la suite le grade de caporal dans la milice de Sainte-Famille de M. de Maisonneuve. Il épousa à Montréal le 23 septembre 1658 Renée Lopé, qui lui donna sept enfants dont les descendants comptent parmi les plus belles familles du Canada français.

Jacques Vézina

marchand de la paroisse Saint-Nicolas de Larochelle, est venu au pays âgé de cinquante ans, avec son épouse, Marie Boisdon et ses enfants. Au pays de Québec, Jacques Vézina devint agriculteur à l'Ange-Gardien, Québec, et exerça le métier de tonnelier. Il mourut à l'Ange-Gardien, le 28 juin 1687, âgé de soixante-dix-sept ans. Son épouse mourut en décembre de la même année âgée de soixante-douze ans environ.

929
DRAPEAU ET EMBLÈME FLORAL

Le drapeau généralement désigné sous le nom de drapeau fleurdelisé, à savoir un drapeau à croix blanche sur champ d'azur et avec lis, modifié cependant de façon que les lis soient en position verticale, est, depuis le 21 janvier 1948, le drapeau officiel de la province de Québec. La proportion est de six unités au battant (longueur) par quatre unités au guindant (hauteur). La croix est d'une unité au milieu dans les deux directions. La fleur de lis est verticale au centre de chaque canton.

929
ARMOIRIES ADOPTÉES LE 9 DÉCEMBRE 1939 PAR ARRÊTÉ EN CONSEIL DU GOUVERNEMENT PROVINCIAL

Tiercé en fasce: d'azur, à trois fleurs de lis d'or; de gueules, au léopard d'or, armé et lampassé d'azur; d'or, à la branche d'érable à sucre à triple feuille de sinople nervée du champ. Timbré de la couronne royale. Sous l'écu, un listel d'argent bordé d'azur, portant en lettres du même la devise: «Je me souviens».

1008

1009

JE ME SOUVIENS

1010

INDEX

B

Cotes   Pages

H

K

L

XXXVIII

W

Y

Z

Achevé d'imprimer sur les presses de
L'IMPRIMERIE ELECTRA
pour
LES EDITIONS DE L'HOMME LTÉE

Conquête de l'espace (La), J. Lebrun, 5.00

Des hommes qui bâtissent le Québec,
collaboration, 3.00

Deux innocents en Chine rouge,
P.E. Trudeau, J. Hébert, 2.00

Drapeau canadien (Le), L.A. Biron, 1.00

Drogues, J. Durocher, 2.00

Egalité ou indépendance, D. Johnson, 2.00

Epaves du Saint-Laurent (Les),
J. Lafrance, 3.00

Etat du Québec (L'), collaboration, 1.00

Félix Leclerc, J.P. Sylvain, 2.00

Fabuleux Onassis (Le), C. Cafarakis, 3.00

Fête au village, P. Legendre, 2.00

FLQ 70: Offensive d'automne, J.C. Trait, 3.00

France des Canadiens (La), R. Hollier, 1.50

Greffes du coeur (Les), collaboration, 2.00

Hippies (Les), Time-coll., 3.00

Imprévisible M. Houde (L'), C. Renaud, 2.00

Insolences du Frère Untel, F. Untel, 1.50

J'aime encore mieux le jus de betteraves,
A. Stanké, 2.50

Juliette Béliveau, D. Martineau, 3.00

La Bolduc, R. Benoit, 1.50

Lamia, P.T. De Vosjoli, 5.00

Masques et visages du spiritualisme
contemporain, J. Evola, 5.00

Médecine d'aujourd'hui, Me A. Flamand, 1.00

Médecine est malade, Dr L. Joubert, 1.00

Médecins, l'Etat et vous!
Dr R. Robitaille, 2.00

Michèle Richard raconte Michèle Richard,
M. Richard, 2.50

Nationalisation de l'électricité (La),
P. Sauriol, 1.00

Napoléon vu par Guillemin, H. Guillemin, 2.50

On veut savoir, (4 t.), L. Trépanier, 1.00 ch.

Option Québec, R. Lévesque, 2.00

Pour une radio civilisée, G. Proulx, 2.00

Prague, l'été des tanks, collaboration, 3.00

Premiers sur la lune,
Armstrong-Aldrin-Collins, 6.00

Prisonniers à l'Oflag 79, P. Vallée, 1.00

Prostitution à Montréal (La),
T. Limoges, 1.50

Québec 1800, W.H. Bartlett, 15.00

Rage des goof-balls,
A. Stanké-M.J. Beaudoin, 1.00

Regards sur l'Expo, R. Grenier, 1.50

Rescapée de l'enfer nazi, R. Charrier, 1.50

Révolte contre le monde moderne,
J. Evola, 6.00

Riopelle, G. Robert, 3.50

Scandale à Bordeaux, J. Hébert, 1.00

Scandale des écoles séparées en Ontario,
J. Costicella, 1.00

Terrorisme québécois (Le), Dr G. Morf, 3.00

Ti-blanc, mouton noir, R. Laplante, 2.00

Trois vies de Pearson (Les),
Poliquin-Beal, 3.00

Trudeau, le paradoxe, A. Westell, 5.00

Une culture appelée québécoise,
G. Turi, 2.00

Une femme face à la Confédération,
M.B. Fontaine, 1.50

Un peuple oui, une peuplade jamais!
J. Lévesque, 3.00

Un Yankee au Canada, A. Thério, 1.00

Vrai visage de Duplessis (Le),
P. Laporte, 2.00

ENCYCLOPEDIES

Encyclopédie de la maison québécoise,
Lessard et Marquis, 6.00

Encyclopédie des antiquités du Québec,
Lessard et Marquis, 6.00

Encyclopédie des oiseaux du Québec,
W. Earl Godfrey, 6.00

Encyclopédie du jardinier horticulteur,
W.H. Perron, 6.00

ESTHETIQUE ET VIE MODERNE

Cellulite (La), Dr G.J. Léonard, 3.00
Charme féminin (Le), D.M. Parisien, 2.00

Chirurgie plastique et esthétique,
Dr A. Genest, 2.00

Embellissez votre corps, J. Ghedin, **1.50**

Embellissez votre corps, J. Ghedin, **1.50**

Etiquette du mariage, Fortin-Jacques,
Farley, **2.50**

Exercices pour rester jeune, T. Sekely, **2.00**

Femme après 30 ans, N. Germain, **2.50**

Femme émancipée (La), N. Germain et
L. Desjardins, **2.00**

Leçons de beauté, E. Serei, **1.50**

Savoir se maquiller, J. Ghedin, **1.50**

Savoir-vivre, N. Germain, **2.50**

Savoir-vivre d'aujourd'hui (Le),
M.F. Jacques, **2.00**

Sein (Le), collaboration, **2.50**

Soignez votre personnalité, messieurs,
E. Serei, **2.00**

Vos cheveux, J. Ghedin, **2.50**

Vos dents, Archambault-Déom, **2.00**

LINGUISTIQUE

Améliorez votre français, J. Laurin, **2.50**

Anglais par la méthode choc (L'),
J.L. Morgan, **2.00**

Dictionnaire en 5 langues, L. Stanké, **2.00**

Mirovox, H. Bergeron, **1.00**

Petit dictionnaire du joual au français,
A. Turenne, **2.00**

Savoir parler, R.S. Catta, **2.00**

Verbes (Les), J. Laurin, **2.50**

LITTERATURE

Amour, police et morgue, J.M. Laporte, **1.00**

Bigaouette, R. Lévesque, **2.00**

Bousille et les Justes, G. Gélinas, **2.00**

Sandy, Southern & Hoffenberg, **3.00**

Cent pas dans ma tête (Les), P. Dudan, **2.50**

Commettants de Caridad (Les),
Y. Thériault, **2.00**

Des bois, des champs, des bêtes,
J.C. Harvey, **2.00**

Dictionnaire d'un Québécois,
C. Falardeau, **2.00**

Ecrits de la Taverne Royal, collaboration, **1.00**

Ermite (L'), T.L. Rampa, **3.00**

Gésine, Dr R. Lecours, **2.00**

Hamlet, Prince du Québec, R. Gurik, **1.50**

Homme qui va (L'), J.C. Harvey, **2.00**

J'parle tout seul quand j'en narrache,
E. Coderre, **1.50**

Mort attendra (La), A. Malavoy, **1.00**

Malheur a pas des bons yeux,
R. Lévesque, **2.00**

Marche ou crève Carignan, R. Hollier, **2.00**

Mauvais bergers (Les), A.E. Caron, **1.00**

Mes anges sont des diables,
J. de Roussan, **1.00**

Montréalités, A. Stanké, **1.00**

Mort d'eau (La), Y. Thériault, **2.00**

Ni queue, ni tête, M.C. Brault, **1.00**

Pays voilés, existences, M.C. Blais, **1.50**

Pomme de pin, L.P. Dlamini, **2.00**

Pou rentretenir la flamme, T.L. Rampa, **3.00**

Pour la grandeur de l'homme,
C. Péloquin, **2.00**

Printemps qui pleure (Le), A. Thério, **1.00**

Prix David, C. Hamel, **2.50**

Propos du timide (Les), A. Brie, **1.00**

Roi de la Côte Nord (Le), Y. Thériault, **1.00**

Temps du Carcajou (Les), Y. Thériault, **2.50**

Tête blanche, M.C. Blais, **2.50**

Tit-Coq, G. Gélinas, **2.00**

Toges, bistouris, matraques et soutanes,
collaboration, **1.00**

Treizième chandelle (La), T.L. Rampa, **3.00**

Un simple soldat, M. Dubé, **1.50**

Valérie, Y. Thériault, **2.00**

Vendeurs du temple (Les), Y. Thériault, **2.00**

Vertige du dégoût (Le), E.P. Morin, **1.00**

LIVRES PRATIQUES

Apprenez la photographie avec Antoine Desilets, A. Desilets, **3.50**

Bricolage (Le), J.M. Doré, **3.00**

Cabanes d'oiseaux (Les), J.M. Doré, **3.00**

Camping et caravaning, J. Vic et R. Savoie, **2.50**

Cinquante et une chansons à répondre, P. Daigneault, **1.50**

Comment prévoir le temps, E. Neal, **1.00**

Conseils à ceux qui veulent bâtir, A. Poulin, **2.00**

Conseils aux inventeurs, R.A. Robic, **1.50**

Couture et tricot, M.H. Berthouin, **2.00**

Décoration intérieure (La), J. Monette, **3.00**

Guide complet de la couture (Le), L. Chartier, **3.50**

Guide de l'astrologie (Le), J. Manolesco, **3.00**

Hypnotisme (L'), J. Manolesco, **3.00**

Informations touristiques, la France, Deroche et Morgan, **2.50**

Informations touristiques, le Monde, Deroche, Colombani, Savoie, **2.50**

Insolences d'Antoine, A. Desilets, **3.00**

Interprétez vos rêves, L. Stanké, **3.00**

Jardinage (Le), P. Pouliot, **3.00**

J'ai découvert Tahiti, J. Languirand, **1.00**

Je prends des photos, A. Desilets, **4.00**

Jeux de société, L. Stanké, **2.00**

Juste pour rire, C. Blanchard, **2.00**

Météo (La), A. Ouellet, **3.00**

Origami, R. Harbin, **2.00**

Pourquoi et comment cesser de fumer, A. Stanké, **1.00**

La retraite, D. Simard, **2.00**

Technique de la photo, A. Desilets, **4.00**

Techniques du jardinage (Les), P. Pouliot, **5.00**

Tenir maison, F.G. Smet, **2.00**

Tricot (Le), F. Vandelac, **3.00**

Trucs de rangement no 1, J.M. Doré, **3.00**

Trucs de rangement no 2, J.M. Doré, **3.00**

Une p'tite vite, G. Latulippe, **2.00**

Vive la compagnie, P. Daigneault, **2.00**

LE MONDE DES AFFAIRES ET LA LOI

ABC du marketing (L'), A. Dahamni, **3.00**

Bourse, (La), A. Lambert, **3.00**

Budget (Le), collaboration, **3.00**

Ce qu'en pense le notaire, Me A. Senay, **2.00**

Connaissez-vous la loi? R. Millet, **2.00**

Cruauté mentale, seule cause du divorce? (La), Me Champagne et Dr Léger, **2.50**

Dactylographie (La), W. Lebel, **2.00**

Dictionnaire des affaires (Le), W. Lebel, **2.00**

Dictionnaire économique et financier, E. Lafond, **4.00**

Dictionnaire de la loi (Le), R. Millet, **2.50**

Dynamique des groupes, Aubry-Saint-Arnaud, **1.50**

Guide de la finance (Le), B. Pharand, **2.50**

Loi et vos droits (La), Me P.A. Marchand, **4.00**

Poids et mesures, calcul rapide, L. Stanké, **2.00**

Secrétaire (Le/La) bilingue, W. Lebel, **2.50**

RELIGION

Abbé Pierre parle aux Canadiens (L'), A. Pierre, **1.00**

Chrétien en démocratie (Le), Dion-O'Neil, **1.00**

Chrétien et les élections (Le), Dion-O'Neil, **1.50**

Eglise s'en va chez le diable (L') Bourgeault-Caron-Duclos, **2.00**

LE SEL DE LA SEMAINE

Louis Aragon, **1.00**
François Mauriac, **1.00**

Jean Rostand, **1.00**
Michel Simon, **1.00**
Han Suyin, **1.00**

SANTE, PSYCHOLOGIE, EDUCATION

Apprenez à connaître vos médicaments,
R. Poitevin, **3.00**

Complexes et psychanalyse,
P. Valinieff, **2.50**

Comment vaincre la gêne et la timidité,
R.S. Catta, **2.00**

Communication et épanouissement personnel, L. Auger, **3.00**

Cours de psychologie populaire,
F. Cantin, **2.50**

Dépression nerveuse (La), collaboration, **2.50**

Développez votre personnalité, vous réussirez, S. Brind'Amour, **2.00**

En attendant mon enfant,
Y.P. Marchessault, **3.00**

Femme enceinte (La), Dr R. Bradley, **2.50**

Guide des premiers soins,
Dr J. Hartley, **3.00**

Guide médical de mon médecin de famille,
Dr M. Lauzon, **3.00**

Langage de votre enfant (Le),
C. Langevin, **2.50**

Maladies psychosomatiques (Les),
Dr R. Foisy, **2.00**

Maman et son nouveau-né (La),
T. Sekely, **2.00**

Parents face à l'année scolaire (Les),
collaboration, **2.00**

Pour vous future maman, T. Sekely, **2.00**

Relaxation sensorielle (La),
Dr P. Gravel, **3.00**

Volonté (La), l'attention, la mémoire,
R. Tocquet, **2.50**

Vos mains, miroir de la personnalité,
P. Maby, **3.00**

Votre écriture, la mienne et celle des autres, F.X. Boudreault, **1.50**

Votre personnalité, votre caractère,
Y. Benoist-Morin, **2.00**

SPORTS

Aérobix, Dr P. Gravel, **2.00**

Armes de chasse (Les), Y. Jarretie, **2.00**

Baseball (Le), collaboration, **2.50**

Course-Auto 70, J. Duval, **3.00**

Courses de chevaux (Les), Y. Leclerc, **3.00**

Devant le filet, J. Plante, **3.00**

Golf (Le), J. Huot, **2.00**

Football (Le), collaboration, **2.50**

Guide de l'auto (Le) (1967), J. Duval, **2.00**
(1968-69-70-71), 3.00 chacun

Guide du judo, au sol (Le), L. Arpin, **3.00**

Guide du judo, debout (Le), L. Arpin, **3.00**

Guide du self-defense (Le), L. Arpin, **3.00**

Guide du ski: Québec 71, collaboration, **2.00**

Guide du ski: Québec 72, collaboration, **2.00**

Jean Béliveau, puissance au centre,
H. Hood, **3.00**

Mammifères de mon pays,
Duchesnay-Dumais, **2.00**

Match du siècle: Canada-URSS,
D. Brodeur, G. Terroux, **3.00**

Mon coup de patin, le secret du hockey,
J. Wild, **3.00**

Natation (La), M. Mann, **2.50**

Pêche au Québec (La), M. Chamberland, **3.00**

Petit guide des Jeux olympiques,
J. About-M. Duplat, **2.00**

Poissons du Québec (Les),
Juschereau-Duchesnay, **1.00**

Ski (Le), W. Schaffler-E. Bowen, **2.50**

Taxidermie (La), J. Labrie, **2.00**

Tennis (Le), W.F. Talbert, **2.50**

Tous les secrets de la chasse,
M. Chamberland, **1.50**

Tous les secrets de la pêche,
M. Chamberland, **2.00**

36-24-36, A. Coutu, **2.00**

Yoga, santé totale pour tous (Le),
G. Lescouflair, **1.50**

Ouvrages parus a
L'ACTUELLE
JEUNESSE

Crimes à la glace, P.S. Fournier, **1.00**

Feuilles de thym et fleurs d'amour,
M. Jacob, **1.00**

Porte sur l'enfer, M. Vézina, **1.00**

Silences de la croix du Sud (Les),
D. Pilon, **1.00**

Terreur bleue (La), L. Gingras, **1.00**

22,222 milles à l'heure, G. Gagnon, **1.00**

Ouvrages parus a
L'ACTUELLE

Aaron, Y. Thériault, **2.50**

Agaguk, Y. Thériault, **3.00**

Bois pourri (Le), A. Maillet, **2.50**

Carnivores (Les), F. Moreau, **2.00**

Carré Saint-Louis, J.J. Richard, **3.00**

Cul-de-sac, Y. Thériault, **3.00**

Danka, M. Godin, **3.00**

Demi-civilisés (Les), J.C. Harvey, **3.00**

Dernier havre (Le), Y. Thériault, **2.50**

Domaine de Cassaubon (Le),
G. Langlois, **3.00**

Dompteur d'ours (Le), Y. Thériault, **2.50**

Doux mal (Le), A. Maillet, **2.50**

D'un mur à l'autre, P.A. Bibeau, **2.50**

Et puis tout est silence, C. Jasmin, **3.00**

Fille laide (La), Y. Thériault, **3.00**

Jeu des saisons (Le),
M. Ouellette-Michalska, **2.50**

Marche des grands cocus (La),
R. Fournier, **3.00**

Mourir en automne, C. DeCotret, **2.50**

Neuf jours de haine, J.J. Richard, **3.00**

N'Tsuk, Y. Thériault, **2.00**

Outaragasipi (L'), C. Jasmin, **3.00**

Porte Silence, P.A. Bibeau, **2.50**

Requiem pour un père, F. Moreau, **2.50**

Scouine (La), A. Laberge, **3.00**

Tayaout, fils d'Agaguk, Y. Thériault, **2.50**

Tours de Babylone (Les), M. Gagnon, **3.00**

Visages de l'enfance (Les), D. Blondeau, **3.00**